古代美術史研究

四 編

第 23 冊

詩意的家居：明清徽州民居的審美研究

衣曉龍 著

花木蘭文化事業有限公司

國家圖書館出版品預行編目資料

詩意的家居：明清徽州民居的審美研究／衣曉龍 著 — 初版
— 新北市：花木蘭文化事業有限公司，2019〔民108〕
目 2+266 面；19×26 公分
（古代美術史研究 四編；第 23 冊）
ISBN 978-986-485-195-9（精裝）
1. 房屋建築 2. 審美 3. 安徽省徽州市
618   106014302

ISBN-978-986-485-195-9

9 789864 851959

古代美術史研究
四　編　第二三冊   ISBN：978-986-485-195-9

詩意的家居：明清徽州民居的審美研究

著　　者　衣曉龍
總 編 輯　杜潔祥
副總編輯　楊嘉樂
編　　輯　許郁翎、王筑　美術編輯　陳逸婷
出　　版　花木蘭文化事業有限公司
發 行 人　高小娟
聯絡地址　235 新北市中和區中安街七二號十三樓
　　　　　電話：02-2923-1455／傳真：02-2923-1452
網　　址　http://www.huamulan.tw 信箱 hml810518@gmail.com
印　　刷　普羅文化出版廣告事業
初　　版　2019 年 3 月
全書字數　190405 字
定　　價　四編 23 冊（精裝）台幣 66,000 元

詩意的家居：明清徽州民居的審美研究

衣曉龍 著

作者簡介

衣曉龍，男，1978 年生，山東平度人。2006 年起，師從著名民俗學家陳勤建教授，2009 年畢業於華東師範大學文藝民俗學專業，獲文學博士學位。現任職於浙江師範大學文化創意與傳播學院，從事民俗學、民間文學等學科的教學和研究工作。

提　　要

民俗學是研究人類傳承性生活模式的學科，在民俗中，生活樣式是表象，背後是人的精神生活、情感世界。文藝民俗學的任務之一則是將民俗生活模式作爲審美研究對象，從而揭示模式中內含的民眾心靈生活之美。民居這一民俗事象作爲民眾的「家」居同樣具有文藝民俗學意義上的研究價值。

本書選取中國傳統民居中明清時期徽州古村落民居爲研究對象，突破民俗學界傳統研究中側重關注民居中儀式、習俗的研究窠臼，將民居置於文藝民俗學的視域下進行審美研究，重點挖掘其作爲生活藝術的美學內涵，並將民居提高到民眾詩意心靈圖像的物化表達的層面進行解讀。

本書綜合運用民俗學、文藝學、美學、建築學、地理學等學科的理論成果，以田野考察、考古資料和文獻資料相結合的「三重論證法」爲研究方法，以文藝民俗學爲理論工具，對徽州民居進行多學科交叉的嘗試性研究。

目

次

緒　論

第一節　研究意義

一、建築是地球上最宏大的人造藝術景觀

　　「藝術的序列，通常從建築開始。因為在人類所有各種多少帶有實際目的的活動中，僅僅只有建築提高到了藝術的地位。」〔註1〕

　　建築作為藝術，本來在古典時期並沒有受到懷疑，18世紀當美學的現代劃分方式最後確定後，建築被歸類入了美的藝術。（現代藝術系統，通常指的是包括繪畫、雕塑、建築、音樂和詩歌五種藝術形式在內的美的藝術的系統。這種系統直到 18 世紀才開始確定起來。）然而，近現代以來，學術界關於「建築是不是藝術」有過激烈的辯論。儘管提出建築不是藝術的學者也振振有詞，但一個無法改變的現實就是，人們無法不把建築作為審美的對象。〔註2〕功利的實用性是否可作為評判藝術品的標準中的必有之意見仁見智，筆者認為，實用價值絲毫不影響建築的審美價值，兩者並不衝突，反而因為建築尤其是民居的與人相伴終生更顯得具有活潑生動的生活美。

〔註1〕 【俄】車爾尼雪夫斯基：《生活與美學》，周揚譯，北京：人民文學出版社 1957年版，第 63 頁。

〔註2〕 參見陳望衡：《環境美學》，武漢：武漢大學出版社 2007 年版，第 366 頁。

德國哲學家謝林把建築稱作「凝固的音樂」。據說貝多芬在創作著名的《英雄交響曲》時，曾受到巴黎聖母院等建築的啓示。因此，貝多芬也深有體會地說：「建築藝術像我的音樂一樣，如果說音樂是流動的建築，那麼建築可以說是凝固的音樂。」而德國音樂理論家、作曲家豪普特曼在他的《和聲和節拍的本質》中說「音樂是流動的建築」。黑格爾則曾這樣提示音樂與建築的關係：「音樂和建築最相近，因爲像建築一樣，音樂把它的創造放在比例和結構上。」梁思成先生更是將「節奏」一詞用以論述建築的技巧，並以北京天寧寺塔爲例進行建築的節奏分析，以驗證「節奏和韻律是構成一座建築物的藝術形象的重要因素」這一結論。（如圖 0-1）〔註 3〕莊裕光先生則說「建築是詩，是歌，是立體的繪畫，是可以使用的雕塑，也是人人可以評議的藝術品」。〔註 4〕

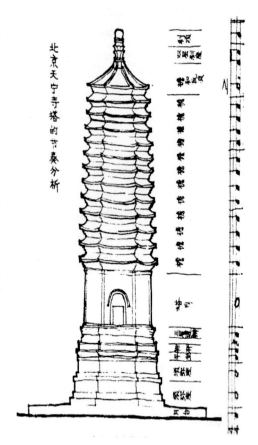

圖 0-1　北京天寧寺塔節奏分析

　　復旦大學著名的建築美學家王振復先生在其《中國建築文化歷程》中說：「建築首先是一種實實在在的人居環境和人居文化。它是由實在的物質營構走向其空間意象的精神超拔。」「我們不能離開建築存在的物質材料、技術結構與實用功能等方面來談什麼建築的『哲理』與『詩』，但是，符合一般科學規律和美學規律的美的建築空間造型，卻蘊含著豐富而深邃的精神意蘊、哲思品格與詩性智慧。」〔註 5〕

〔註 3〕梁思成：《建築和建築藝術》，原載於 1967 年 7 月 26 日《人民日報》，轉引自《凝動的音樂》，天津：百花文藝出版社 2006 年版，第 243 頁。
〔註 4〕莊裕光：《風格與流派》，天津：百花文藝出版社 2005 年版，修訂版自序。
〔註 5〕王振復：《中國建築文化歷程》，上海：上海人民出版社 2000 年版。

「從古到今建築的目的不外是取得一種人為的環境，供人們從事各種活動」〔註6〕這是對建築最低限度的觀點。

「建築是一件藝術的事情，一種富有情感的現象，處於單純的建造問題之外，超越這個問題之上。建造的目的是把構件樹立起來，而建築的目的是動人。……建築就是『關係和比例』是『純精神創作』」〔註7〕

「建築是一種跨越時間的富於詩意的文本，記載著人類追求永恒幸福的軌跡。」〔註8〕

「建築是藝術創造，人類對他們所使用的生產工具、衣服、器皿、武器等，從石器時代的遺物中我們就可看出，在這些實用器物的實用要求之外，總要有某種加工，以滿足美的要求，也就是文化的要求，在住屋也是一樣的。從古至今，人類在住屋上總是或多或少地下過工夫，以求造型上的美觀。……建築是人類一切造型創造中最龐大最複雜也最耐久的一類，所以它所代表的民族思想和藝術，更顯著更多面也更重要。……在文化方面，建築也有最高度的代表性。」〔註9〕

我想不用再引用下去了，建築毫無疑問是一門藝術，是將實用和審美高度結合的藝術。建築的存在為我們詩意地棲息在大地上提供了庇祐和屏障。民居又是建築中與我們最是親近的一種了。對它進行研究具有特別的意義。

二、民居研究的意義在於揭示民眾的生命之美和詩性智慧

建築是人類區別於禽獸，成為文化性的動物的重要標誌之一。自然界中的某些鳥獸也會為自己築巢，但是它們的巢穴裏看不出有理念的設計和審美的想像，完全是一種防護的本能。而人類的建築已經超越了本能的局限，成為構築人類屬己的整個存在性世界中的最重要的一個圖景，建築是人類家園最堅實的依託，也是人類最古老的大地藝術。德國哲人海德格爾曾說「人詩意地棲居在大地上」，他在哲學思辨中邀遊到晚年時，回歸到了

〔註6〕田學哲主編：《建築初步》，北京：中國建築工業出版社1982年版。

〔註7〕【法】勒‧柯布西耶：《走向新建築》，吳景祥譯，北京：中國建築工業出版社1981年版。

〔註8〕舒陽、李海英：《建築：傳統與詩意的文本》，北京：中國紡織出版社1999年版，第145頁。

〔註9〕梁思成：《建築是什麼》（1953），《凝動的音樂》，天津：百花文藝出版社2006年版，第182、183頁。

詩性的境界，說出了這麼雅致的話，正因為有了這份詩意，生存變成了生活。其實，人類「詩意地棲居」的意象和實踐，正是通過建築的創造發明而呈現的。〔註10〕

建築學界對建築的分類通常是分為經典建築（academic architecture）、通俗建築（popular architecture）、民間建築（folk architecture）三大類。所謂民間建築如果狹義地來理解的話就是民居。毫無疑問，民居是所有建築類型裏與我們日常生活最為密切的一類，因此對民居進行深入細緻的研究就顯得格外重要。但對民居的研究曾不被學界注意，因為民居看起來不如前兩者顯得更像是「藝術」。美國民俗學家格拉西（H. Glassie）曾說不關注民間建築是因為人們覺得前兩類建築比民間建築更重要、更有價值，而這一觀點出現的首要原因不是民間建築是否值得研究和有價值，而是持這種觀點的人對這一類建築根本就不瞭解。

從民俗藝術的角度來說，民居建築與經典建築、通俗建築之最大不同在於民居是所有建築形式中唯一蘊含著「生活美」的，它是先民對日常生活的審美化處理，體現了自古以來對詩意生活的追求。這是對民居建築藝術進行審美研究必須引起重視的一點。

在民俗學的基本分類法中，民居被劃在「物質生活民俗」之列。「作為物質民俗之具體表現形式的物質器具，既有著來自生活需要的功利規定即實用性，又具有獨特的審美價值，同時也構成了藝術活動的整體語境。實際上，作為具有一定象徵意義的各種物質器具，已滲入到幾乎涵蓋著一切精神層面的各種藝術門類之中，以物質世界的表象呈示著人類文化的意義世界。」〔註11〕張士閃教授的這段話已經很明確地指出民居的研究不僅有意義，而且對於揭示民居背後的精神、文化世界也有著重要的價值。

陸元鼎先生在《中國民居建築》中說：「民居建築是人類最早、最大量、與人類生活最密切相關的建築類型，也是人類最原始、最具可持續發展特性的一種建築類型。民居在一定程度上揭示了不同民族在不同時代和不同環境中生存、發展的規律，也反映了當時、當地的經濟、文化、生產、生活、倫

〔註10〕貴州省建設廳：《圖像人類學視野中的貴州鄉土建築》，貴陽：貴州人民出版社，2006年。

〔註11〕張士閃、耿波：《中國藝術民俗學》，濟南：山東人民出版社2008年版，第105頁。

理、習慣、宗教信仰以及哲學、美學等觀念和現實狀況。各地區、各民族人民在建造民居建築過程中，都根據自己的生產生活需要、經濟能力、民族愛好、審美觀念而因地制宜、因材致用地進行設計和營造，有著極其豐富的經驗。因此，我國的傳統民居建築既有重要的歷史、文化、科學價值，又有藝術欣賞價值和技術參考價值，在今天，還有很好的旅遊觀賞價值。它是我國傳統民間建築中的一筆極其寶貴的資源，亟待總結、保護、宣傳和發揚。今天要創造富有民族特色和地方風格的新建築，傳統民居可以提供最有力的原始資料、經驗、技術、手法以及某些創作規律，因而，研究它就顯得十分重要和必要。」〔註12〕中國傳統民居是生活化的藝術、同時也是藝術的生活化，非常有必要從民俗學、文藝學、美學等角度對中國傳統民居進行較爲系統綜合的研究，這也是目前民居研究界需要繼續努力的方向。

　　中國民居的研究發軔於20世紀50年代，近20多年來成了建築研究的熱點。但是就目前來看，國內民居研究還大量局限在建築學界，其他科別參與研究尚沒有形成氣象。但是民居作爲人類獨有的綜合生活藝術，是各地域民眾情感意識的物態表現，寄託了各地域民眾對「天、地、人」關係、對生命的思索探求。可以說，民居是所有人類文化中與每一個人都切身相關的建築類型。建築學解決的僅僅是營造技術的問題，而民居卻又不僅僅是技術，而是「藝術」，是一種「天地大美」的藝術，說到底是人類在大地上經營「詩意生活」的藝術，其中蘊含著強烈的生命美感。民居是人類在自己生活的星球上創造的宏偉絢麗的「大地景觀」。因此，僅僅從一個學科進行研究，難免會造成研究不全面不深入的現象。對中國傳統民居研究來說尤其如此，長期以來，歷史形成的學科界限使研究者難有淵博深厚的學養來駕馭如此綜合的藝術研究。

　　近幾年，國內出現了「復古熱」、「國學熱」等等的文化現象，有樂觀者解讀爲中華民族在精神上的自我修復和回歸。僅憑目前的「虛熱」狀態，說這個話可能早了些，但畢竟這是個好消息，至少說明我們認識到自己背離傳統太久太遠，開始有意識地去探求傳統文化中的「美」。以民居知識的普及來說，大量圖文並茂的有關傳統民居的圖書熱銷，一定程度上證明了這一點。但是，對民居的研究不應該僅僅停留在常識介紹和靜態詮釋上，而是應該用

〔註12〕陸元鼎主編：《中國民居建築》，廣州：華南理工大學出版社2003年版，第1頁。

文字和圖畫將先民的生命意識和詩性智慧導入到讀者的文化血液當中，只有這樣才能完成文化傳承，否則也不過是流於取悅耳目罷了。

百餘年來，國勢衰微，外來的西風東漸、內生的亂局紛紛，中國人的文化之根漸漸遠離了中華大地，伸向了歐美、日韓。新生一代的審美觀完全被外人左右，屬於中國人自己的文化美感已經變得模糊不清。有人說這是文化民族主義，試問這有什麼不對？的確，我們不應該反對多元文化，難道就應該將自己的文化棄如敝屣？任何文化的成員都應該背負一定的文化責任，這是起碼的吧。

第二節　中國傳統民居及徽州民居研究綜述

一、國內外學界對中國傳統民居的研究綜述

我國的民居研究自 20 世紀 40 年代劉敦楨先生及其同仁在中國營造學社的工作開始〔註 13〕，經歷了從最初的類似考古學的發掘、測繪和資料整理，到今人把民居作爲社會和文化的載體來進行綜合的、多學科的和全面的研究。大體而言，對於民居的相關論述可以歸爲兩大類。第一類注重對民居建築形式的分析和歸類，此類研究大多見於建築學及其相關領域的學科，目的是通過對民居形式、空間組織和美學觀念的分析，總結歸納其中的合理成分來爲現代建築設計提供借鑒和參考。第二類研究大多見於社會學、民俗學及其相關學科，注重對民居的社會組織、居民行爲、儀式和禁忌等文化方面的探討，目的是解釋民居的成因並建立它與相關的社會思想和文化觀念之間的聯繫。〔註 14〕

對民居建築的論述在所有的傳統建築研究論著中都佔有一定篇幅，但是因爲一直以來建築學界對古代建築的研究偏重藝術性的研究，不可避免地把宮殿、壇廟、陵墓、園林等作爲首選研究對象，而民居則退居末節。就對目前所搜集到的資料的通覽和不甚深入的閱讀來看，按照界別來分類，研究狀況如下：

〔註 13〕 李斌：《共有的住房習俗》，社會科學文獻出版社 2007 年 7 月版，第 14 頁。
〔註 14〕 王浩鋒：《民居的再度理解——從民居的概念出發談民居實質和方法》，《建築技術及設計》2004 年第 4 期，第 20～23 頁。

1. 建築學界及美學界對民居的研究〔註15〕

因爲民居研究最初起步於建築學界，所以就目前所能搜集到的資料（見附錄及參考文獻中的論文和書目）來看，過度地集中在建築學界，而且因爲學科局限也大多偏重於建築技術、建築結構等研究角度，呈現出明顯的工科特色。但是，隨著對民居研究的深入，建築學界也漸漸出現了一些研究建築文化、建築美學的專著。早期的建築學者如劉敦楨、梁思成、林徽因等諸位先生大多具有深厚的學養，所以，除了對民居技術進行梳理外，也有頗多文化審美的文字流傳下來，成爲民居文化研究者的必讀之作。儘管建築學界對民居的「民俗性」論述不多，但儘管如此，建築學界是所有學科裏對中國傳統民居的研究貢獻最大的。建築學界的學者爲測繪、整理和保存民居研究的珍貴資料付出了很多的艱辛和努力。這是後人必須銘記和致敬的。

1997 年，陸元鼎先生發表了《中國民居研究的現狀和展望》一文，對民居研究狀況做了綜述性研究。〔註16〕他從四個方面歸納了中國民居研究的成果：

一，民居研究與社會、文化、哲理、思想相結合。因爲中國傳統民居與儒學、禮制、宗法是緊密聯繫在一起的。這方面的成果有劉致平在 20 世紀 50 年代寫成，並於 1990 年正式出版的《中國居住建築簡史》。

二，民居研究與形態、環境結合。民居形態包括社會形態和居住形態。社會形態指民居的歷史、文化、信仰、習俗和觀念等社會因素所形成的特徵。居住形態指民居的平面佈局、結構方式和內外空間、建築形象所形成的特徵。這方面的成果有劉敦楨的《中國住宅概說》、劉致平的《中國居住建築簡史》、龍炳頤的《中國傳統民居建築》、汪之力的《中國傳統民居建築》、陸元鼎的《中國傳統民居的類型與特徵》、蔣高宸的《四大譜系說》等。

三，民居研究與營造、設計法相結合。因爲民居的建成離不開營造、設計之法，古建築正是古代匠師匠心獨運之作，對此研究可以更好地吸取和發

〔註15〕 趙新良先生主編的《詩意的棲居——中國傳統民居的文化解讀》（第一卷）中對中國民居研究以時間爲序進行了專業而條理的梳理，分爲萌動時期（建國前）、初創時期（文革前）、發展時期（改革開放後）、成熟時期（新的世紀）。具體可參見該書第 9～12 頁，由中國建築工業出版社 2007 年出版。
　　　　孫大章先生著的《中國民居研究》第九章對中國民居研究的歷程和研究現狀也有詳細的梳理。此書由中國建築工業出版社 2004 年出版。

〔註16〕 陸元鼎：《中國民居研究的現狀與展望》，《長江建設》1997 年第 1 期，第 39～41 頁。

揚建築技法。這方面的成果有宋《營造法式》，清《工部工程做法》，梁思成、林徽音撰寫的《清式營造則例》，1959 年姚承祖原著、張至剛增編的《營造法原》一書。另外加臺灣學者的工作，如 1983 年徐裕健的《臺灣傳統建築營建尺寸規制的研究》，1988 年李乾朗的《臺灣傳統營造匠師派別之調查研究》，這些都是根據老匠人口述史料爲基礎而進行總結的論著。

四，民居研究與保護、改造、發展相結合。因爲傳統民居是歷史文化遺產的組成部分，優秀的傳統民居，不但具有歷史價值、文化價值，而且還有技術、藝術價值，它對今天的建設和旅遊還有參考、借鑒和實用價值。因此，近些年來隨著全社會對文化、文物保護的重視，也出現了一批將民居作爲重要文化遺產進行保護及開發研究的著述。

陸先生在 2003 年又以高屋建瓴的姿態發表了《中國傳統民居研究二十年》〔註 17〕在對學者們的研究進行了進一步的肯定後，又提醒大家：民居研究與保護、改造、發展相結合；不能毫無節制地開發民居和古村落；要注意保護民族和地方特色。

建築學界的學人依然孜孜不倦地繼承著前人的事業在民居研究中不斷進取著。附錄中筆者將搜集到的民居類研究資料按照出版年份的順序加以排列，目的在於更加了然地看到學界這些年來的成果。資料搜集是件很辛苦的活，儘管如此，也難免掛一漏萬，而且由於筆者是以徽州民居爲研究對象，因此對其他地區民居進行研究的成果也沒有列入，這是需要特別說明的。此外，就目前有限的資料來看，國外學者中專門對中國民居關注和研究者並不太多，大多的是在其論著中有所提及。

國內美學界以獨立的研究姿態進入建築應該是比較晚的，而且起步階段的建築美學，也基本是對經典建築、大型建築這些富有藝術性建築的研究。研究者的學科背景相對複雜，有建築學的，也有美學的，儘管筆者並不贊同學科界別的嚴格劃分，但爲尊重現狀起見，也只好這樣表述。多學科界別的參與對豐富建築美學研究來說是件值得高興的事情。只是對中國傳統民居這一使用量最大的建築的美學研究卻顯得比較薄弱。所幸的是，清華大學以陳志華、樓慶西、李秋香爲領頭羊的鄉土建築小組一直耕耘在廣袤的民間，爲我們的研究提供了大量實地測繪的數據資料、手繪文稿和精美絕倫的圖片。

〔註 17〕陸元鼎：《中國傳統民居研究二十年》，《古建園林技術》2003 年第 4 期，第 8～10 頁。

　　從附錄中書目的出版社可以清楚地看出，傳統民居的研究論著大多由中國建築工業出版社、xx 科學技術出版社和幾所以建築專業而著稱的高校（清華大學、同濟大學、天津大學、東南大學）出版社出版。從圖書館的圖書分類來看，民居研究的圖書幾乎無一例外地歸在自然科學（建築 TU）的大類中。這兩個現象也可以從側面佐證傳統民居在建築學界的研究比較集中的問題。

　　筆者也搜集到大量的研究中國傳統民居的論文，因數量太大，就不一一羅列整理，請參見附錄。但從文章的標題和刊發的雜誌來看，還是大多集中在建築規劃類的刊物。另有二十篇左右的碩士、博士論文，從作者的學科背景來看，大多是畢業於建築或其他近支專業。

2. 民俗學界對民居的研究

　　正如前文所引述的，民俗學及其他相近學科（社會學、人類學等）對民居的研究則側重於民居的社會組織、居民行為、儀式和禁忌等文化方面。蕭放教授的這段話是具有代表性的：「居住民俗是有關居住形態、居住的空間利用、居所環境的選擇與房屋建築的民俗，是物質生活民俗的內容之一。……民間建築是我們的主要關注的對象，民居是民間建築中的主要組成部分，民居既是傳統文化觀念的立體展示，又是民眾保持與傳承傳統的重要形式。從民居建造的環境選擇、建造過程的文化參與、房屋的結構組合、居室的分配利用等方面，我們都能感受到民居的特定價值取向。〔註18〕」

　　民俗學界充分認識到了民居在人類「衣食住行」習俗中佔有的重要位置。所以，幾乎所有民俗學概論（大多為教材）一類的書中都會為民居單列一章節。但是就目前來看，進行簡單分類者多，深度研究者少。對民居與群體民俗文化心理、民居的文化內涵及民居的審美價值等等相關問題的研究就目前來看，尚有待進一步努力。

　　就目前所能搜集到的民俗學書籍對民居的研究概況如下：

　　英國的班尼女士曾在《民俗學手冊》（1914）一書中說道：民俗學研究「所注意的不是犁的形狀，而是用犁耕田的儀式；不是漁具的製造，而是漁夫撈魚時所遵守的禁忌；不是橋樑屋宇的建築術，而是建築時所行的祭獻等事。」〔註19〕早期的西方民俗學者也普遍認為，民俗學應該研究與民俗心理、民間信仰等精神活動密切關聯的習俗慣制。

〔註18〕　蕭放等：《中國民俗史·明清卷》，北京：人民出版社 2008 年版，第 155 頁。
〔註19〕　【英】班尼：《民俗學手冊》，上海：上海文藝出版社 1995 年版，第 1 頁。

　　鍾敬文先生主編的《民俗學概論》將民俗分爲四個主要部分：物質民俗、社會民俗、精神民俗和語言民俗。所謂物質民俗就是指人民在創造和消費物質財富過程中所不斷重複的、帶有模式性的活動，以及由這種活動所產生的帶有類型性的產品的形式。居住建築民俗屬於物質生產民俗範疇。而民間建築，尤其是民間房舍，是傳統物質文化的最基本的方面，它是民間文化觀念的立體產品，同時亦對這些觀念發生著重要而持續的影響。〔註20〕鍾敬文先生指出，傳統的住居兼有兩種相反的（其實也是相成的）性質，它既是「世俗的」，又是「神聖的」。〔註21〕

　　鍾先生曾就民居的功能做過這樣的表述：首先，民居是一種爲人們生活所迫切需要的人工產物，是人類最基本的一種文化。其次，民居又是一種藝術的文化產物（或者說，多少帶有一定審美意味的文化產物）。其三，民居具有倫理性（或者說社會倫理性）特徵。比如一家民居，分爲幾個房屋，在名稱上有正房（或正廳）、偏房、前房、後房。有的還有附帶房室，如廚房、傭人房以及倉庫等。在那些正式的房間裏，誰住正房，誰住偏房，誰住後房……都有一定講究，不能隨意紊亂的。有的還有一定禁忌，如女兒的閨房，不但外人，就是家人如兄弟等也不能隨便進入；外來客人的接待和留住，也有一定的房室。這種住居上的安排，倫理色彩相當濃厚。其四，民居具有宗教性。在過去以及現在不少的漢族的民居中，不但供奉祖先牌位，還供奉其他的神靈，如竈神、財神，乃至天、地、君、親、師的綜合神位。這種被認爲神靈所在的地方，是神聖的，是不容許家人和外人褻瀆的。南方許多少數民族，大都在主要房間（設在入門的正房）設有「火塘」。它不僅是取暖、煮物的處所，或會客、留客的房室，同時也是一個神聖所在，嚴禁人們對它的觸犯行爲。〔註22〕

　　董曉萍教授也認爲民俗學家研究住房之道，主要研究住房的功能。住房的功能主要指兩層意思：一是指房屋的構造及其用途；二是指蓋房人與住房人的觀念和行爲方式。〔註23〕

〔註20〕鍾敬文主編：《民俗學概論》，上海：上海文藝出版社 1998 年版，第 92～98 頁。

〔註21〕鍾敬文：《中國民居漫話》（1994），載《鍾敬文文集・民俗學卷》，合肥：安徽教育出版社 2002 版，第 277 頁。

〔註22〕鍾敬文：《中國民居漫話》（1994），載《鍾敬文文集・民俗學卷》，合肥：安徽教育出版社 2002 版，第 275～276 頁。

〔註23〕董曉萍：《說話的文化——民俗傳統與現代生活》，北京：中華書局 2002 版，第 114 頁。

　　李斌教授《共有的住房習俗》一書則就民居中「習俗」進行了專門的研究。〔註24〕

　　張紫晨先生的《中國民俗與民俗學》書中在談到「中國民俗之種類」時，將中國民俗分爲十類，與民居有關的是「服飾、飲食、居住之民俗」和「建築民俗」，更多的是從「儀式」、「禁忌」等角度來研究的。〔註25〕

　　西南師範大學歷史系教授鄧子琴先生的《中國風俗史》，則更多的是從「史」的角度梳理中國古代的「風俗」，且書中幾乎沒有論及居住的風俗。〔註26〕

　　陳勤建教授在《中國民俗學》一書中則將民俗劃分爲有形物質民俗、人生社會民俗、心意信仰民俗、遊樂技藝民俗四類，並將「住──居住民俗」作爲有形物質民俗中與衣、食、行並列的一個分支類別，並且指出「有形的物質民俗是指人們在爲生存和發展的物質實踐活動中，長期俘獲物質爲自己服務形成的各類看得見、摸得著的生產器具、衣冠服飾、飲料食品、居住交通、器用雜物、民間工藝等物品。它爲一地所固有，一般就地取材經眾人共同長期使用而逐漸定型，並在以後的實踐中爲人們所習慣應用而很少發生改變。」〔註27〕

　　陶立璠教授1987年出版、2003年再版的《民俗學》一書對民俗的分類是：物質民俗、社會民俗、歲時民俗、人生禮儀、精神民俗、口稱語言民俗及其他，而居住民俗和服飾民俗、飲食民俗、生產交通民俗並列歸入物質民俗一類。在「居住民俗」一節中，陶先生分居住民俗的形成、居住類型和民俗表現三個層次予以論述。〔註28〕

　　蒯大申、祁紅著的《中國民俗》一書則只在「飲食與建築民俗」一章中以「泰山石敢當的威力」爲例捎帶著提了一下與民居有關的內容，並未展開論述。〔註29〕

〔註24〕李斌：《共有的住房習俗》，北京：中國社會科學出版社，2007年。
〔註25〕張紫晨：《中國民俗與民俗學》，杭州：浙江人民出版社1985年版，第137～146頁。
〔註26〕鄧子琴：《中國風俗史》，成都：巴蜀書社，1987年。
〔註27〕陳勤建：《中國民俗學》，上海：華東師範大學出版社2007年版，第111頁。該書是作者1989年由中國民間文藝出版社出版的《中國民俗》的修訂再版。
〔註28〕陶立璠：《民俗學》，北京：學苑出版社2003年版，第127～146頁。
〔註29〕蒯大申、祁紅：《中國民俗》，合肥：安徽教育出版社2002年版，第133頁。

苑利、顧軍在《中國民俗學教程》裏基本沿用了鍾敬文先生主編的《民俗學概論》的分類體系，在第三章「物質生活民俗」中單列「居住民俗」一節，較爲詳細地解讀了中國民居的「習俗」。〔註30〕

秦永洲教授的《中國社會風俗史》中則將服飾風俗、飲食風俗、住居風俗、行旅風俗、節日風俗、婚姻風俗、生老風俗、喪葬風俗、信仰風俗九章來講述中國的社會風俗發展，在「住居風俗」一章中，秦先生主要是按照傳統住居的基本結構、室內傢具、古代庭院經濟和中國人的家園意識幾個層面來研析的。〔註31〕

張道一先生在對民間美術進行分類時，將其分爲民間繪畫、民間雕塑、民間建築、民間工藝、民間書藝五類，並強調此爲藝術學的「藝術分類學」。〔註32〕而段寶林教授在《中國民間文藝學》「民間美術學」一章中則以玩具、剪紙、風箏、木刻版畫及紙馬、年畫等幾種歷史悠久的民間美術類型爲例，但從其論述的字裏行間，卻隻字未提民間建築。〔註33〕有可能段寶林教授此書是「民間文藝學」，並不涉及民居這一物質民俗。

美國民俗學家阿蘭‧鄧迪斯的高足現任職於北京大學的王娟老師在其編著的《民俗學概論》中採用了口頭民俗、風俗民俗和物質民俗的分類法，並將民間建築歸入物質民俗一類。〔註34〕

鍾敬文先生主編、蕭放教授副主編的《中國民俗史》（共分先秦、漢魏、隋唐、宋遼金元、明清、民國六卷）叢書都在「物質生活民俗」一章中爲「居住建築民俗」單列一節，如果只看這一節的話，整套叢書下來就是中國民居發展史了，但是也只是對民居建築的概況和建築習俗（信仰、禁忌、儀式）進行了梳理。〔註35〕

〔註30〕 苑利、顧軍：《中國民俗學教程》，北京：光明日報出版社2003年版，第144頁～165頁。
〔註31〕 秦永洲：《中國社會風俗史》，濟南：山東人民出版社2008年版。
〔註32〕 張道一：《張道一論民藝》，濟南：山東美術出版社2008年版，第145頁～146頁。
〔註33〕 段寶林：《中國民間文藝學》，北京：文化藝術出版社2006年版，第284～297頁。
〔註34〕 王娟：《民俗學概論》，北京：北京大學出版社2002年版，第32頁。
〔註35〕 鍾敬文主編、蕭放副主編：《中國民俗史》（六卷），北京：人民出版社，2008年。

　　日本民俗學家白川靜在《中國古代民俗》中對中國傳統民居、居住習俗幾乎隻字未提，更多地偏向於民間文學、民間文藝的研究，可能與當時民俗學研究範疇有關。〔註36〕

　　美國民俗學家布魯范德對民間建築的研究表述具有比較強烈的技術色彩：「民間建築對建築物間和建築物與環境的關係的處理，其樓層和高度、體積，光線和視野，建築材料及裝修，質量功能以及許多其他因素，都構成和體現了特定人們的價值觀，同時也成為保存這些價值觀的普遍力量。房屋建築，不僅僅是人們生活的棲身之所，亦維繫了人們的精神需要，這是民間建築研究中的一個重要課題。」〔註37〕

　　另外，在大量有關各省市地區的民俗學著作中，基本都會涉及到本地區的民居，這一類書籍的資料價值大於「概論」「概述」類的書籍，但理論性稍嫌不足。

　　就目前筆者搜集到的有限的民俗學類書籍來看，大多是從民居的「禮俗」角度來解讀民居的文化內涵，較少見到對民居這一物質生活民俗的審美研究。這是筆者在本文中想嘗試的。

3. 人文地理學界等對民居的研究

　　人文地理學界更多地側重於將民居作為人類文化現象，探討其與自然地理環境的關係。就目前粗淺的瞭解，尚沒有人文地理學者專門就中國傳統民居進行深入的研究，更沒有對其美學、民俗學的價值進行探討的論著。

　　隨著近些年民俗文化旅遊的發展，旅遊學（某些高校將此專業開設在歷史系）開始關注民居的研究，也出版了一系列介紹各地民族民俗風情的書籍，只是偏於知識普及，深入研究不多，可能與此類圖書的定位有關。

　　有學者以民居研究的歸宿和出發點為基準，將傳統民居的研究態勢做了歸納，主要有五種：（1）旅遊鑒賞，側重於民俗學、民族學、美學等方面研究，展示中華民族建築技藝的民族特色、地方特點、弘揚華夏文明。（2）遺產保護，側重於考古建築學、建築史學、文物學等，圈起標誌民居建築歷史演變軌跡的典型性聚落和區段，掛牌命名中華民族建築藝術歷史文化遺產，免遭毀滅。（3）開發利用，側重於價值工程學、會展經濟學，探索以名人故居、民俗博物、家

〔註36〕　【日】白川　靜：《中國古代民俗》，瀋陽：春風文藝出版社，1991年版。

〔註37〕　【美】布魯范德：《美國民俗學》，李楊譯，汕頭：汕頭大學出版社1993年版，第135頁。

族旅社、社區會館、行幫會所等方式，市場化運作文化遺產，賦予中華民族傳統建築藝術以新的生命力。（4）學術研究，側重於氣候地理學、文化地理學、社會學、民族學、建築美學等，剖析中華民族建築技藝風格流派形成和演變規律，發掘影響民居建築特色的物質因素、精神因素，提煉富於華夏特色的元素、符號、語彙、意匠、豐富和完善華夏民居建築理論。（5）啟迪靈感，側重於建築學、規劃學等方面研究，總結歸納傳統民居在佈局、結構、形態、組合、裝飾方面的設計理念和處理手法，力圖創造富有鮮明的時代性、地域性、文化性的優秀建築作品和科學設計規劃。〔註 38〕這五種歸納儘管有些地方未必準確〔註39〕，但也大致能反映出中國傳統民居研究的輪廓。

除此以外，有學者對我國民居研究發展的歷程做了概述，並指出傳統民居研究的過去主要是將傳統民居作為我國古代建築文化的實物資料來進行研究，側重於傳統民居的建築結構、材料、裝飾等方面。現在人們開始認識到傳統民居的旅遊經濟價值，並對其進行了開發，研究也進入一個新的時期，其側重點是開發傳統民居，實現對民居的保護並促進所在地區的經濟發展。未來的傳統民居在繼續作為旅遊研究對象的同時，將成為多學科的研究焦點。〔註40〕

通過以上的概述，可以看出對中國民居的研究取得了很多的成果：（1）對民居這種獨特的歷史文化遺產加強了保護。（2）在研究的觀念和方法上融進了多學科視野。由單純的建築學發展到與社會學、民俗學、歷史學、人類學、民族學等多學科的交叉。（3）擴大了研究的廣度和深度，並與形態和環境相結合。（4）進行了民居理論方面的探索。〔註41〕但是也應該看到存在的問題：（1）傳統民居逐步演化為單一性的旅遊資源而被濫加開發。（2）沒有被列入開發項目的傳統民居正在消失。有些傳統民居聚落的景觀要麼被新建的「現代」建築破壞，要麼就是民居中的主人因為流動而空置。（3）建築學領域以外的其他學者對民居研究的熱情不高，多學科的綜合性成果不多。這是所有關心中國民居的學者應該共同努力的。

〔註38〕 趙新良：《詩意棲居：中國傳統民居的文化解讀》（第一卷），北京：中國建築工業出版社 2007 年，第 9 頁。

〔註39〕 別的學科不說，就對民俗學關注民居研究的出發點僅僅歸納為旅遊鑑賞，似可商榷。

〔註40〕 黃芳：《傳統民居研究的過去、現在和未來》，《理論月刊》2002 年第 10 期，第 29～31 頁。

〔註41〕 陸元鼎：《中國傳統民居研究二十年》，《古建園林技術》2003 年第 4 期，第 8～10 頁。

　　中國傳統民居因時代、地域的不同而呈現迴然不同的藝術風格，在一篇博士論文中全部涉及，從筆者的學術功力、知識積累、個人精力來說都是不可能完成的任務，本文僅選擇徽派民居爲研究對象。因此，在綜述中國傳統民居研究狀況的基礎上，有必要對徽派民居的研究狀況進行梳理。

二、國內外對徽派民居的研究狀況〔註42〕

　　徽州民居建築研究與中國傳統民居同時起步於 20 世紀 50 年代，最先開始的民居研究學者很多都曾涉足徽州民居的研究。1954 年，中國建築研究室的張仲一先生等深入徽州叢山之中，在安徽歙縣、績溪、休寧和屯溪等地對民居作了較全面的考察，並由張仲一先生寫成《徽州明代住宅》〔註43〕一書。該書對徽州明代民居的範圍、建造背景、建築概況作了整體的介紹，重點在於從建築學角度對徽州明代民居建築的外觀、技術、構造、裝飾等進行論述，少數章節涉及到形成徽州民居建築獨特構型的地理、歷史原因。雖然該書範圍僅局限於明代建築，但書中提供了不少有價值的圖片，對研究古代民居建築提供了有價值的原始資料。由此開始，對徽州民居的研究開始漸漸進入了學界，尤其是建築學界。爲扣緊文章以徽州民居爲主要研究對象的論述範疇，論文的參考文獻和附錄都將有關徽州民居的書籍和論文予以單列，並按照年份排列，大致可以看出學界的研究趨勢。

　　近幾十年來，中國傳統民居研究大勢趨向繁榮，徽州民居也隨大勢呈現熱鬧景象。20 世紀中期徽州契約文書的發現，刺激了「徽學」成爲三大「地方顯學」（另兩門爲敦煌學和藏學）之一，蘊藏著豐富文化基因密碼的徽州民居也理所當然地進入了學者的研究視域。儘管徽學起初是以徽商爲研究中心，但隨著研究的深入和視角的擴大，作爲徽商家園的徽州民居也成爲徽學的研究分支之一。只不過，總而觀之，相對於徽商研究，民居建築的研究總體上相對較弱，知識介紹性爲主，深層探討較爲少見，這應該是任何一門學問發展的過程之必然，總要有由淺到深的路途。

　　此外，20 世紀 80 年代的「風水熱」將徽州民居研究推向了民居研究的前沿。徽州明清古村落風水文化之盛、規模之龐大、典型性之強是全國罕見的，

〔註42〕　參考華中師範大學歷史文獻學碩士研究生薑昧茗的學位論文《論影響明清徽州民居的社會文化因素及表徵》，該論文由李曉明副教授指導。

〔註43〕　張仲一、曹見賓等：《徽州明代建築》，北京：中國建築工業出版社，1957 年版。

因此許多學者選取徽州村落作爲探討風水思想與傳統建築佈局環境的案例。由此產生了不少研究成果，如陳偉先生的文章《徽州古民居（村落）的風水觀》〔註44〕；姚光鈺、陳瑯先生的文章《徽州古村落風水表徵》〔註45〕，也有從風水佈局的局部入手予以探討的，如陳琪先生的《徽州村落水口林淺析》、劉彥順的《水口：徽州民居的擇址觀念》等〔註46〕；還有一些學者的專著中，對此問題也有所涉及，如高壽仙先生在其《徽州文化》一書中在論述徽州風水觀念時，特列「風水與徽州村落」一節，其他有關風水問題的研究著作中，徽州村落佈局及民居建構亦常被作爲風水觀的應用實例而予以提及，如何曉昕編著的《風水探源》。

種種因緣促使徽州民居日漸爲各界學人所重視和研究，就目前筆者所搜集到的材料來看，已有的成果大略可分爲以下幾類：

1. 概論和知識普及類：

這一類的書籍和文章一般以圖文並茂的方式，對徽州明清民居的地域分佈、歷史、佈局、式樣、裝飾作整體性的概述，以引起讀者的興趣爲編撰宗旨。如余治淮、余濟海編著的《皖南古村落——黟縣西遞、宏村》、胡華令先生的《徽州古民居村落》（上、下）、王光明先生的《淺談徽州民居》、程極悅和程碩先生的《徽州傳統民居概述》〔註47〕等等。值得一提的一項研究成果是由合肥工業大學出版社出版的《徽州古村落文化叢書》，這套叢書共有 10本，選取了 10 個典型的徽州古村落，較爲全面的展現了徽州古村落民居藝術。另有散見於以「中國民居」爲研究對象的專著和雜誌中介紹徽州民居的文章，近些年陸續出現了一些影像資料，較爲動態地展現了徽州民居藝術，具有很強的觀賞性，詳見文後附錄。

〔註44〕陳偉：《徽州古民居（村落）的風水觀》，《東南文化》2000 年第 5 期。

〔註45〕姚光鈺、陳瑯：《徽州古村落風水表徵》，《古建園林技術》2000 年第 2 期。

〔註46〕陳琪：《徽州村落水口林淺析》，《徽州社會科學》2000 年第 3 期；劉彥順：《水口：徽州民居的擇址觀念》，《文史知識》2000 年第 6 期。

〔註47〕余治淮、余濟海編著，劉星明攝影：《皖南古村落——黟縣西遞、宏村》，廣東旅遊出版社，2001 年版。

胡華令：《徽州古民居村落》（上、下），《室內設計與裝修》2000 年第 4 期，2000 年第 5 期。

王光明：《淺談徽州民居》，《建築學報》1996 年第 1 期。

程極悅、程碩：《徽州傳統民居概述》，《安徽建築》2001 年第 3 期。

2. 建築技術研究類

到目前為止，對徽州明清民居建築研究最多的仍然是建築學科的專家。學科的趨向性決定了研究成果的特徵。因此，對徽州民居的建築方法、技術進行研究的著作文章比比皆是。這從文後的附錄中可以看出一斑。

另有很多題為建築裝飾藝術的文章實際上也是從建築技術發展的角度展開研究的，其內容涉及房屋構造、裝飾技術的發展辨析等等。如殷永達先生的文章《徽州民居的磚雕藝術》重點在於闡述徽州磚雕的重點部位「門樓」的歷史發展情況，從功能性、技術性、審美性幾方面作了分析。曹永沛先生與其類似，其文章《淺談徽派古建築中的磚雕藝術》亦從技術的角度著眼，對徽州磚雕的類型、工藝特點、加工工序、安裝作了介紹。另如陳巍《績溪「三雕」——淺談徽派古建築中的雕飾藝術》，朱永春、潘國泰先生的《明清徽州建築中斗拱的若干地域特徵》等都屬於技術類研究。〔註48〕

3. 建築藝術介紹及研究類

徽州民居建築從建築整體到局部裝飾都堪稱藝術精品，從這一角度著手研究徽州民居建築的著作和文章也相對較多。如王明居、王木林先生合著的《徽派建築藝術》〔註49〕，全書系統論述了包括民居、祠堂、牌坊在內的徽派古代建築的藝術特色，對徽派古建築進行了整體性研究。該書包括大量照片和插圖，是一本相對說來比較全面的著作。但由於作者研究的是「徽派」而非「徽州」建築，故而其落腳點仍在於建築本身，而非考察建築與特定地域的歷史文化背景之間的複雜關係，縱向展開仍嫌不足。而朱永春先生的《徽州建築》〔註50〕則顯得相對完善許多。

另有一些專門性研究的著作，對徽州民居中的雕塑藝術、庭院藝術等予以探討。如皮志偉的《徽州明清建築室內木雕藝術》、俞宏理的《明清美術史

〔註48〕殷永達：《徽州民居的磚雕藝術》，李先逵主編：《中國傳統民居與文化——中國民居第五次學術會議論文集》（第五輯），中國建築工業出版社1997年版。
曹永沛：《淺談徽派古建築中的磚雕藝術》，《古建園林技術》1995年第1期。
陳巍：《績溪「三雕」——淺談徽派古建築中的雕飾藝術》，《華中建築》1998年第3期。
朱永春、潘國泰：《明清徽州建築中斗拱的若干地域特徵》，《建築學報》1998年第6期。
〔註49〕王明居、王木林：《徽派建築藝術》，合肥：安徽科學技術出版社2001年版。
〔註50〕朱永春：《徽州建築》，合肥：安徽人民出版社2005年版。

上一顆燦爛明珠——徽州木雕賞析》等等。另外還有相當多圖文並茂甚或以圖爲主文字爲輔的書籍，如《中國徽州木雕》、《中華民俗藝術精粹叢書：徽州磚雕》等，對徽州民居的「三雕」進行了直觀的介紹，此外在有關中國雕塑藝術的書籍中，幾乎無一不把徽州民居的雕塑作爲介紹的重點之一。這些著作對讀者瞭解、欣賞徽州民居藝術之美起到了重要的作用，稍嫌不足的是可以對雕塑中的文化、美學內涵加以挖掘，以滿足讀者深層次閱讀的需求。《徽州民居的庭園空間處理剖析》等文章則以徽州黟縣碧山何宅「耕讀園」等爲考察和分析案例，從園林營建藝術、技術等角度作了比較細緻的分析，豐富了對徽州民居研究的內容和視角。

4. 研析風水文化類

此類研究成果以解析徽州古村落聚落佈局、民居樣式中的風水文化爲主。其中既有對宏觀聚落形態風水格局的考辨，也有對微觀個體建築依據風水觀點作的定點、定向、結構、符鎮等的研究，通過探討中國古代一種具有神秘色彩的科學技術——風水學，作爲一種「形而上」的價值觀念對「形而下」的實際環境體系形成所產生的影響，使人們對徽州村落的認識得以擴展。如上文提到的陳偉等先生的文章。也有文章將建築所依據的嚴格風水觀念視作一種民俗加以探討，如王淑文先生《徽州古建築習俗研究》〔註 51〕。這些文章基本上都採取思想—表現的對應形式行文，缺乏深層次的縱向分析和文化思索。譬如徽州地區何以形成如此昌盛的風水建築思想，又如何成爲當地民居建築的指導思想以及此地風水文化與中國其他地區有無異同等等。此外，徽州村落民居中的風水對於建築美學品格的形成起到了至關重要的影響，這也是研究中較爲缺乏的視角。

5. 生態文化研究類

近些年來，「生態」一詞以很時髦的姿態進入學界的話語系統，實際上就是開始關注人與自然環境關係。徽州古村落民居無疑是人與自然和諧共處的極佳範例之一，因此學術界開始以「生態聚落」、「生態和諧」「可持續發展」等爲關鍵詞撰寫文章，如鄧曉紅、李曉峰的《從生態適應性看徽州傳統聚落》即是運用生態學理論探討了傳統社會背景下徽州鄉土聚落生態適應性的種種特點，指出良好的生態適應性機制是聚落系統獲得生態平衡的基本保證。陳

〔註 51〕王淑文：《徽州古建築習俗研究》，《遼寧大學學報》1998 年第 4 期。

偉的《徽州傳統聚落與人居的可持續發展》借鑒當代可持續發展觀，闡述了徽州傳統聚落在規劃選址，營造技術和水口園林等方面蘊涵的可持續技術與生態發展觀，爲傳統民居的可持續發展提出了「更新、保護、改造」的解決方案。〔註 52〕此類文章，緊跟時代之風，話語系統顯得頗爲新穎，但是也有一些「舊瓶裝新酒」的文章，概念新穎，內容還是老一套。

　　另外，還有部分文章採用比較研究的範式，將徽州民居置於中國民居建築文化的大視野中進行審視，此類研究因爲有別系的參照物，所以頗能出新意新論，如林川的《晉中、徽州傳統民居聚落公共空間的組成與佈局比較研究》〔註 53〕，該文以晉中、徽州傳統民居聚落爲例，進行對比分析，從文化層面上對傳統聚落環境空間的結構規律給予了一定的解釋，視角新穎獨特。

　　另外，海外學者也對徽州民居有所研究，成果見文後參考文獻和附錄，但是，由於研究條件和知識儲備的緣故，鮮見優異的成果。

　　從整體上分析目前的研究現狀，可以發現明清徽州民居建築研究尙有一些需要進一步努力的地方：一，突破資料整理大於深層挖掘的研究現狀。目前來看論述徽州民居建築多集中在少數幾個側面，如風水思想、磚木雕刻、營建技術等等，缺乏文化深度，資料意義大於研究價值；二，加強多學科的參與、合作研究。目前來看，文章和著作的作者大多爲建築學或相近的學科背景，其關注重點集中於建築史領域，側重建築技術研究。在論述上也比較缺乏指導性理論，故而使研究始終停留在表面，少數運用理論進行探討的文章又缺乏實證性材料，如何將兩者有機的統一起來仍值得進一步深入研究和挖掘，從這一方面來說，既重文本理論又重田野實地考察的民俗學研究方法值得大力提倡；三，研究內容、視角、方法重複現象嚴重，題目不同，內容大多都是相似的，很少見到立論新穎的文章。應該說，對徽州民居的資料整理等研究基礎性工作已經做得很好了，下一步需要大力倡導的是多學科的參與和深度的研究。

　　徽州明清民居建築研究不僅是建築文化研究中的一部分，更應該作爲民俗學等學科研究的重要組成部分，唯有借助民俗學等研究方法，在社會組織

〔註 52〕鄧曉紅、李曉峰：《從生態適應性看徽州傳統聚落》，《建築學報》1999 年第 11 期。

陳偉：《徽州傳統聚落與人居的可持續發展》，《工業建築》2000 年第 1 期。

〔註 53〕林川：《晉中、徽州傳統民居聚落公共空間的組成與佈局比較研究》，《北京建築工程學院學報》2000 年第 1 期。

和較爲廣闊的文化背景中理解民居聚落、型制、裝飾以及蘊含在徽州民居中的審美心理和取向等等，才能更爲深刻的理解徽州民居，理解徽州社會。

第三節　概念與研究範圍的界定、研究思路與框架

一、概念與研究範圍的界定

徽派民居和徽州民居：兩者概念是不完全一樣的，「徽派民居」是指具有徽州民居元素、風格的民居，可以不出現在徽州地區，而「徽州民居」則從地域上限制住了，因此，徽州民居是包含在徽派民居之內的。但是，本文將這兩個詞組模糊混用，沒有特別說明的情況下，意思是一樣的。

徽州建築和徽州民居：建築包括聚落水系等建築環境、園林祠堂書院戲臺街道等公共空間，也包括牌坊等相對獨立的「小品建築」，所有這些構成了「徽州建築」群，而「徽州民居」則僅指人居的建築空間，也就是民宅，對民居的研究是本文的重點所在，牌坊〔註 54〕、祠堂、戲臺、園林、聚落等僅以輔助性的內容出現，此外家居裝潢、傢具擺設等等內容，由於筆者底子過於淺薄，恐駕馭不了徒留笑柄，因此暫不在文中論及。

民俗、民居與藝術關係之辨：民俗是「指那些在民眾群體中自行傳承或流傳的程序化的不成文的規矩，一種流行的模式化的活世態生活相。」〔註 55〕陳勤建教授將民俗還原回「生活」的本質，將佛教中用以指稱事物外在形象狀態的「相」的概念引入民俗學，將民俗在一定現實環境中所表現的生活狀貌稱爲「民俗生活相」是極爲睿智的。通俗來講，「民俗生活相」就是人類生活的圖景表現，在這一圖景中，民居毫無疑問是濃墨重彩的一筆，它是先民生命的起點和展開，因此，民居理應成爲民俗的研究重點之一。如果我們不否認生活本身是藝術、民俗是藝術的話，那麼民居更應該是民俗藝術，其獨特的藝術特徵在於其蘊含著飽滿的生命意識和生活美感。將徽州民居還原到徽州先民生活情境、置於中國傳統文化的大視野中予以審視和觀賞是本文力求做到的。

〔註 54〕 對牌坊的研究，可參見鄭岩、汪悅進：《庵上坊——口述、文字和圖像》，北京：生活讀書新知三聯書店，2008 年。
〔註 55〕 陳勤建：《文藝民俗學導論》，上海：上海文藝出版社 1991 年版，第 2 頁。

二、研究思路與框架

　　「人詩意地棲居」是 18～19 世紀德國詩人荷爾德林晚年寫的一首詩中的一個短語。荷爾德林和黑格爾是朋友，也多次拜訪過席勒。自從海德格爾在《荷爾德林與詩的本質》（1936 年）、《……人詩意地棲居……》（1951 年）等文中對這個短語做出闡釋後，這個短語就廣為傳誦。國內的建築學界也經常使用「詩意」一詞來描述中國人的生活居住方式，目前來看，是否全部受這個短語的影響還不能確定。而將此短語直接或化用取為書名的則有以下幾本：《詩意地棲居：現代居住文化思考》、《詩意的生存：侗族生態文化審美論綱》、《詩意的建築：中國古代名建築詩文賞析》、《藝術：詩意地棲居》、《詩意棲居：中國傳統民居的文化解讀》〔註56〕，其中除了《藝術：詩意地棲居》側重藝術教育（也涉及到居住藝術）外，無一例外都是研究建築的。也有學位論文使用「詩意」和「棲居」兩個字眼的，但大多與建築無關，也不曾見到與民居和生活方式結合起來研究的。

　　人的存在方式及意義是海德格爾所關心的問題，他認為，有無詩意是能否存在的標誌，詩意地棲居是真正的存在，沒有詩意地棲居就不是存在，詩意使棲居成為棲居。「詩意地棲居」是相對「技術地棲居」而言的。海德格爾主張詩意地棲居而反對技術地棲居。在技術占統治地位以前，人類是詩意地棲居的。海德格爾援引了奧地利 19～20 世紀詩人里爾克去世前夕寫的一封信：「對於我們祖父母而言，一所『房子』，一口『井』，一座熟悉的塔，甚至他們自己的衣服和他們的大衣，都還具有無窮的意味，無限的親切——幾乎每一事物，都是他們在其中發現人性的東西與加進人性的東西的容器。」〔註57〕「房子」、「井」、「塔」本身沒有意味，但是人們把自己的感情投射到它們身上，它們就成為溫馨的往昔的象徵，從而具有無窮的意味，使人感到無限親

〔註56〕　張永岳等：《詩意地棲居：現代居住文化思考》，上海：中國出版集團東方出版中心，2003 年。
　　　　　朱慧珍、張澤忠：《詩意的生存：侗族生態文化審美論綱》，北京：民族出版社，2005 年。
　　　　　馬祿荷、翟瑞祥主編《詩意的建築：中國古代名建築詩文賞析》，鄭州：河南人民出版社，2006 年。
　　　　　劉坤媛：《藝術：詩意地棲居》，杭州：浙江大學出版社，2007 年。
　　　　　趙新良編著：《詩意棲居：中國傳統民居的文化解讀》，北京：中國建築工業出版社，2007 年。此書具有相當的學術價值。
〔註57〕　【德】海德格爾：《詩・語言・思》，文化藝術出版社 1991 年版，第 102 頁。

切。從它們上面，人們體驗到人與自然的和諧。而在工業社會中，技術統治越來越無所顧忌，越來越遍及大地，取代了昔日所見的物的世界的內容。它不僅把一切物設定爲在生產過程中可製造的東西，而且通過市場把生產的產品送發出去。人的人性和物的物性，都分化爲一個在市場上可計算出來的市場價值。技術把所有的存在物都帶人一種計算的交易中。人利用科學技術滿足自己的物質欲望，忘記了「存在」和人的意義。〔註58〕

　　論文繼承使用這一表達中「詩意」的說法，以突出徽州民居的詩性藝術性審美特質。但是，「棲居」一詞，因所指範圍是人的「存在方式」，對於民居而言顯得過大，因此，筆者使用「家居」的概念。「家」是中國人的文化傳統和民俗心理中非常重要的文化因子之一，可以說是中國傳統文化所賴以生發的根基性概念。對中國人來說，家不僅僅是吃飯、睡覺的場所，更是民眾民俗生活展開的重要場所之一。「家」在中國民俗文化中具有強烈的倫理性、審美性，它給居住者以身心的安全感、情感的歸屬感，讓人的靈魂不再漂泊，更讓遠方的遊子魂牽夢縈。這就是家的環境和布置給予個體心靈的撫慰和適意之感，這種感受來自兩層，一是熟悉，二是回歸，不熟悉則無以寧靜，不回歸則無以安詳。在中國的文化藝術中，「家」、「故鄉」是重要題材，可見「家」是民居的文化情感表達，用此來指稱民居更加貼切一些。

　　該論文將在豐富的學界研究資料基礎上，以徽州民居爲研究對象探討民居流派藝術風格形成的文化要素、在時間和空間向度上的流變，並試圖透過民居的物質形態去解析某地的宏觀自然社會歷史環境及微觀民眾心靈如何物化爲民居藝術的過程，所有這些研究都爲民居是「民眾詩意的家居」做注腳。

　　除了緒論之外，本文共分五章：

　　第一章：徽州民居是「天時、地利、人和」三要素共同造就的居住藝術。民居的產生不是人類群體隨意選擇的結果，而是人在一定的自然氣候、地理環境中對自身生活方式、生活藝術的集體抉擇。生活藝術體現在生活方式中，生活方式又以民居爲載體之一。徽州民居是徽州先民在處理「天、地、人」三者關係中做出的最佳選擇，不但滿足了遮蔽、棲息的功能性需求，更具有獨特的詩性氣質，滿足了民眾對「家」情感需求。

〔註58〕參閱凌繼堯：《美學十五講》，北京大學出版社 2003 年 8 月版，第 250、251頁。

　　第二章：徽州民居是傳統文化中「儒道佛俗」四種思想傳統雜糅結合的結晶，閃現著徽州先民的生存智慧。該章從傳統文化對徽州民居藝術特徵、美學風格的影響入手，以「統轄」、「滲透」、「潤澤」爲關鍵詞具體闡釋「儒道佛」三大傳統思想對徽州民居的影響，並由「俗」世力量將三大思想消解俗化爲「民間俗信」，使徽州民居「充溢」著生活的詩意，形成了獨具特色的藝術品格，淡雅嫻靜地開放在徽州大地上。

　　第三章：在第二章的邏輯基礎上，順理成章地提出徽州民居中「民俗」、「生活」的美學特徵，並從其中蘊含的民眾「意願之美」、「智慧之美」和「技藝之美」三個視角進行日常生活審美化的賞析。徽州民居從根本上反映了徽州先民對詩意的心靈生活的追求，更是藝術生活化和生活藝術化的典範之作。

　　第四章：則將徽州民居提升到民眾詩意心靈圖像的物化表達的層面進行解讀，是時空流轉中由「時間」、「空間」幻化出的生活藝術。

　　第五章：由對徽州民居從傳統到現代藝術品格的轉換考察，推而廣之地思考中國傳統民居中的生活藝術和詩性智慧在當下的意義、存在的可能和方式，並且提出當下民居建設重歸「家」居的設計理念。

　　還需要特別說明的是本文用了很多圖片，作爲對文字注釋辭不達意的補充。有人說如今的閱讀進入了讀圖時代，我卻認爲，讀圖一直是我們生活中很重要的認知方式，以前限於種種條件沒有辦法在圖書中展現罷了。現在的影像和圖像處理技術發達了，用圖片的方式爲自己文字做注腳就顯得很有必要了。希望文中的圖片很好地爲筆者文意的表達起了輔助作用，而沒有喧賓奪主。

第一章　徽州民居：「天時、地利、人和」

　　「道大，天大，地大，人亦大。……人法地，地法天，天法道，道法自然。」

——老子《道德經》

　　「天地人，萬物之本也。天生之，地養之，人成之。」

——董仲舒《春秋繁露·立元神》

　　地理學、建築學、民俗學、人類學以及近些年時髦的生態哲學、環境美學〔註1〕等等，紛繁蕪雜的學科門類不過是觀察思考的角度不同而已，而對象都不外乎「天、地、人」以及三者互動而相輔相生的關係。本章即以「天」、「地」、「人」為切入點，看一下徽州先民如何在順天應地中釋放生命的能量，謀求詩意的生存。

第一節　「天時」：徽州民居順「天」而生

　　中國古代哲學中的「天」應該是一個玄虛的概念，甚至有些宿命的意味。本節中，筆者把「天」具象化、能指的範圍也縮小，僅限於「天氣」、「氣候」。

〔註1〕標誌性成果有徐恒醇的《生態美學》、曾永成的《文藝的綠色之思——文藝生態學引論》、魯樞元的《生態文藝學》、袁鼎生的《生態藝術哲學》和陳望衡的《環境美學》等。

建築產生於對自然物候的適應，現在已經成了常識。我國先民早就認識到了這一點，「凡居民材，必因天地寒暖燥濕，廣谷大川異制。民生其間者異俗，剛柔、輕重、遲速異齊，五味異和，器械異制，衣服異宜。修其教，不易其俗。齊其政，不易其宜」〔註2〕，這其中不光提及氣候，連地勢、民俗也都考慮在內。這在本章的第二三節中會詳細分析。

在建築學研究中，氣候決定論從開始就佔據了很重的分量，儘管阿摩斯·拉普卜特〔註3〕指出這一理論存有明顯的缺陷即從根本上傾向於物質決定論〔註4〕。但無論如何，氣候在人類居住方式和住居文化的形成中具有不容忽視的影響。這種影響不僅限於聚落的形態和房屋的外形、建築空間佈局和裝飾，更重要的是影響到了此地人的「精神氣候」（語出丹納《藝術哲學》）。毫無疑問，自然環境會在某種程度上塑造一地人的「精神氣候」，正如民諺所言「千里不同風，百里不同俗」。而「精神氣候」其根本則是當地居民對理想生活（詩意棲居的生活）的嚮往和追求，內心對生活的期望總會找到物質的外化表達，表現在民居上則是對自己「詩意的棲居地」的營構。明清時期徽州聚落和民居樣式的形成同樣是自然氣候和「精神氣候」的雙重作用的結果。

建築的最初出現是為了滿足人類尋求「庇護」的功能性需求，這一點應該不會有太多的歧見。〔註5〕但是明清時期徽州民居已明顯突破了「庇護」的需求，更多體現了對生活理想和審美價值的追求。徽州民居有著濃鬱的地方特色，是徽州人生存文化的最直觀載體，在適應當地氣候進行屋居設計方面有著豐富的經驗。

對建築所依賴的自然氣候、地理環境進行科學的測繪和數據採集，是建築學、環境學、地理學等理工科專業在研究民居文化中的特長和優勢，對我

〔註2〕《四書五經》，陳戊國點校，長沙：嶽麓書社1991年版，第48頁。

〔註3〕阿摩斯·拉普卜特（Amos Rapoport）：美國維斯康星州密爾沃基大學建築與城市規劃學院的著名教授。建築與人類學研究專家，環境與行為學研究領域的創始人之一，主要研究文化的多樣性原則、交叉文化理論，以及理論的發展與綜合。

〔註4〕【美】阿摩斯·拉普卜特：《宅形與文化》，常青等譯，北京：中國建築工業出版社2007年版，第17頁。

〔註5〕儘管阿摩斯·拉普卜特在《宅形與文化》中也曾對此予以反駁，並舉出了火地島（Tierra del Fuego）的奧納人（Ona）和密蘇里河谷的希達察人（Hidatsa）為例說明「宅形」的「反氣候」現象。但是他同時也說了「不能否認庇護是宅屋產生的重要原因，也是人類的基本需求。」

們更加客觀、科學地研究民居有著極大的參考價值和意義。本節中的科學數據部分參考了上述學科研究人員的成果。〔註6〕

　　氣候是在特定的地方所觀測到的、受複雜的自然地理環境制約的、用多年的天氣狀況來表示的有規律的氣象變化過程。人文地理學認為人類文化是在自然演化發展過程中產生的，是自然的選擇與組成。人類在不斷調試跟氣候環境的關係過程中推進著文明的進程，至今依然。

　　一地的氣候條件會影響到當地人身體感官的感受，生理感受的波動必然會影響到心理感受，一定氣候下形成的心理情緒又必然會影響到此地土風民情。鄉土文化的差異部分來自不同氣候的影響。學界通常認為，氣候包括太陽輻射、溫度、濕度、氣壓、風和降水量等因素，又可以根據地域範圍的大小分成大氣候、小氣候和微氣候。對徽州地區來說，小氣候的影響更大。

　　北亞熱帶濕潤的季風氣候常年籠罩徽州地區，氣候溫和濕潤，嚴寒、酷暑並不多見。黃山屏蔽了從西北吹來的寒流，使得徽州地區冬季的氣溫要比黃山北邊的地區高。但因為海拔較高，夏季的日照時間短，所以夏季這裡的氣溫也相對較低。潮濕也是徽州氣候的一個明顯特徵，這裡年降雨量在 1500～1700mm 之間，年降水時間常超過 120 天，年平均濕度在 80% 以上。

以黟縣的氣象數據來看徽州的小氣候

　　徽州古村落幾乎全部座落於群山之中，山巒起伏的地理環境對氣候的影響極大。由於周圍的山脈、河流、植被的共同作用，使得處於山間盆地中的徽州民居更多的受到區域內小氣候的影響。

　　小氣候是指在局部地區內，因地面局部特性影響而形成的貼地層和土壤上層的氣候。它與大氣候不同，其差異可用「範圍小、差別大、穩定性強」來概括。所謂範圍小，是指小氣候現象的垂直和水平尺度都很小（垂直尺度主要限於 100 米以下薄氣層內、水平尺度可從幾毫米到幾十公里或更大一些）；所謂差別大，是指氣象要素在垂直和水平方向的差異都很大（如在沙漠

〔註6〕 如：合肥工業大學 2007 屆碩士研究生劉俊的學位論文《氣候與徽州民居》，
　　　　該論文由饒永副教授指導。

地區貼地氣層 2 米內，溫差可達十幾度或更大）；所謂穩定性強，是指各種小氣候現象的差異比較穩定，幾乎天天如此。

徽州地區各縣氣候情況基本相似，本文用參考自黟縣氣象局網站的數據來看一下黟縣的氣候狀況，大概也能起到以點代面的作用。

① 氣溫

黟縣屬北亞熱帶濕潤季風氣候。四季分明，氣候溫和。冬、夏季節長，春、秋季節短，年平均氣溫 15.8 度，年平均最低氣溫 15.4 度（1976、1980年），年平均最高氣溫 16.4 度（1978 年），最熱月平均氣溫 27.1 度，最冷月平均氣溫 3.0 度；極端最高氣溫 40.0 度，出現在 1967 年 7 月，極端最低氣溫～12.3 度，出現在 1991 年 12 月。春季氣溫上升快，秋季氣溫下降快。冬秋和盛夏氣溫變化小。縣內中部中山的南坡比北坡的平均氣溫高 0.6 度。山地氣溫隨海拔升高而遞減。每升高 100 米下降 0.5 度。3 月下旬和 4 月上旬，常出現「倒春寒」，日最低氣溫小於 0 度；日平均氣溫連續 3 天小於 10 度，連陰雨 3～4 天或 4 天以上；日照時數連續 4 天小於 2 小時，出現機率達 58%。秋季常出現「秋風寒」，連續 3 天的平均氣溫低於 20 度，9 月中旬以前出現機率達 50%。

② 日照

全年日照時數 1815.7 小時，日照率 41%。春冬季日照較短，夏秋季較長。

③ 降水

該地區降水量較多，年平均降水量 1759.7 毫米，最多年 2953.3 毫米，最少年 1030.8 毫米，歷年降水大於 0.1 毫米的日數為 160 天，年降水量各月分配不均，3 月到 7 月為降水集中時段，期間降水占全年的 67%，年平均暴雨日數 6.6 天。除 12 月外，各月都可能出現暴雨。日最大降水量為 221.1 毫米。

④ 風

兩地常年風速在 1.4 米／秒到 1.6 米／秒。歷年中月最大風速為 20 米／秒。瞬時最大風速為 30 米／秒。

⑤ 霜

最早初霜日為 10 月 12 日（1971 年），最晚為 11 月 23 日（1961 年）最早終霜日在 2 月 28（1980 年），最晚終霜日在 4 月 5 日（1970 年），年平均無霜期 213 天。

對人文學科的研究者來說，這不過是些乾巴枯燥的數字，但是這大致上也能勾勒出徽州地區的氣候特徵。限於筆者的學科背景和學術功力要對這些數據進行分析有些力不從心，引過來的目的在於完善文章的體系。但不可否認的是徽州民居的體量、空間設計都源於對當地氣候的適應。

第二節　「地利」：徽州民居應「地」而作

一個地區的自然環境除了氣候環境之外，地理環境也是必不可少的一部分。人不可能生活在空中雲端，必須依偎在大地的懷抱中。人只有生存在大地上才能獲得身體靈魂的安全感，所謂「地勢坤」、「厚德載物」，大地孕育了草木鳥獸與人共棲息。這才使得人不是孤獨地生活著，也為詩意的生活貢獻了氣象萬千的空間。

民居藝術是牢牢依託在當地的自然地理環境之中的。古希臘歷史學家希羅多德主張，地理環境因素總是為一定時代、種族的文化包括建築提供一個無可逃避的自然背景。亞里士多德創立環境地理學，認為包括建築在內的人類文化多少決定於人類所處的地理環境。法國學者讓·博丹說：「某個民族的心理特點決定於這個民族賴以發展的自然條件的總和。」〔註7〕

丹納在《藝術哲學》一書中曾論及自然環境在藝術品的產生過程中所起的至關重要的作用，他說：「希臘境內沒有一樣巨大的東西；外界的事物絕對沒有比例不稱，壓倒一切的體積。……眼睛在這兒能毫不費事的捕捉事物的外形，留下一個明確的形象。一切都大小適中，恰如其分，簡單明瞭，容易為感官接受……便是大海，在北方那麼兇猛那麼可怕，在這裡卻像湖泊一般，毫無蒼茫寂寞之感，到處望得見海岸或者島嶼；沒有陰森可怖的印象，不像一頭破壞成性的殘暴的野獸；沒有慘白的，死屍一般的或是青灰的色調，它並不侵蝕海岸，沒有卷著小石子與污泥而俱來的潮汐。海水光豔照人，用荷馬的說法是『鮮明燦爛，像酒的顏色，或者像紫羅蘭的顏色』；岸上土紅的岩石環繞著亮晶晶的海面，成為鏤刻精工的邊緣，有如圖畫的框子。——知識初開的原始心靈，全部的日常教育就是這樣的風光。人看慣明確的形象，絕對沒有對於他世界的茫茫然的恐懼，太多的幻想，不安的猜測。這便

〔註7〕【法】讓·博丹：《論國家》第5冊，轉引自馮天瑜、何曉明、周積明《中華文化史》，上海：上海人民出版社1990年版，第21頁。

形成希臘人的精神模子。」〔註8〕儘管正如黑格爾《歷史哲學》所言，「我們不應該把自然界估量得太高或者太低：愛奧尼亞的明媚的天空固然大大地有助於荷馬詩的優美，但是這個明媚的天空決不可能單獨產生荷馬。」〔註9〕但是，誰都不能否認建築特性尤其是建築材料的特性是無法離開地理環境的影響的。

徽州的地理環境又是如何？

李白說：

> 黃山四千仞，三十二蓮峰。丹崖夾石柱，菡萏金芙蓉。
>
> 伊昔升絕頂，下窺天目松。僊人煉玉處，羽化留餘蹤。
>
> 亦聞溫伯雪，獨往今相逢。採秀辭五嶽，攀岩歷萬重。
>
> 歸休白鵝嶺，渴飲丹砂井。風吹我時來，雲車爾當整。
>
> 去去陵陽東，行行芳桂叢。回溪十六度，碧嶂盡晴空。
>
> 他日還相訪，乘橋躡彩虹。〔註10〕

朱熹說此地「山峭屬而水清激」〔註11〕

汪莘說：「家在柳塘，榜掛方壺，圖掛黃山。覺仙峰六六，滿堂峭峻，仙溪六六，繞屋潺湲。行到水窮，坐看雲起，只在吾廬尋丈間。非人世，但鶴飛深谷，猿嘯高岩。」〔註12〕

清人黃景仁〔註13〕說「一灘復一灘，一灘高十丈；三百六十灘，新安在天上。」

〔註8〕 【法】丹納著、傅雷譯：《藝術哲學》（文本），桂林：廣西師範大學出版社 2000 年版，第 276～277 頁。

〔註9〕 【德】黑格爾：《歷史哲學》，王造時、謝詒徵譯，北京：商務印書館 1963 年版，第 123 頁。

〔註10〕 李白：《送溫處士歸黃山白鵝峰舊居》。

〔註11〕 朱熹：《新安道院記》。

〔註12〕 汪莘：《掛黃山圖十二軸》。汪莘，生卒年月不詳，北宋南宋之交在世。字叔耕，休寧（今屬安徽）人。不事科舉，退安丘圍讀《易》，後屏居黃山。寧宗嘉定間應詔上書，不報。徐誼帥江東，以遺逸薦，亦不果。遂築居柳塘上，圍以方渠，自號方壺居士，學者稱柳塘先生。有《方壺集》。明弘治《徽州府志》卷九、《折安文獻志》卷八七有傳。

〔註13〕 黃景仁（1749～1783）：名，字漢鏞，自號鹿菲子，清乾隆朝詩人，江蘇武進（常州）人，自稱黃庭堅後裔。

這些詩文或浪漫或寫實，都顯得抽象，難以捕捉徽州的地理形貌。再來看兩幅徽籍版畫家金家騏〔註14〕先生的作品吧，雖不能窺全貌，不過也許可以起到管中窺豹，彌補詩文之不足的作用。（如圖1-1）

徽州地區的地理環境特徵

徽州，大致位於地球北緯30度圈線周圍〔註15〕，地處皖、浙、贛三省的交界處，古徽州所轄區域處於中國原始江南古陸地帶的皖南丘陵山地，處在黃山南麓、天目山以北。境內山嶽綿綿，黃（山）白（齊雲山）二山纏綿數百里，直到長江沿岸，形成皖南丘陵地帶。溫潤的氣候，加上綿延的山勢，造就了獨具風格的「中國畫中的鄉村」——徽州民居。

山脈

從地質構造上來看，徽州曾是「江南古陸」的一部分。在遠古時代，數次的地質運動塑造了徽州獨特的地理形貌。黃山山脈是徽州北部地形的骨架，

春綠

家居青山裏

圖 1-1

〔註14〕　金家騏（1922.3～）：版畫家，筆名馬其，安徽休寧人。1947年後歷任中學、師範美術教師、黃山市教師進修學校高級講師。1943年抗戰時在報紙發表一批黑白木刻並自編選集《青梅》發行。1946年在滬發表連載漫畫《日知錄》等。作品黑白、彩色木刻四次入選全國美展、版畫展，其中《山區水力茶廠》、《新安江上》先後為中國美術館收藏。

〔註15〕　北緯30度線附近是一條神秘的地帶，有許多奇蹟和奇景，譬如世界上最著名的幾條大河，美國的密西西比河、埃及的尼羅河、伊拉克的幼發拉底河、中國的長江，均在北緯30度附近入海。地球上最高的珠穆朗瑪峰和最深的西太平洋馬里亞納海溝，也在此線附近。《中國國家地理雜誌》2006年第10期曾就此緯度附近的中國景觀進行了專題報導，並命名為「中國人的景觀大道」，黃山及古徽州區亦在此列。

素以「奇松、怪石、雲海、溫泉」著稱於世。徽州中部古稱「白嶽」的齊雲
山脈，崖壁直削，直逼河谷。（如圖 1-2）黃山白嶽聲譽隆望，幾成徽州代名
詞，湯顯祖的名詩「欲識金銀氣，多從黃白遊。一生癡絕處，無夢到徽州。」
詩中「黃白」，即以黃山白嶽指代徽州，當然也內含「黃金白銀」之意，畢竟
湯翁此時潦倒困頓。

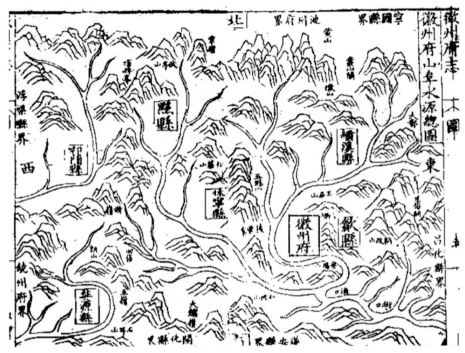

圖 1-2　徽州府山阜水源總圖　明彭澤修編《徽州府志》

　　徽州境內，平均海拔爲 1332 米的高山占 64%，另 34%爲 1131 米。境內腹
地丘陵廣連、河谷縱橫，山環水繞之間，谷地及盆地被穿割圍合，從而整合成若
干片自然群落，由是構成諸縣之境域（如圖 1-3）。許承堯〔註16〕在《歙事閒譚》
中說：「徽之爲郡，在山嶺川谷崎嶇之中東有大鄣山之固，西有浙嶺之塞，南有
江灘之險，北有黃山之厄。即山爲城，因溪爲隍。百城襟帶，三面距江。地勢斗

絕，山川雄深。自睦至歙，皆鳥道縈紆。兩旁峭壁，僅通單車。……水之東入浙江者，三百六十灘，水之西入鄱陽者，亦三百六十灘。……船經危石以止，路向亂山攸行。……以此守固，孰能逾之。」〔註17〕由此可見徽州地理環境之奇譎。

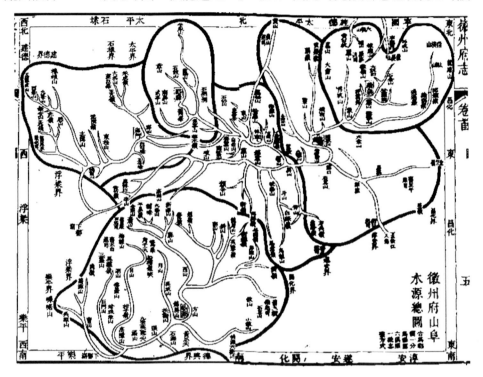

圖1-3　山阜水源總圖　清道光馬步蟾纂修《徽州府志》

　　徽州境內，群山聳峙，山地、丘陵的面積占總面積的 90%左右。群山之中，大大小小的盆地星羅棋佈，歙縣和休寧一帶的盆地較大，面積多在 100平方千米以上，但是此類盆地僅占總面積的 10%左右，但居住於此的人口數量卻佔了該地區總人口數的半數以上。

　　因而山脈對徽州氣候條件的影響是非常明顯的。馳名天下的黃山位於徽州地區的西北部，主峰高達海拔 1700 多米。浙皖交界處的天目山和率山則位於其南部，這兩座山的主峰海拔高度也都在 1000 米以上。它們的山脈分別向東北和西南兩個方向伸展，屏蔽了來自西北的寒流，所以徽州地區冬季並不會出現嚴寒。又因為受到海風的滋潤，因此，此地在一年中的大部分時間裏是溫和濕潤的。

〔註17〕許承堯：《歙事閒譚》卷18《越黃門郡志略》。

這樣的氣候條件和地理環境使徽州地區具有極爲豐富動植物資源。以黃山爲例，素有「華東植物寶庫之稱」，共有高等植物 217 科 1664 種，其中原生植物 1446 種。主要有紅豆杉、鐵杉、天女花、黃山松、木蓮、黃山杜鵑等。黃山植被覆蓋率達 92%，森林覆蓋率達 83.4%。大面積的森林不僅使林內產生特殊的小氣候，而且對鄰近地區的氣候也產生了較大的影響。林區附近地區，氣溫變化和緩，溫度較高，降水較其他地區多。〔註 18〕如此豐饒的植被物產爲徽州民居大量使用木料提供了方便。

河流

自古山川相依伴，特殊的山脈結構也使徽州境內河流密佈，水系發達。徽州境內河流主要有漳水、率水、橫江、漸江、豐樂河、揚之水、富資水、練江、新安江等。（如圖 1-4）由這些江河縱橫交錯形成的水系下匯富春江、錢塘江入東海。又有婺江、閶江水系西注鄱陽湖入長江。因此屬於「吳頭楚尾」的「吳楚分源」之地，亦即江南吳越文化區域和楚文化區域的兩者結合部。除此以外，還有梅溪、麻川河、徽溪、乳溪、楊溪、繡水等北向流經青弋江等水系而注入長江。

圖 1-4　徽州府山阜水源總圖　弘治《徽州府志》

〔註18〕 以上數據均參考合肥工業大學 2007 屆碩士研究生劉俊的學位論文《氣候與徽州民居》。

　　新安江是徽州最大的河流，全長 159 公里，是安徽省境內唯一屬於錢塘江水系的大河。發源於祁門縣，幹支流縱橫交錯，遍及祁（門）、黟（縣）、休（寧）、歙（縣）。新安江水系貫穿休寧的就有大小河流 201 條，彙成率水、橫河兩條大河，匯流於屯（溪）而名漸江，下沿至歙縣浦口，與練水河流成新安江，經街口流入浙境經錢塘入海。（如圖 1-5）

圖 1-5　春回新安

　　新安江得益於千島湖，常年保持在 12～17℃的恒溫，形成「冬暖夏涼」的獨特小氣候，素有「奇山異水，天下獨絕」之稱。山水的畫意也激發了遊經此處人的詩情，新安江上彌漫著濃濃的「詩」意。引詩三首：

　　新安江（沈約）

　　眷言訪舟客，茲川信可珍。洞澈隨深淺，皎鏡無冬春。
　　千仞寫喬樹，百丈見游鱗。滄浪有時濁，清濟涸無津。
　　豈若乘斯去，俯映石磷磷。紛吾隔囂滓，寧假濯衣巾。
　　願以漇淺水，沾君纓上塵。

　　　　新安江（李白）

　　聞說金華渡，東連五百灘。

　　他年一攜手，搖艇入新安。

　　　　新安江水自績溪發源（楊萬里）

　　金陵江水只鹹腥，敢望新安江水清。

　　皺底玻璃還解動，瑩然卻醞釀消醒。

　　泉從山骨無泥氣，玉漱花汀作珮聲。

　　水記茶經都未識，謫仙句裏萬年名。

　　千百年來，新安江水一直流淌在詩詞歌賦中，生長於斯的徽人之心靈怎能不是滿懷詩意的？

　　古徽州的山形水勢是優越的，直接孕化出徽州古村落的山水之美，使徽州村落得以園林化，幾乎不用雕琢，即可「全村同在畫中居」，自成勝境。造物之神是眷顧徽州的，賜予她別處無法企及的大地景觀和好風好水。中國風水術中理想村落環境模式，所謂「風水寶地」，是不易求得的，在徽州卻隨處可得。「山水奇秀，稱於天下」〔註19〕。明人文震亨以為「居山水之間為上，村居次之，郊區又次之」〔註20〕。徽州村落則大多融於山水之間，達到居山水間與村居的和諧統一。（如圖1-6）

圖1-6　漁梁附近的明代古橋

〔註19〕弘治《徽州府志》卷十一。

〔註20〕文震亨：《長物志·室廬》。

徽州古屬山越文化,「黃巢之亂,中原衣冠,避地保於此,後或去或留,俗益向文雅,宋興則名臣輩出」〔註21〕,徽州固有「險阻四塞幾類蜀之劍閣矣,而僻在一隅,用武者莫之顧,中世以來兵燹鮮焉」〔註22〕的先天地形優勢,然則「人行名鏡中,鳥度屏風裏」的秀美山水,也是士族大家遷徙至此的一大誘惑。稍檢徽州譜牒就會發現,眾多名門望族族譜在敘及宗族起源時都在講述一個大致雷同的故事,即某某始遷祖偶然見此處山青水秀,慕之,遂舉家遷徙。黟縣西遞胡氏、澗洲許氏、桃溪潘氏、延村金氏,莫不如此。〔註23〕山越的巫楚文化混雜進中原的禮樂文化,徽人的文化血液裏就有了與他地不同的基因了。

萬山環顧的特殊地理環境成了古徽州地區的天然屏障,減少了兵燹之災。「雖當兵爭時代,猶能於山中敦崇本務,自成世外桃源」。相對封閉的群山之中,內外交通的不便,使古徽州地區的民風民俗可以長期保持本色,也使徽州地區建築的風格得以一脈相承,留存至今而沾染外界不多。至今仍有大量「塢」、「屏」、「尖」、「岩」、「坑」、「峰」等字眼留在徽州地名中,這反映了徽州天然屏障之多,可以偏處一隅以自安自得。所謂「今寓內喬木故家相望不乏,然而族大枝繁,蕃衍綿互,所居成聚,所聚成都,未有如新安之盛者。蓋其山川複阻,風氣醇凝,世治則詩書、什一之業足以自營;世亂則洞壑、溪山之險,亦足以自保。水旱兵戈所不能害,固宜其有強宗巨姓雄峙於其間。」〔註24〕「昉溪在城北四十里,平疇沃壤不啻千畝,四山環合如城,第宅櫛比鱗次皆右族許氏所居焉。其人物衣冠甲於他族」〔註25〕

古徽州的地形地貌滋養了這片土地及生民,更促開了民居這朵燦爛的花兒。只有融入到環境中的民居建築才是貼切於自然、適合於人居的,建築與環境的契合是建築美學中非常重要的課題。就民居而言,一般來說,優秀的家居往往都與存在的自然、社會環境有著和諧的配合和呼應。在此情境中,

〔註21〕 淳熙《新安志》卷1《風俗》,張海鵬:《明清徽商資料選編》1985年版,合肥:黃山書社,第17頁。

〔註22〕 方弘靜:《方氏家譜序》。

〔註23〕 朱永春:《徽州建築縱橫談》,見楊永生、王莉慧編:《建築百家談古論今——地域篇》,北京:中國建築工業出版社2007年版,第99頁。

〔註24〕 《重修古歙東門許氏宗譜》卷9《城東許氏重修族譜序》,張海鵬:《明清徽商資料選編》1985年版,合肥:黃山書社,第6頁。

〔註25〕 《新安歙北許氏東支世譜》卷5《壽昌許公八秩序》,張海鵬:《明清徽商資料選編》1985年版,合肥:黃山書社,第8頁。

民居的存在不是爲了炫耀自身，而是爲了改善、烘託、美化環境，使之充分滿足居住於此的人們的身體和心靈的需求。地理環境對民居建築的影響除了提供一片可供棲身的大地之外，地理物產如木材、石料等又爲民居建造之可能提供了物質材料之支撐。任何地區的民居都是無法離開大地的擁抱和滋潤的。

第三節 「人和」：徽州民居因「人」而興

前兩節概述了「天」、「地」爲徽州先民創造的生存環境，美是美，但是人不能真的將「秀色」當做「可餐」之物。所謂「倉廩實則知禮節，衣食足則知榮辱」〔註26〕，山水只能陶冶性情，稻粟才能果腹。徽州民居的形成最終還是要落到「人」上來。正如《黃帝宅經》所說：「人因宅而立，宅因人得存，人宅相扶，感通天地，故不可獨信命也。」住宅在兩個層面與人發生關係，一是由人所造，二是爲人而造。只有人才是「家」的主角，離開了人，民居無以建成，不爲人建，房子僅僅是幢沒有情感血色的建築物。這直接影響到房子的外觀體量、裝飾風格和空間分割。

一、徽派民居由徽商所造

徽商作爲明清時期執全國商界之牛耳的商幫風光了大半個中國，但徽商之誕生發展，卻純乎是情勢所逼，不得不爲也。

徽地精緻雖有山水清麗之美，卻也因此物產瘠薄。徽州民諺云：「七山半水半分田，兩分道路和莊園」。顧炎武亦指出：「徽郡保界山谷，土田依原麓，田瘠確，所產至薄，獨宜菽麥紅蝦秈，不宜稻粱。壯夫健牛，日不過數畝，糞壅緝櫛，視他郡農力過倍，而所入不當其半。又田皆仰高水，故豐年甚少，大都計一歲所入，不能支什之一」〔註27〕。「農力最爲勤苦，緣地勢陵絕，厥土駙剛而不化。水湍急，瀦蓄易枯，十日不雨，則仰天而呼；一雨驟漲，而糞壤之苗又蕩然矣。大山之所落，力墾爲田，層累而上，十餘級不盈一畝。刀耕火種，望收成於萬一。深山窮民，仰給雜糧。早出皆耕於山，耦樵於林，以警狼虎；暮則相與荷鋤負薪以歸。精饌華服，畢生不一邁焉。

〔註26〕《管子·牧民》。
〔註27〕顧炎武：《天下郡國利病書·江南二十》。

女人尤號能儉，居鄉數月，不占魚肉，日挫針治縫紉，故俗能蓄積，絕少漏巵，蓋亦由內德焉。〔註 28〕」弘治《徽州府志》說：「本府萬山中，不可舟車，田地少，戶口多，土產微，貢賦薄，以取足於目前日用觀之則富郡，一遇小災及大役則大窘，故自唐以前，貢賦率輕」。〔註 29〕因此「宣歙土狹谷少，所仰四方之來者。」〔註 30〕

康熙《徽州府志》說：「徽州介萬山之中，地狹人稠，耕獲三不瞻一。即豐年亦仰食江楚，十居六七，勿論歲饑也。天下之民，寄命於農，徽民寄命於商。而商之通於徽者取道有二：一從饒州鄱、浮，一從浙省杭、嚴，皆壤地相鄰，溪流一線，小舟如葉，魚貫尾銜，晝夜不息。一日米船不至，民有饑色，三日不至有餓莩，五日不至有晝奪。〔註 31〕

直到民國年間的《黟縣鄉土地理》還記載：「黟為山邑，田少於山，土地瘠确，高地種菽麥，低地種秔稻，芝麻蘆唕，各適土宜。而米穀一宗，每年所收，僅供數月之糧。加以土人耕種不得法，鋤犁徒把健婦，糞種不師草人，以至所入益寡。雖遇豐年，猶虞欠收，乞糴鄰封，成為慣例。矧土帶沙質，不宜桑棉，又無蠶織，到處熟地，漸盡荒蕪。清季始來客民墾荒，近時日益加多，所種蔗芋薯蕷落花生之屬，產額最巨，頗稱能盡地力，需要不事外求。然四圍高山，盡堪培養森林，苟能處處種竹養木，除作材料之外，以之仿造外國紙張，農工商業，利益無窮。」〔註 32〕

徽州先民只能敝衣糲食，負擔遠出，經商便成了徽民的風習，竟至於「業賈者十七八」〔註 33〕，徽民觀念因而改變，「輕本重末」，「即閭閻家不憚為賈」。〔註 34〕地理環境迫使人的生活觀念發生轉變，徽人無以以農立家，只有「輕本重末」乃至「捨本逐末」。徽人的價值觀也出現了與傳統文化中「士農工商」

〔註 28〕　《歙事閒譚》第 18 冊《歙風俗禮教考》，張海鵬：《明清徽商資料選編》1985年版，合肥：黃山書社，第 7 頁。

〔註 29〕　弘治《徽州府志》卷 2《食貨一》，張海鵬：《明清徽商資料選編》1985 年版，合肥：黃山書社，第 3 頁。

〔註 30〕　淳熙《新安志》卷 9，張海鵬：《明清徽商資料選編》1985 年版，合肥：黃山書社，第 3 頁。

〔註 31〕　康熙《休寧縣志》卷 7《汪偉奏疏》，張海鵬：《明清徽商資料選編》1985 年版，合肥：黃山書社，第 6 頁。

〔註 32〕　《黟縣鄉土地理·物產》。

〔註 33〕　汪道昆《太函集》卷十七。

〔註 34〕　《唐荊州文集》卷十五，《程少君行狀》。

相悖的倫理排序。徽州民居中出現了「商」字門，入內之人，皆需自「商」下穿過。堂屋楹聯也沾染了商人之氣，如盧村某宅對聯是：「惜食惜衣非爲惜財緣惜福；求名求利但須求己莫求人」。也有把千年耕讀傳統變爲「學而優則商」的，如「九章大學終言利；一部周官半理財」等等。〔註35〕

徽州先民外出經商營生，實乃萬不得已。腰纏萬貫的風光背後是妻離子散的愁苦，是「十室夫妻九室空」的空慰怨。

廣泛流傳於徽州地區的《前世不修》的民謠反映了徽州先民謀生的無奈和艱難。

前世不修

前世不修，生在徽州。

十三四歲，往外一丟。

吃碗麵飯，好不簡單。

一雙破鞋，踢踢踏踏。

一塊圍裙，像塊祫八〔註36〕。

鄉魂悠悠，腳跡難收。

細鬼（小孩）啊，

成功就是娘的心頭肉，

不成做鬼也孤幽！

還有一首《前世不修今世修》也是如此內容：

前世不修今世修，蘇杭不生生徽州；

十三四歲年少時，告別親人跑碼頭。

前世不修來世修，轉世還要生徽州；

十三四歲年少時，順著前輩足跡走。

徽州徽州夢徽州，多少牽掛在心頭，

舉頭望月數星斗，句句鄉音陣陣愁。

徽州徽州好徽州，做個女人空房守，

舉頭望門憐星斗，夜思夫君淚沾袖。

前世不修來世修，轉世還要嫁徽州；

書香門第也富貴，忠烈孝節美名留。

〔註35〕 李秋香：《中國村居》，天津：百花文藝出版社2002年版，第6頁。

〔註36〕 祫八：用雙層或多層舊布漿貼一起做布鞋底的襯布。

前世不修來世修，轉世還要嫁徽州；

多少辛酸多少淚，悲歡榮辱也輪流。

　　另外輯錄兩首反映徽商外出經商心酸苦累的民謠，不用多做解釋，字裏行間已滲出血汗來：

甜竹葉

甜竹葉〔註37〕，朵朵嬌，

寫封信，上徽州。

俺在杭州做夥頭；

一日三頓鍋焦飯，一餐兩個鹹菜頭。

手磨鐵火鉗，嘴磨鐵犁尖。

手像烏雞爪，腳如黑柴頭。

你要到杭州來看俺，拿個布袋背骨頭！

火螢蟲啊低低飛

火螢蟲，低低飛，寫封信，到徽州。

一勸爺娘別牽掛，二勸哥嫂不要愁。

一日三餐鍋焦飯，一餐兩個醃菜頭。

面孔煙抹黑，兩手烏溜溜。

日子過得好可憐！可憐！可憐！

好兒不低頭。

今朝吃得苦中苦，好的日子在後頭！

出了頭，

當老闆，賺大錢，

回家做屋又買田！〔註38〕

　　「買田」、「置地」這是大多數中國人一輩子的夢想，從文化情感上來說，不就是想營造一個屬於自己的「家」嗎？蓋一幢房子是中國人的「成家立業」人生理想的應有之意。徽商拼死掙命圖的並不完全是商界的風光，而糾結在內心的就是要歸故里、建新房、耀祖宗、蔭後人。徽商的成功爲婉麗的徽州民居藝術風格提供了厚實的財力基礎。

〔註37〕　甜竹葉：徽州人視爲一種吉祥的植物，莖及葉背面是紫紅色，生赤色小果子。

〔註38〕　此處四首民謠均引自方靜採編：《徽州民謠》，合肥：合肥工業大學出版社2007年版，第92～96頁。

徽商的發跡是憑其「徽駱駝」、「績溪牛」的性格破釜拼命掙來的，「一方水土養一方人」，朱熹在《新安道院記》中說：「山峭厲而水清激，生其間者不能不過剛而喜鬥，君子務以其剛為高行奇節，而尤以不義為羞，故其俗難以力服，而易以理勝。」正是這樣的自然環境，陶冶出徽州人剛毅好義、節儉樸厚的性格，使其在商業縱橫捭闔，也養成了平淡自然、率真拙樸的藝術旨趣，所有這些都在深印在徽州民居中。

二、徽州民居為徽人習俗所造

復旦大學著名徽學專家王振忠教授在《鄉土中國——徽州》〔註 39〕一書中指出徽州是一個獨立的民俗單元，其群山夾峙的地理環境、「混血」的文化基因、異常發達的商業文化和深入骨髓的程朱理學最終凝鑄了徽俗。正如許承堯在《歙事閒譚》中所說「武勁之風，盛於梁陳隋間，如程忠壯、汪越國，皆以捍衛鄉里顯。若文藝則振興於唐宋，如吳少徵、舒雅諸前哲，悉著望一時，而元明以來，英賢輩出，則彬彬然稱東南鄒魯矣。至秉禮仗義，自古為然，郡邑悉同，故樸實鄰於儉嗇，質直狀若拘牽，雖閨幃女婦，亦知貞節自矢，尤為比戶可風。」〔註 40〕又說「男尚氣節，女慕端貞，雖窮困至死，不肯輕棄其鄉。女子自結褵未久，良人遠出，或終身不歸，而謹事姑嫜，守志無怨。」〔註 41〕丹納在《藝術哲學》中提出的「精神氣候」的概念，並說「風俗習慣和時代精神，和自然界的氣候起著同樣的作用。」〔註 42〕

如此種種彙成了徽州的「民俗文化流」，構成了「民俗生活相」〔註 43〕，這些都影響到了村落和民居「場地」的選擇。拉普卜特在論及「場地」對城市和房屋的影響時說「某種意義上說，場地的影響是文化上的而不是物質上的。理想的場地取決於某個人群或某一時刻的目標、理想和價值……場地的選擇有時更有超自然的因素或政治和社會方面的原因。」〔註 44〕此話說得切

〔註39〕 王振忠文、李玉祥攝影：《鄉土中國——徽州》，北京：生活讀書新知三聯書店 2000 年版。

〔註40〕 許承堯：《歙事閒譚》第 18 冊《歙風俗禮教考》。

〔註41〕 許承堯：《歙事閒譚》第 8 冊錄程且碩《春帆紀程》。

〔註42〕 【法】丹納著、傅雷譯：《藝術哲學》（文本），桂林：廣西師範大學出版社，2000 年 4 月，第 66 頁。

〔註43〕 民俗生活流、民俗生活相、民俗生活場是華東師範大學陳勤建教授提出用以指稱民俗生活外在現象的概念，三者是遞進關係，由流成相、由相成場。

〔註44〕 【美】拉普卜特：《宅形與文化》，常青等譯，北京：中國建築工業出版社，2007 年，第 29 頁。

中肯綮，明清時期的徽州民俗生活的「場域」還被濃重的傳統觀念籠罩著，在這樣的文化氣候下，徽州民居從建造之始就不得不考慮「人」的因素。屋居當中，各得其所是很重要的空間秩序。

在徽州，農耕文明的不發達使婦女在經濟生產活動中是幾乎沒有地位的，程朱理學「存天理，滅人欲」以及過度宣揚的「貞節觀」兩者共同作用，將徽州婦女逼到了屋子最晦暗幽深的角落，從而影響到民居房間佈局和局部構件的設置。下面就以徽州民居中的女性空間的設計爲例說明，「人」不僅僅是房子的主人，一旦搭建起來也會成爲房子的奴隸，這近乎是「畫地爲牢」式的自我囚禁。

馬克思生產力決定生產關係的理論儘管現在不怎麼爲人所喜道，但是還是有道理的，轉換成民俗學的說法就是生產習俗中所處的地位會影響到其在民俗生活中的角色定位。是否參加維持生計的勞動，對婦女的生存狀態影響很大。陳志華先生曾說：「在晉商、徽商的老家，婦女人多不參加生產勞動，因此遭到相當嚴密的禁錮，大一點的住宅，分大門二門，前堂後樓，稍小一點的分前後堂，再小的也有『避弄』(備弄)和『護淨』(如圖 1-7) [註45]。在福建、廣東，尤其客家人，婦女往往參加農業勞動，她們的地位比較高，住宅裏就沒有這許多禁錮她們的設計。『圍龍屋』和『圓樓』，各戶住房私密性極小。閩東有些農村住宅，基本型制就劃分爲幾個小院落，媳婦一進門便分家，不受婆婆的氣，有些人家出錢來給出了嫁的女兒打井，吃水都是娘家的，這是爲了報償女兒出嫁前在娘家的勞動。」[註46]

當然，對女性空間的劃分不完全受勞動角色的限制，也不獨從明清時起，自古有之，不過及至明清尤甚而已。《墨子》中已經講到：「古之民，未知爲宮室時，就陵阜而居，穴而處，下潤濕傷民。故聖王作爲宮室，爲宮室之法，曰：室高足以辟潤濕，邊足以圍風寒，上足以待雪霜雨露，宮牆之高，足以別男女之禮。」[註47] 可見，春秋時代在房子裏已有男女之別，但是受「禮」的限制較多。而民國年間編的《歙縣志》也說「古歙爲程朱發跡之區，禮讓

[註45] 避弄：宅内正屋旁側的通行小弄。爲女眷僕婢行走之道，以避男賓和主人。
　　　 護淨：即護淨窗，通常以木雕花罩代替短格扇，花罩中部兩扇小窗可以開關，徽州俗稱「檻撻衣」、「小姐窗」。
[註46] 陳志華：《中國村居・序》，李秋香著，天津：百花文藝出版社 2002 年版，第 2 頁。
[註47] 《墨子・辭過》，《諸子集成》卷四，中華書局 1954 年版，第 17～18 頁。

祖先，人文蔚起，其間忠者義烈，志不勝書，即閨媛困範中操凜冰霜，賢比陶孟者，城市山區所在多有。」〔註48〕由此也可以看出禮制對女性的禁錮，反應在民居當中就是對女性空間的設置。

圖 1-7　徽州民居中的護淨窗

　　徽州民居在設計之初就爲女性預留了活動的空間，而且這些空間都是相對獨立且私密的，即在中堂後面，女子一般是不讓進入中堂的，一般外面的客人也不能從中堂到後堂。與男人活動空間內的浮華雕飾相比，女性空間內雖有修飾卻顯得低調了許多。徽州民居中對待字閨中的未婚女子和已爲人婦的已婚女子的居住空間也是有區分的。

　　《禮記》中說：「七年，男女不共席，不同食。」受傳統禮制制約，與許多地區一樣，徽州地區的女孩在七歲之前，尚可和男孩一樣自由活動，七歲之後，女孩就要被緊鎖深閨了。閨房一般在二進以內的閣樓上，房間的窗子用繁瑣的雕飾進行視線阻攔（此處的窗子就是護淨，也叫檻撻衣，徽州本地叫「小姐窗」，顧名思義，爲「小姐」而設的窗子）。爲了充分保證閨房的私

〔註48〕民國《歙縣志》卷 15，轉引自《95 國際徽學學術討論會論文集》，安徽大學出版社 1997 年版第 166 頁。

密性，主人是頗費心思的。比如宏村的承志堂〔註49〕，正廳旁的天井二樓靠簷處，是呈弧狀弓上去的。因此處恰是閨房，正廳則是招待客人的男性空間。設計時就此一「弓」，恰好使女子在二樓迴廊處的活動與正廳隔開，從空間上起到性別隔離的效果。大戶人家的女孩子在出嫁前，是輕易不下樓去拋頭露面的，所謂「大門不出，二門不邁」。因爲極少下樓，很多通向二樓的樓梯修得陡高，今日行去尚顯艱難，遑論三寸金蓮的小腳女人。一樓入口處還有一扇小門，需要時可以鎖上。閨秀們終日呆在閣樓裏，學習女紅或者幹些別的事情打發時光，就像養在籠裏的鳥雀，悶了也只能美人靠上觀賞內院天井的風景。有些大家族的閨秀還可以去自家的私塾接受教育，然而基本上所有活動都在家庭內部。不過閨秀們也會以令今人啼笑皆非的方式與外界交流。大戶人家的前廳天井上，如承志堂，二樓房間會修成有前廊的走馬樓形式，閨秀可以環繞天井走動。在走馬樓位於正門處，會修很高的欄杆，上開兩個四方小孔，供閨秀觀察未來夫婿之用。（如圖 1-8）因內外光線強度不同，男子無法看到小姐。〔註50〕也有的大戶人家會爲小姐設一處繡樓，西遞桃李園二樓就有一處，其開窗的方式簡潔大方，不像護淨窗那般精雕細琢躲躲閃閃。大夫第的繡樓則位於廚房的樓上，是臨街的半亭，兩面開窗面向街市和遠山，是典型的觀景窗。

圖 1-8　宏村承志堂的窺視孔

〔註49〕 承志堂：位於黟縣宏村，建於 1855 年前後，爲清末鹽商汪定貴住宅。佔地2100
　　　　平方米，建築面積 3000 平方米。整體磚木結構，共有 7 處樓層，九間「天井」，
　　　　60 餘間廳堂，136 根木柱。全屋分外院、內院、前廳後堂、東廂、西廂、書
　　　　房廳、小客廳、迴廊、廚房；有花園、觀魚廳，有專門用於搓麻將的「排山
　　　　閣」，專門用於吸食鴉片的「吞雲軒」；還有保鏢房、傭人房、井臺、地倉、
　　　　貯藏室、馬廄等。
〔註50〕 參閱何水：《徽州民居中女性空間淺析》，安徽建築工業學院學報（自然科學
　　　　版），2007 年第 5 期。

　　另外一種生活在徽州民居中的未婚女性就是婢女。她們在整座宅子裏的地位是最低下的，因此住的地方也是最差的，一般在後堂的次廂房或側房偏處，房間內幾乎終年不見陽光，同是奴僕，男性卻也好於女性，他們可以住在前院條件稍好的房間內。

　　徽州民居中對嫁作人婦的女性的活動範圍也是有嚴格劃分的。已爲人妻後女性是不能走街串巷隨意串門的，對共用一面院牆的兩家人，偶而在天井處開一扇門，以供兩家主婦走訪談天。徽州民居標誌性的高牆，除了防盜之外，也有禁錮女性的考慮。除卻劃定女性活動範圍的空間考量外，徽州民居中還有禁止女性踏足的空間，尤其是在特殊的情況下，如祭祖、會客等等。這在全國其他地方也都有程度不同的存在。

　　徽派建築的高牆、小窗等都是爲女性而設。在以往的研究或者「女權主義者」眼中，民居中這些細節的設置無疑都是爲了「禁錮」、「壓榨」、「摧殘」女性，是「封建糟粕」，但是，筆者認爲在評論過往的時候最好不要以今之論隨意否定古之規制。竊以爲，在當時的社會環境，尤其是當時的社會文化、禮制道德的環境下，這些設置恰恰是爲了維持社會的和諧穩定，說得再玄乎一點，是爲了維持社會人際關係「陰陽之平衡」。〔註51〕社會秩序的平衡必須是雙方的妥協甚至犧牲部分利益才能達到的，在傳統鄉土社會中，相較於男性來說，女性無疑做出了比較大的犧牲。這一點我們也不能否認。下面這首民謠就是徽州「留守婦女」眞實生活的寫照。

　　　二十四個「半」

　　　　　　半聞半坐半堂前，半喜半笑半愁眠。

　　　　　　半碗香茶半身影，半隻蠟燭半隻圓。

　　　　　　半碗飯，半湯圓，六月一過上半年。

　　　　　　推半門，走半邊，走到半路回家轉；

　　　　　　推半窗，看半天，雨打三更上半月。

　　　　　　對花鏡，梳半邊，青紗帳，掛半邊；

　　　　　　鴛鴦枕，睡半邊，紅綾被，蓋半邊；

　　　　　　夫君啊，一年一去一大半，何樣今朝還不還？〔註52〕

〔註51〕 如今，在廣大農村，丈夫獨自入城打工，妻子留守在農村，出軌事件頻出，直至家庭破裂。這些社會現象都應該引起社會學者的關注和反思。可以「留守婦女」爲關鍵詞搜索，此類報導和調查甚多。

〔註52〕 引自方靜採編：《徽州民謠》，合肥：合肥工業大學出版社2007年版，第100頁。

徽商的家庭「十年夫妻九年空」，徽州女人不好做！

在俞樾〔註53〕的《春在堂隨筆》中錄有一首《紀歲珠》：

> 鴛鴦鸂鶒〔註54〕鳧雁鵁，柔荑慣繡雙雙逐。
>
> 幾度拋針背人哭，一歲眼淚成一珠。
>
> 莫愛珠多眼易枯，小時繡得合歡被。
>
> 線斷重緣結未解，珠纍纍，天涯歸未歸。〔註55〕

詩前有序：「歙人某，娶婦甫一月，即行賈，婦刺繡易食，以其所餘，歲置一珠，以彩絲繫之，日紀歲珠；夫歸，婦歿已三載，啓篋得珠，已積二十餘顆。余謂此婦幽貞自守，而紀歲珠之名亦新穎，惜不得其姓氏。」讀來令人歔欷。

徽州地區文風較盛，到了清代，女學極盛，開明人士已倡導女子教育，但是也僅僅限於《烈女傳》、《女誡》、《女論語》、《女範》等女學經典。而且會將「貞節忠孝」的故事以雕刻的形式布置在閨房和床笫之間，以起到時時濡染警醒的作用。不過即使如徽州民居中「牢籠」般的「禁錮」，依然擋不住「紅杏出牆」，據王振忠教授研究，「從現存的大批徽商尺牘來看，徽州的『留守女士』主要是依靠遠在異鄉的夫君寄回的銀信接濟為活。由於外部商業的旺衰不定，夫妻長年的分居兩地，彼此感情的日漸疏離，以及其他諸多變動不居的因素，使得其中不少人『半為飢寒半淫賤』，自主或不自主地淪為風塵女子。」〔註56〕即使是在程朱之學尤盛的古徽州人心也不是鐵板一塊。

當然，所謂徽州民居為「人」而造，不僅僅是為了禁錮女人，本節所述也只是擇其一端以為例。徽州民居中尚有許多關照身體之「舒適」、撫慰心靈之「怡人」的人性化設計。將在以後幾章內詳述。

中國人自古即崇尚天、地、人之和諧統一，這樣一種思維模式已為大多數中國人所接受，成為具有鮮明東方特色的民俗思維，上至皇室下至村野人人都會作如是之思考。民居乃「陰陽之樞紐，人倫之軌模」〔註57〕，承載著

〔註53〕 俞樾（1821～1907）：字蔭甫，號曲園。清末著名學者，官翰林院編修、河南學政。曾主講杭州詁經精舍三十餘年，博通經學、易學、文學，平生著述頗豐，有經學大師之譽。著作有《春在堂全書》490卷。

〔註54〕 鸂鶒：一種水鳥，形似鴛鴦而稍大，多紫色，雌雄偶遊。亦稱「紫鴛鴦」。

〔註55〕 俞樾：《春在堂隨筆》卷五。

〔註56〕 王振忠：《徽州社會文化史探微——新發現的 16～20 世紀民間檔案文書研究》，上海：上海社會科學院出版社 2002 年版，第 309 頁。

〔註57〕 《陽宅十書》。

協和天地、和諧人倫的功能。古人爲學開蒙之始，就被告知「三才者，天地人」(《三字經》)，此「三才」乃宇宙洪荒之大者，只有「天地同氣」、「天人合一」、「物我同歸」才能成就三者交融。而我輩爲學，是從「與天鬥，其樂無窮；與地鬥，其樂無窮；與人鬥，其樂無窮」開始的，好在近些年生態哲學、生態美學、生態藝術學等冠以「生態」字眼緊跟時代之風的新學問迭出不窮，其實最終的指向還是求得「天地人」和諧平衡的秩序之美。古徽州村落民居堪稱千古典範，它給了漂泊異鄉的營賈遊子一個靈魂的歸處和情感的依伴。

第二章 徽州民居：中華傳統美的承載和展演

　　儒、道、佛的思想在文人士子心裏是有學理之別的，但是，從廟堂書齋走向田野村間的過程中，就如三種顏料混入一缸，在村氓野夫的攪拌下，渾然一體，不分你我了。倘說儒道佛三家的思想學說更多的在統治和知識階層中發揮信仰作用，那麼在民間，三家的思想以世俗化的面貌融通至民間信仰或曰俗信中，儘管分享了同樣的觀念和體系，但二者價值取向和關懷卻判若霄壤，這自然是與受眾的知識背景及生活環境緊密相連的。正統的學理意義上的宗教信仰應該是符合「宗教」標準的，但是民間信仰基本不具備完整意義上宗教信仰的要素，沒有教會等宗教機構、沒有至高無上甚至唯一的崇拜對象、沒有嚴格的教規、儀式，有的只是與日常生活混雜在一起的俗信。恰恰是這樣一種「不倫不類」的俗信對民眾世俗生活影響至大。在以往的研究中，大多將民間信仰抽離出民俗生活，而作者則認為民間信仰是民俗生活的一部分，不是信仰決定生活而是生活產出信仰。民間信仰雜糅了儒、道、佛以及斑駁蕪雜的其他鬼怪靈異文化因子，以獨特的文化姿態對徽州民居產生了至深的影響。

　　王振復先生在評論「文人園林」時曾說「文人園林並不拒絕棄世之佛的境界和觀念的滲入。……儒家思想也會在園林廳堂一類的建築造型中表現出來，而且造園者、居園者的心靈境界，往往亦道亦佛亦儒。他們把園林看做人生、仕途的一個精神驛站。」〔註1〕此話雖是就「文人園林」而論，但是其中對居園者心靈中儒釋道的解析也適用於徽派民居宅主的心理，「家」居又何嘗不是居住者的情感依賴和靈魂歸宿？

〔註1〕王振復：《中國美學史教程》，上海：復旦大學出版社2004年版，第246頁。

陳望衡先生將中華民族的審美
傳統概括爲五點：樂天憂世、崇陽戀
陰、尙貴羨仙、自然至美、中和之美
〔註 2〕，所論精到簡要，究其實，此
五點概要又不外乎儒釋道俗四類傳
統。中國人向來是講究融會貫通的，
凡俗百姓也未必分得清何爲儒何爲
道，凡能慰己之魂靈，皆會「拿來」。
正如陳先生在文中所述「中國古代的
哲學體系內部分化是不夠的〔註 3〕，
宇宙觀與人生觀是統一的，認識論、
倫理觀、審美觀也是統一的，故而中
國民族的這些傳統，並不是單獨地以
審美方式存在的，而是以整體的人生
觀面貌出現的，因而也可以說，中華
民族的哲學觀整個地具有美學意
味。」〔註 4〕這樣一種獨特的審美特

圖 2-1 《坐隱圖》

徵在中國眾多的藝術門類中都能找到佐證實例。

來看一下徽派版畫的上乘代表作《坐隱圖》〔註 5〕中的一幀插圖（如圖
2-1）。此圖表現的是汪氏坐隱園雅集的情景，特別是第三幅，兩人在松陰石桌
上下棋，另兩人在一旁觀看。下棋的一位或許就是汪廷訥本人，而從另三位
的服飾來看，應該是儒、釋、道家的代表。版畫人物造型功力非凡，刻畫細
緻清晰，線條細若毫髮，山石結構、水浪波紋等圖案都能代表徽派版畫的典
型特點。衣紋折疊、花飾圖案和山石的點刻，無人堪與匹敵，爲徽派版畫上

〔註 2〕 參見陳望衡：《中國古典美學史》（下卷），武漢：武漢大學出版社 2007 年版，
　　　　第 518～540 頁。

〔註 3〕 以西人眼光來看，自是如此，但這恰恰是我文化之特色，不與西人同。中華
　　　　審美觀經儒釋道俗浸染之後渾然一體。（作者注）

〔註 4〕 陳望衡：《中國古典美學史》（下卷），武漢：武漢大學出版社 2007 年版，第
　　　　518 頁。

〔註 5〕 明萬曆三十七年（1609）的《坐隱先生精訂捷徑奕譜》二卷，明汪廷訥編；
　　　　明詹國禮督梓；明汪耕繪；明黃應組鑴。明萬曆三十七年（1609）安徽新安
　　　　汪氏環翠堂刻本。

乘之作，向爲版畫研究者推重。書中六版連成一幅下圍棋的畫面，反映了主人理想中的隱逸生活，畫中對梅、鶴等物的運用則喻指對「梅妻鶴子」隱士生活的嚮往。〔註6〕

　　而徽派版畫的另一代表作《環翠堂園景圖》（如圖 2-2）〔註7〕，畫中所繪汪廷訥的私家宅園「坐隱園」，看一下園子各色景點的名稱「無無居士書舍」、「蘭亭遺勝」、「紫竹林」、「洗硯坡」、「天放亭」、「百鶴樓」、「五老峰」、「洗心池」、「玄通院」、「善福庵」、「龍伯祠」、「洞靈廟」、「大悲室」、「觀音洞」、「經藏處」、「清虛境」、「半偈庵」等等，可謂儒釋道一應俱全，無所不包。〔註8〕

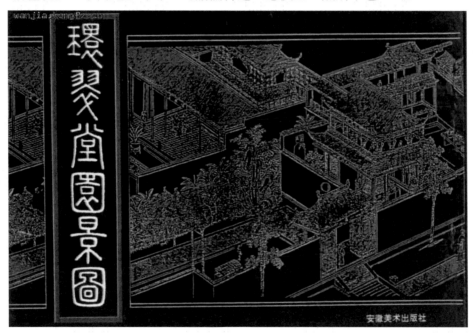

圖 2-2　《環翠堂園景圖》封面

〔註 6〕 汪廷訥、汪耕、黃應組：《坐隱奕譜》，桂林：廣西師範大學出版社，2001 年版。

〔註 7〕 畫冊名。「徽派版畫」代表性作品之一。畫卷縱 24 釐米，寬 1486 釐米，吳縣畫家錢貢繪圖，歙縣黃氏木刻名工黃應組鐫刻，南京書法家李登題簽篆額，繪刻於明朝萬曆年間。「環翠堂」爲明代戲曲家汪廷訥在故鄉休寧縣松蘿山下修建的一座私人庭園。「園景圖」描繪了園林全景以及附近的山川風物，並以黃山和白嶽作爲遠景映襯，是表現休寧縣北部自然和人文景觀的藝術長卷。《環翠堂園景圖、》畫面精麗工巧、絢爛多彩，錢貢在畫稿設計上融山水與界畫技法爲一體，虛實結合，剪裁別具一格。黃應組運刀暢而不滑，線條纖細入微，刀法謹麗，風格俊逸縝秀，氣韻清雅，具有鮮明的「徽派版畫」特色。現代版畫收藏家傅惜華藏有汪氏環翠堂原鐫刻本。

〔註 8〕 張國標：《徽派版畫》，合肥：安徽人民出版社，2005 年版。

第一節　儒家中和美之統轄

　　孔孟的儒家思想歷經董仲舒的「罷黜百家」、予以「獨尊」和「程朱理學」糅合佛道改造之後，成為中國人主要的精神資源之一，徽州文化的中原文化基因和「程朱闕里」的獨特「優勢」更是雕琢了徽人的心靈世界。反映在徽派民居建築上就是對儒家「中和」之美的崇尚和表現。在整個徽州村落、民宅及祠堂、戲臺、牌坊等等之中，無不染盡了儒家的美學思想。儒風浸染之下，明清徽派民居的建築體量中規中矩、佈局合情合理、施色不濃不豔，整體氣韻生動而不輕佻，淡然卻不黯然，置身屋內，行於街巷，沖淡平和，熨帖身心。（如圖 2-3〔註9〕）

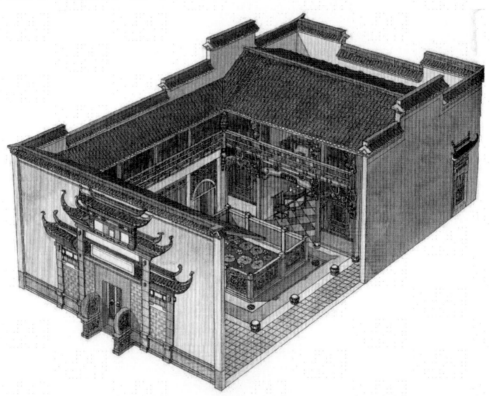

圖 2-3　徽州民居外觀及內部空間裝飾圖

　　儒家思想是統治中國人精神文化世界的主體思想，具有絕對的強勢，是道、佛所不能比的，可稱之為「統轄」民居建造的思想。儒家美學的核心是崇尚「中和」之美，也同樣「統轄」著徽州民居的整體藝術風格。

〔註 9〕圖片選自王其鈞：《中國民居》，上海：上海文藝出版社，2006 年版。

這種「統轄」的影響主要體現為：

一、以血緣為基礎的宗法觀，體現為敬天奉祖的空間設計

正如費孝通先生早在 20 世紀 40 年代所指出的，「血緣所決定的社會地位不容個人選擇」，「血緣是穩定的力量，在穩定的社會中，地緣不過是血緣的投影」，「地域上的靠近可以說是血緣上親疏的一種反映……我們在方向上分出尊卑：左尊於右，南尊於北，這是血緣的座標」〔註10〕。

血緣宗親關係是中國式「家庭」、「家族」得以形成的基礎性關係，而「家」居的設計建造都必須服務於這種關係。基於此關係而起的宗法制度的重要內容是崇祖祀神，提倡家族或宗族祖先的崇拜和祭祀各種地方神祇。儒家思想中的「仁義忠孝悌」等倫理原則是宗族宗法制度的核心和基礎。這種宗法制度和道德觀念對民居的平面佈局、房間構成和規模大小有著深刻的影響。

血緣宗親對徽州村落的影響體現在「聚族而居」和宗族祠堂的建設、族田的經營、族譜的編撰等，這也是中國大部分宗族勢力強盛地區的特徵。但是祠堂畢竟非日日前往祭拜之處，所以更多的人家則是將祖宗神明請回家中，與生人同居。本文以「家居」為主要考察對象，對祠堂等具有公共空間性質的建築不做重點分析。

在人居的民宅裏，敬天奉祖是萬事之大者，體現在徽州民居中就是設計時必須預留出天和祖的空間，這就是堂。〔註11〕

堂，是徽州民居中極為重要的空間設計，這是徽州人生活的中心空間和重心場所。美國建築大師萊特（F. L. Wright）說〔註12〕：「一個建築物的內部空間便是那個建築的靈魂，這是一種最重要的概念。外部空間則應由室內居住的原狀中生長出來。如同一個樹的結構，係由樹根到樹幹再到樹葉，從而形成一種連續的連貫性……」〔註13〕堂，就是徽州民居中的「靈魂」空間。其他所有空間的設計和佈局都是圍繞堂展開的。

〔註10〕費孝通：《鄉土中國》，北京：生活讀書新知三聯書店 1985 年版，第 72 頁。

〔註11〕王世仁先生對堂的建築源流研究《明堂形制初探》，此文以大量的繪圖明晰地梳理了中國「堂」的形制變遷，見王世仁：《中國古建探微》，天津：天津古籍出版社，2004 年。

〔註12〕萊特（1869～1959）：美國建築師。他與米斯、格羅比斯、柯布西耶一起，通常被稱為世界現代建築的四大元老，他的「草原式住宅」與「有機建築」的理論至今仍產生影響。他還提出過「有機城市」的方案。

〔註13〕轉引自汪流等編：《藝術特徵論》，文化藝術出版社 1984 年版，第 177 頁。

「堂」的字源本意是建在臺基上的高大建築。（由圖 2-4 即可看出）《說文》：「堂，殿也。從土，尚聲。」古稱高大的堂屋爲殿。《漢書》顏師古注：「古者屋之高嚴，通呼爲殿，不必宮中也。」這說明在漢代時堂和殿是通用的。到漢代以後，二者不再通用，殿專指宮廷和陵寢建築中的高大正屋。宗教建築中的正屋也享受帝王級別被稱爲殿。而「堂」作爲官邸、民宅建築群體組合中的主體建築（正屋）則一直保留至今。《釋名》：「堂者，當也。謂當正向陽之屋。……堂，猶堂堂，高顯貌也。」這說明，南向、方形、高敞，是堂建築的形制特徵。相對於「內」室，堂帶有「外」的特性。《園冶》上說：「古者之堂，自半已前，虛者爲堂。」就其文化屬性而言，堂則是滲透在邸宅中的禮制性建築空間，是家庭進行祭祀、議事、待客和慶宴的場所。按照傳統禮數，訪客如貿然登堂入室。顯然於禮不合，但經主人盛情允諾，便可堂堂正正地拾級而入。〔註14〕

圖 2-4 「堂」字形的演變

計成的《園冶》一書中有關廳堂的論述，可以讓我們瞭解明代時江南一帶工程的做法，如「廳堂立基，古以五間三間爲率」；「凡屋以七架爲率」；「凡廳堂中一間宜大，傍間宜小，不可勻造。」中國傳統建築營造中，將橫向兩柱之間稱爲「間」，而將縱向檁椽之數稱爲「架」。這就是說，古代廳堂是以三間或五間爲標準開間，七架檁椽即六椽屋爲標準進深的；而廳堂的布置，則以中央一間寬於兩側次間爲適宜。

姚承祖的《營造法原》一書中，則有關於廳堂結構的描述，並且是以「廳堂總論」、「廳堂外樓木架配料之例」兩個章節予以直接描述。如其在第五章「廳堂總論」的開頭處，即寫道：「廳堂可就其內四界構造用料之不同，稱用扁方料者曰廳，圓料者曰堂，俗稱圓堂。」《營造法原》還根據廳堂的貼式構架的不同，將廳堂分爲多種形式：扁作廳、圓堂、貢式廳，船廳回頂、卷棚、鴛鴦廳、花籃廳、滿軒等等。從這一描述中可以看出，廳堂發展到清代時，其形式已極爲豐富了，這些廳堂既有共性，又有各自的個性與特色。

〔註14〕陳鶴歲：《漢字中的古代建築》，天津：百花文藝出版社 2005 年版，第 75 頁。

徽州民居中廳堂的地位是至高無上的，是住宅的核心空間。它是一種對
稱平衡、區分內外、層次井然的平面組合方式，正中為祖先神位，兩側開門，
中置八仙桌，是家庭「香火」之所在。廳堂在其發展過程中，往往還與祖堂
相結合，具有了與祠堂相同的祭祀功能。（如圖 2-5）

圖 2-5　盧村志誠堂的廳堂

走進徽州民居，在人活動的主要場所，幾乎處處可以看到祖靈的影子。
這就是以祀為主的祀宅合一民居空間設計。徽州民居中不管規模大小，是兩
進、三進還是四進，在設計的時候就必須預留出祖宗的位置，在整個宅第的
最後一進的正中廳堂，稱為後堂，亦稱祖堂。後堂的開間、進深和脊高都有
一定的尺寸規定，甚至神龕、神案、香爐的位置、高度也有所規定，不得隨
意更改。徽人除了逢年過節在祠堂敬奉祖先外，大多在住宅的祖堂中設有祖
宗牌位或者懸掛祖宗畫像，日日香火供奉不斷。當然，在徽州人的祖堂裏我
們也會看到各路神明與祖先共處一室，這對多靈崇祀的中國人來說是再正常
不過的現象。

徽州民居除了為祖宗留出最重要的空間之外，還為人與天的交流提供了
空間上的可能。天井這一獨特建築空間的出現就有效解決了溝通「天地人」
的問題。從徽派民居最核心的活動場所——廳堂橫向出來到天井，以天井為

過渡，再縱向挺進到天，這一順序倒過來，就是從天到天井再回到廳堂。在徽州民居的廳堂和天之間是不設任何障礙的，整個空間顯得異常通透無阻。民間寵信「地氣」「天氣」之說，這樣的空間設計對接地氣通天氣都是很「便利」的，至少從居住者的視覺和心理感受上能達到這樣的效果。

徽州人認爲祖先神靈與天相接也是極其重要的，這有關家族盛衰，因此徽州民居中在最後一進的天井的進深、堂高、簷高、脊高的尺寸和做法上都是有講究的。祖堂中，祖先、神祇向前仰視觀天，其視線必須高出前堂正脊的高度，在民間營造中稱爲「過白」。〔註15〕這也是徽州民居中崇天思想的表現之一。

徽州古民居呈現出建築空間與自然環境以及人們精神思想的交融。它的建築模式的內向性和完整性滿足了倫理、秩序的要求，家族內居所既可合，又可分，聚則一族，散則爲家，自給自足，天倫有樂。它的天井及庭院又充當了自然與情思的中介，這是內斂性與外向性結合的「中庸之道」的體現，是中國家族制度特有的等級秩序的空間意象。

這種以情感爲主的傾向，使中國文化精神走向重全體的普通性。由文化、人至住宅，形成一種整體的民族性傾向。住宅中必然也要有一個這樣公共的、代表全體居住者的空間，以表現這種整體性。廳堂的各項功能，就是爲適應人與人之間關係的禮節與團體生活形式發展而設定的，是約束個人而成就團體秩序的。是爲了讓人在祖靈和天神的掌控秩序內生活的。說到底，這又是儒家思想爲自己爭取到的位置，遠遠超過了佛、道。

二、以禮制爲核心的等級觀，體現爲長幼有序、內外有別的空間佈局

用日本建築學家茂木計一郎的話來說就是中國的建築空間裏有「表的世界和另一個世界」，另一個世界就是，根植於儒教思想的禮制，房主想以此來表達強大的官僚制、家長制、高度成熟的這種「表」的世界，是「禮」的空間，是「俗」的世界。〔註16〕

禮是法度的一種，它要通過儀式儀理來體現。禮儀規範大體上可以分爲兩個部分，一部分是與國家政治息息相關的禮儀制度以及人們在政治活動與

〔註15〕陸元鼎主編、楊谷生副主編：《中國民居建築》（上卷），廣州：華南理工大學出版社 2002 年版，第 57 頁。

〔註16〕【日】茂木計一郎、稻次敏郎、片山和俊：《中國民居研究──中國東南地方居住空間探討》，江平、井上聰譯，臺北南天書局 1996 年版，第 22 頁。

社會交往中所應遵守的行為規範，如拜祖祈年，祭天祀地之規。另一部分是家庭內部各成員之間的長幼尊卑的等級區分與行為規定，即家庭之禮。〔註17〕血緣宗親關係的維繫所依賴的俗世規矩就是「禮」。「禮」是中國民俗中交往禮儀民俗形成的「理論基礎」。

「禮」規的制約作用，對徽州民居建築有很大的影響，體現在空間格局上除了上文中對「堂」（死者神明）的重視之外，還有對「房間」（生者）秩序的安排。儒家是極其重視人倫關係、行為規範的，凡事都須合規中矩，處處都要體現「中和」，這對「賈而好儒」的徽州人來說，不管是審美趣味還是生活行為、起居方式都有重要的影響。

從外觀上來講，徽州民居除了「門罩」這個特殊部位做重點修飾以彰顯屋主的品味格調之外，煞白的高牆、黛青的屋瓦，每家每戶皆是如此，鮮見在外觀上的另類之作。從平面佈局來看，徽州民居的基本形制都是規規矩矩的，大戶人家也是以中軸線上的廳堂為中心向兩側佈局同樣規規矩矩的「別院」。在徽州幾乎找不到詰屈聲牙的平面造型。（如圖 2-6〔註18〕）

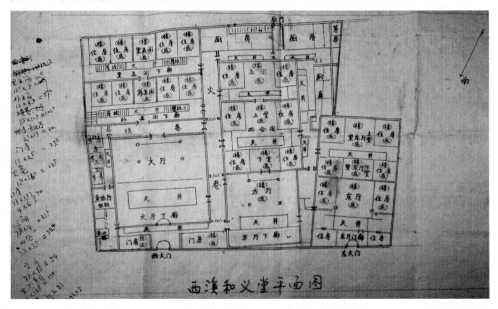

圖 2-6　歙縣鄭村和義堂平面

〔註17〕王齊洲、余蘭蘭、李曉暉《絳珠還淚——〈紅樓夢〉與民俗文化》，哈爾濱：黑龍江人民出版社 2003 年版，第 196～197 頁。
〔註18〕圖片由和義堂主人汪育真提供，筆者翻拍。

對居住房間的安排，體現了徽州人對「禮制」徹頭徹尾的貫徹，徽州民居中的住房位序是以主廳堂為中心，以中軸線由近及遠，先東後西的尊卑關係來安排家庭成員的。以廳堂為中，東側為大房，住祖父母；兩側為上二房，住父母；前兩間為兒子住；女兒及傭人住廳堂後面及其兩側。兒子多的情況下依長幼輩分住廂廊外側的「虎眼天井」旁的廂房〔註 19〕。住房與廳堂的關係反映了一定的等級關係，並嚴格按照家族的輩分、尊卑分配的。而傳統社會中對男女、內外之別秩序的重視也在徽州民居中得到了淋漓的體現，幾乎是所有中國民居中最為典型的。〔註 20〕

三、以孝道為核心的人倫觀，體現為無處不在的道德宣教

從學理上來說，孝道是與血緣宗法和禮制緊密相關的，「堂」的設計和長幼尊卑的空間排列也是「孝道」的表徵之一。但因高揚「孝道」大旗的程朱理學在徽州鄉土社會中的大行其道，有必要將此拿出單獨分析。在徽州，孝道的主要體現為傳宗接代的家族責任感和光宗耀祖的家族榮辱觀。

程朱理學轉為世俗儒學，主宰了徽州先人的思想行為，「理學是儒學發展的一個更高階段，具有多層次的豐富內容，一是它吸收了佛、道教內容建立了精細龐大的思辨哲學體系；二是將儒家傳統的社會責任感推向了登峰造極的地步……集中表現在『教化』的思想與實踐上。」〔註 21〕「孝」的思想觀念深深滲入進徽州人的文化血液，歷千百年而不衰。傳續香火、讀書為上、遵禮重規、不辱門風的教化之風，隨著家族的繁衍而不斷衍生，形成了以家族為單位的文化積澱、文化傳承。（如圖 2-7）

至今仍流傳於徽州民間的民謠就體現了徽州地區對「孝道」的倡導。

奶頭

沒有奶頭哭淋淋，銜著奶頭嫡嫡親。

丟了奶頭婆家親，當了家婆黑良心。

這首民謠帶有強烈的警示作用，孩子未成年時，離不開娘親，待嫁人或娶親後，就「黑良心」把父母養育之恩忘得一乾二淨。徽州地區流傳的此類民謠是從側面警醒兒女要孝順父母。

〔註19〕可參見附錄中和義堂主人汪育真的詳盡描述。

〔註20〕可參見第一章第三節，徽州民居中女性空間設計的分析。

〔註21〕郭謙：《湘贛民系民居建築與文化研究》，北京：中國建築工業出版社，2005年4月版。

圖 2-7　西遞胡氏宗祠敬愛堂內　朱熹親筆所書「孝字」，意味深長

還有一首民謠《爲人當報父母恩》則是從正面來提醒爲兒女的要知恩圖報：

> 一年一度又逢春，兒大當報父母恩。
>
> 爲人不將父母孝，生男育女也虛文。
>
> 媳婦須把公婆敬，自己也要做婆身。
>
> 不信但看簷前水，點點滴滴不差分。〔註22〕

而下面兩首則是通過母親十月懷胎的艱辛不易來提醒兒女要體諒爲父母的難處，要懂得孝順。

十月懷胎

> 一月懷胎如露水，水面浮萍不生根。
>
> 二月懷胎不多時，手鬆腳軟懶依依。
>
> 三月懷胎更難堪，三餐茶飯吃兩餐。
>
> 四月懷胎全四肢，四肢頭上定了型。

〔註22〕　此處四首民謠均引自方靜采編：《徽州民謠》，合肥：合肥工業大學出版社 2007年版。

> 五月懷胎分男女，七孔八竅變人形。
> 六月懷胎三伏天，堂前掃地身懶轉。
> 七月懷胎七月七，梧桐樹上掛金鈎。
> 八月懷胎收羅忙，無福孩兒半年糧。
> 九月懷胎九重陽，一心想著娘門上。
> 十月懷胎離娘身，叫娘痛得汗淋淋。
> 嘴裏銜著金絲髮，腳下踏著血絲盆。
> 翻一身痛一聲，十月痛苦痛在心。
> 翻兩身痛兩聲，公婆嚇得許願神。
> 一許竈下竈司精，二許禮王活觀音。
> 做娘艱難做娘苦，保祐孩兒早早生。
> 聽著孩兒嚎一聲，隔壁鄰居都寬心。

一根香　一里路

> 一根香，一里路，一盞荷花照媳婦，
> 照著媳婦佛堂行，照著童子拜觀音。
> 男拜觀音爲何事？女拜觀音保娘親：
> 娘親懷我十個月，月月吃苦到如今。

「不孝有三，無後爲大」，這是儒家思想留給中國人的沉重包袱或者說是巨大責任。因此，傳宗接代、延綿子嗣成了所有中國人人生的中心任務之一，徽州人更是如此，體現在徽州民居中就是對「多子」的心理期望。這從民居的裝飾中可以看出。徽州民居的雕飾中充斥著大量的如葫蘆、石榴、葡萄、魚等寓意多子的物象，還有麒麟送子、觀音送子、早（棗）生貴子、百子圖、瓜瓞綿綿、連（蓮）生貴子、雙喜貴子等求子圖像。處處體現了徽州人爲家族傳香火的責任感。

不辱門庭、功成名就則是徽州人家族榮辱觀的重要內容。徽州地狹人稠，難以形成其他地區典型的「耕讀」爲本的生活模式，轉而向「末」（商），以求生計。經年在外爲商，一朝榮歸，徽人也是難做到錦衣夜行的，爲光宗耀祖、炫耀門楣，徽州人除了大造宗祠之外，在樸素的圍牆之內，盡顯華麗之能事。一定程度上說，雕樑畫棟代表的就是祖宗的臉面、房主的身份。但是，傳統中國人總是羞於談錢財的，尤其是還是讀過書的徽商。家財萬貫圖的還是風風雅雅，在「儒」（還有由「儒」而成的「仕」）面前徽商總覺得是低人

一頭的。〔註23〕因此，徽商歸鄉後，對子孫後代的文教是頗爲重視的，書院、文廟、文昌閣等文教或祈求文運昌達的建築的興建，使徽州人在「銅臭氣」外又覆蓋上了「詩書傳家」的色彩。除了在民居雕刻以「文房四寶」等物加以渲染外，眾多的楹聯中亦可看出。

> 祖述堯舜憲章文武，
> 裁成禮樂參贊天人。（宏村文廟）

> 迎門飲湖綠，一線漣漪文境活，
> 倚窗眺山巒，萬松深處講堂開。（南湖書院大門聯）

> 讀聖賢書行仁義事，
> 立修齊志存忠孝心。（南湖書院志道堂）

> 詩書敦風好，
> 鐘鼓樂清晨。

> 有子孫，有田園，家風半耕半讀，但將箕裘承祖澤，
> 無官守，無言責，世事不聞不問，且把艱苦付兒曹。

> 文章西漢兩司馬，
> 經濟南陽一臥龍。

> 善貽謀於後嗣學禮學詩，
> 凜遺緒於前人克勤克儉。

文氣與財氣，向學與營商，在傳統社會中近乎衝突的習統被徽商冶於一爐自成一派，一如徽派民居低調內斂的外觀和華麗張揚的內部，矛盾又和諧地共存著。

〔註23〕 明清時期，「以才入仕，以文垂世者」愈來愈多，所謂「一科同郡兩元者」，「兄弟九進士、四尚書者，一榜十九進士者」，「連科三殿撰，十里四翰林」等佳話頻傳。單以歙縣爲例，居科名之先者，如中狀元的有唐皐、金榜、洪瑩、洪鈞等，居相國之隆者有許國、程國祥等，闡理學之微者有朱升、唐仲實等，興經濟之業者有唐文鳳、楊寧等，宏政治之才者有唐相、吳泩等，擅文章之譽者有汪道昆、鄭桓等，副師武之用者有汪宏宗、王應楨等，因商致富而上交天子者有得乾隆帝歡心的鹽商江春、鮑廷博等，足見其人才之盛。徽州共出 28 位狀元（包括寄籍者在內），占全國狀元總數的二十四分之一；當過宰相的達 17 位，也占全國宰相總數的二十四分之一。徽州的精英才俊，有的在其所在的領域享有崇高的地位。例如，朱熹、戴震和胡適就是歷史上學術界的巨擘，也是思想史上的三座豐碑。可見，徽商在發財的同時始終沒有放棄對「詩書」和「仕途」的追求。

某種意義上可以這樣說，中國建築是一部展開於東方大地的倫理學的「宏篇巨製」，是倫理的宗教化與審美化，這是因為東方倫理在一定程度上代替了宗教，充當了「準宗教」角色，成為人生「終極關懷」的緣故。儒學最重人倫教化「儒家者流，蓋出於司徒之官，助人君順陰陽明教化者也。」〔註 24〕建築，除了實用，也是「助人君順陰陽明教化」的一個手段。〔註 25〕徽州民居中的雕塑圖像、楹聯字畫等等無一不暗含著倫理教化的功能。

四、對徽派民居的儒家美學解讀

一言以蔽之，儒家美學的核心為崇尚「中和之美」。何謂「中和之美」？按照陳望衡先生的解釋，「中」有四層意思：內在、不過、合理、中間，而「中」在美學上的影響體現為「善為美之魂」、「重視含蓄的美」。「和」的涵義也有四層，即「雜多的統一為和」、「構成和的多種元素的統一，是諸多對立因素的辯證統一，而不是胡亂的混合」、「和的實現化合，而不是混合，化合其原物已經不是原來的事物了，而是新事物，因此這種和是合一」、「和要中節」。「和」對中國審美觀的影響最重要的是講究「天人之和」，也就是「天人合一」，這是中國美學的基本精神，也是徽派民居建造的出發點和歸宿。〔註 26〕

作為儒家美學核心與靈魂的「中和之美」，它的情態意趣從審美過程開始的感知就已初露端倪。詩教的「樂而不淫，哀而不傷」，要求審美感受從初始階段就要「中節」、「合度」，避免因過份沉溺於感官刺激而放蕩或頹喪。音樂演奏要做到「適」如果聲音過大（震動）、過小（無聞）、太清（尖銳刺耳）、太濁（沉悶壓抑），都會從感知開始就破壞了音樂本身固有的規律，也損害了身體健康，因而無法產生「和」的效果。中國繪畫講究「繪事後素」。如果從落筆開始就專注於丹碌、鉛粉的塗鴉，以色彩的對比眩人眼目，放棄了氣韻生動的筆墨工夫，那麼其結果就是「意在五色，則物象乖矣」，同樣會因為追求感官刺激而失掉了「和」。〔註 27〕

〔註 24〕 《漢書・藝文志》

〔註 25〕 王振復：《中國建築文化歷程》，上海：上海人民出版社 2000 年版，第 6 頁。

〔註 26〕 陳望衡：《中國古典美學史》（下卷），武漢：武漢大學出版社 2007 年版，第 540～543 頁。

〔註 27〕 梁一儒、戶曉輝、宮承波：《中國人審美心理研究》，濟南：山東人民出版社 2002 年版，第 80 頁。

　　徽派民居力求融入自然環境，避免與環境的「撕裂感」，在體量、規制和外形設計上適中而作，不猥瑣、不張揚、不扭曲，一切都顯得穩穩當當，像極了正襟危坐的滿腹儒氣的士大夫。（如圖 2-8）

圖 2-8　人居與自然的完美結合

　　儘管程朱高呼「存天理，滅人欲」，但是儒家的美學思想卻向來具有明顯的理性精神的。他們十分注意個人在審美活動中的主體地位，正如董子所說「天地人，萬物之本也。天生之，地養之，人成之。」〔註28〕三者皆不可偏廢。因此，徽派民居最大程度上滿足了居住者的「私欲」。但是，儒家又有明顯異於道的「出世」和佛的「棄世」，而主張「入世」，即一方面充分肯定滿足個體心理欲求的必要性和合理性，另一方面又處處強調把這種心理欲求的滿足導向倫理規範。因此，儒家美學又特別強調美與社會生活的關係，強調人的社會性，重視文藝在社會生活中的作用，即人格美，藝術美與自然美則可視作是人格美論的自然延伸與生發。這使得儒家美學思想對中國古代的審美意識與審美文化的影響是非常深遠的，且延伸到建築、繪畫等等各個藝術門類。〔註29〕

〔註28〕董仲舒《春秋繁露・立元神》。
〔註29〕唐鳳鳴、張成城主編：《湘南民居研究》，合肥：安徽美術出版社 2006 年 9 月版，第 57 頁。

　　徽派民居追求的和諧境界是「中和」，所採用的和諧方式是「調和」。這種境界和方式是中國人宇宙意識的體現。中國人在自然觀和社會觀方面，強調「中庸」，強調「天人合一」，主張在與自然、與人的融洽中「和諧」相處，以此來構成秩序。這種觀念反映在建築之中就是村落佈局、建築造型的「中和」之美。

第二節　道家自然美之滲透 〔註30〕

　　道家初創於老子，大成於莊子。道家學說的最高範疇是「道」，整個道家學說都是以「道」為中心概念展開的。「道」，是天地之始，萬物之母，是功能與實體混而不分的整體。建立在大「道」基礎上的審美觀最主要的兩點特徵是「自然」和「虛無」。儒家的影響是「統轄」，而道家的影響則可用「滲透」來概括。「滲透」意即並不顯明，卻又能捕捉到「道」的影子。

一、徽州民居的自然之美

　　道家以「自然」為美。「自然」是道家美學的最高境界。老子經常將「自然」和「道」聯繫在一起：

　　　　　「人法地、地法天、天法道、道法自然」 〔註31〕

　　　　　「希言自然」 〔註32〕

　　　　　「道之尊，德之貴，夫莫之命而常自然」 〔註33〕

　　　　　「天無為以之清，地無為以之寧」 〔註34〕

〔註30〕這裡有必要區分一下「道家」和「道教」。在西方，道家與道教被統稱為 Taoism，以 Religious Taoism（道教）和 Philosophical Taoism（道家）將他們區分開來。西方學者普遍認為道教是純哲學的道家思想宗教化的產物，而道教支持者認為道教和道家在思想上有互補之處。道家思想是一種哲學學派，道教是一種宗教信仰。道家思想成形於先秦時期，直到東漢末「黃老」一詞才與神仙崇拜這樣的概念結合起來。部分學者認為，就本身來說，這種神仙崇拜和道家思想少有相關聯的成份，老子、莊子都是以相當平靜的心態來對待死亡的。引起兩者相關聯的原因可能是在道家的文字中描述了對於領悟了「道」並體現「道」的意象，道教尊老子為宗又追求長生久視、長生不死，這和老子的哲學思想是有相悖之處的，將兩者完全混為一談是認識上的誤區。（參考維基百科）其實，在村氓百姓思維版圖中這兩者的界限是相當模糊的，所謂的不同只是學者之理。本文尊重中國民間的思維特點，也不進行細緻區分。

〔註31〕《老子‧二十五章》。

〔註32〕《老子‧二十三章》。

〔註33〕《老子‧五十一章》。

〔註34〕《莊子‧至樂》

　　這四段引文無一不在崇尚「自然」。但是，這裡的「自然」不是自然界，而是指事物本真的存在方式，有任其自然的意思。這也是道家「美在自然」思想的根基所在。劉勰在《文心雕龍‧原道》中說：「傍及萬品，動植皆文。龍鳳以藻繪呈瑞，虎豹以炳蔚凝姿。雲霞雕色，有逾畫工之妙；草木賁華，無待錦匠之奇。夫豈外飾，蓋自然耳。」以「自然」為美的邏輯起點，就衍生出以下的審美理想，即美在造化、真實、樸質、簡潔、清新。

　　老子認為事物均有其本性，均應有合乎本性的存在方式。好比鳥兒應該自由翱翔在天空，魚兒應該自在遨遊在水裏一樣，人也應該有其「自然」的生存方式，這就是「道」的存在方式。老子反覆提到「自然」，實際上就是在講美的「本真」。這一對「本真」的美的追求的觀念在《莊子》中得到了充分論述，在《駢拇》篇中，莊子說駢生的足趾和歧生的手指，確無特有作用，但是它們生來即如此，並不違反生命的真情，「故合者不為駢，而枝者不為跂。長者不為有餘，短者不為不足。是故鳧脛雖短，續之則憂；鶴脛雖長，斷之則悲。故性長非所斷，性短非所續。」〔註35〕

　　源自老莊的以自然本真為美的美學觀對中國人的審美觀產生了深遠的影響。

　　馮友蘭先生曾把人生分為相互交錯、糾織的四種境界：自然境界、功利境界、道德境界和天地境界。在自然境界中，人渾渾噩噩地生活，滿足於動物性的生存狀態。在功利境界中，人為了名利或事業而熙熙攘攘。在道德境界中，人立己助人，道德高尚，高風亮節，志存高遠。天地境界是一種審美境界、情感本體的境界。「它可以表現為對日常生活、人際經驗的肯定性的感受、體驗、領悟、珍惜、回味和省視，也可以表現為一己身心與自然、宇宙相溝通、交流、融解、認同，合一的神秘經驗。」〔註36〕所謂一己身心與自然、宇宙相交融，就是把自然、宇宙人情化、生命化，在平凡、有限、轉瞬即逝的真實情感中，找到人生的歸宿、精神家園和終極關懷。這種境界所帶來的快樂是莊子所說的「天樂」，即不是一種由具體對象所產生的感性快樂，而是一種持續的平寧淡遠的心境。〔註37〕

　　民居作為一種建築，要求得完全脫離人工的自然是不可能的，除非以天地為棲身之所，但這就不是人或者說不是開化之人了。道家崇尚自然之美在

〔註35〕　《莊子‧駢拇》
〔註36〕　李澤厚：《世紀新夢》，合肥：安徽文藝出版社1998年版，第27頁。
〔註37〕　參閱凌繼堯：《美學十五講》，北京大學出版社2003年8月版，第253頁。

徽派民居中的體現為依自然地勢造屋，順河而居，即使是人工開掘之河道，也務求自然之美。偶有人工搭建之橋樑亭臺，也是在遵從周圍自然之境的前提下，使之與自然相融，不顯露粉飾雕琢之「惡」。因此，儘管徽州民居的單體建築都力求合乎禮制，但是其村落卻都是盡自然之美。

徽州民居幾乎無一例外都是黛瓦粉牆，門罩、槅扇、欄杆，磚雕、石雕、木雕，儘管極精細，卻絕少施五色勾繪。老子曰「五色令人目盲」，在日日居住的屋子裏施以彩繪，令人迷亂。與官式建築迥異其趣的還有徽州民居的建築構件幾乎不髹漆，極少見到朱欄碧窗的俗豔。一切都顯得自然本色，大氣樸實。通體而觀，徽州民居的主色調是黑、白、灰，整體色調有一種絢爛之極歸於平淡的美感。以現代視覺心理學的觀點來看，這樣的顏色氛圍是有助於人心寧靜的。平靜淡遠的心境，正是中國人向自然、居所的最大精神謀求。（如圖2-9）

圖 2-9 嫻靜淡雅的徽州民居

其實，又豈止是中國人，車爾尼雪夫斯基也曾說：「黑白兩色對隨便哪種顏色都是一樣適合的，因為說實話，它們並不是什麼顏色；白色，這是一切顏色的結合點；黑色，這是缺乏任何顏色的表示。」俄羅斯抽象主義畫派大師康定斯基對黑、白二色也有過精彩的描繪：「白色雖為無色，但可以看出一種偉大的沉默，而那沉默絕不會是死的，而是新生的無，是誕生之前的無。而黑色是絕對的虛無，具有無未來、無希望，而永遠沉默似的內在音調。」徽州民居黑色的屋頂和白色的牆壁組合在一起，對比效果鮮明強烈，顯得黑色愈黑而白色愈白，而灰色的水磨磚往往作為門框、窗框、牆腳等介乎其中，這種黑白相半的中性色，和黑相比則「明」，和白相比則「暗」；其實，白就是極明的灰，黑就是極暗的灰。（如圖 2-10）

圖 2-10　黑與白的相映成畫

徽派民居的色彩是徽州民眾這一文化群體的集體審美心理選擇。根植於上古以陰陽學為基礎的宇宙觀，「陽」為日光，為白；「陰」為黑夜，為黑。（如圖 2-11）黑白關係也就是「一陰一陽謂之道」，這恰是世界最根本的關係。《賁卦》說：「上九，白賁，無咎。」賁本來是斑紋華采、絢爛的美。白賁，則是絢爛又復歸於平淡。老莊崇尚自然之道的美學觀與此是心心相印的，認為對絢爛色彩的追逐是對真的破壞，容易使人浮躁不安，意亂

圖 2-11　陰陽八卦圖

神迷中就無法達到真正的藝術境界。而「復歸於樸」的境界才能達到世界的和諧，即「道法自然」、「樸素而天下莫能與之爭美」。孔子也曾對「白賁」之美大加贊賞：「賁，非正色也，是以歎之」，「吾聞之，丹漆不文，白玉不雕，寶珠不飾。何也？質有餘者，不受飾也。」〔註38〕荀子說：「極飾反素也。」有色達到無色，才是藝術的最高境界。

_____

〔註38〕漢劉向：《說苑‧反質》。

古代中國的審美取向中就含有排斥富麗色彩的因子，久之則形成了清雅的審美追求。古代文人對「形而上」的道孜孜以求，對富麗堂皇的廟堂之氣或濃裝豔抹的世俗之氣，都是鄙夷待之的。他們更喜歡樸素無華的平淡天眞，把好色做爲不好的品行。徽州是宋代大儒朱熹的故鄉，被稱爲「程朱闕里」，長久以來也形成了重質輕文，重淡輕豔的審美傾向。座落於青山綠水間的徽州村落，審美視覺中，橫向的是連片的黛瓦，縱向的是介於黛瓦和青灰石板間的粉牆，遠觀近看都是自然之美的標本。（如圖 2-12）

圖 2-12　標本式的村落民居

　　道家崇尙自然之美，但眞如道家般入世，對徽商來說卻不是易事。因此，除卻村落，徽商但求在自己的宅內能實現天人合一的自然之美。李澤厚先生把道家的天人合一解釋爲外的自然山水與人內在的自然情感都滲透、交融和積澱了社會的人際的內容〔註39〕，並以現代人反觀感歎「人沉淪在日常生活中，奔走忙碌、衣食住行、名位利祿，早已把這一切丟掉遺忘，已經失去那敏銳的感受能力，很難得去發現和領略這無目的性的永恒本體了。也許，只有在吟詩、讀畫、聽音樂的片刻中；也許，只在觀賞大自然的俄頃中，能獲得『驀然回首，那人卻在燈火闌珊處』的妙悟境界？」〔註40〕徽商又豈不是奔忙在錢財名利中，他們也只能在自己營造的自然之中，偷得片刻淡然以致遠。（如圖 2-13）

圖 2-13　宏村承德堂的山水木雕腰板

〔註39〕李澤厚：《美學三書》，合肥：安徽文藝出版社 1999 年版，第 312 頁。
〔註40〕李澤厚：《美學三書》，合肥：安徽文藝出版社 1999 年版，第 383 頁。

　　林徽因先生在談及「好建築」時如是概括三個要點，即「實用、堅固、美觀」，而「美觀，也可以說，即是綜合實用、堅穩兩點之自然結果」，何謂美觀？林先生說「美觀者：具有合理的權衡（不是上重下輕，巍然欲傾，上大下小，勢不能支；或孤聳高峙或細長突出等等違背自然律的狀態）要呈現穩重、舒適、自然的外表，更要誠實的呈露全部及部分的功用，不事掩飾，不矯揉造作，勉強堆砌。」自然者，不矯情也。

二、對「黑白」用色的另一種解讀

　　黑白兩色是徽派民居整體外觀的主要用色，已經成爲徽派民居在顏色上的標誌，現代學者從道家的審美觀等等學理上予以闡釋其美感所在，但究其實，黑白兩色附著於徽州民居上除了學者們事後諸葛亮式的理論外，其最初是爲了滿足保護牆體（見第三章第二節）的需要。此外，一地的民俗形成除了當地民眾的自覺民俗心理選擇之外，官方的提倡或禁止對藝術特色的形成也起著不容忽視甚至決定性的影響。徽派民居在用色上即是如此。我們來看一下明清時期的住宅制度。

　　明清時期的住宅制度在繼承宋制〔註 41〕的基礎上，又根據當朝情況略作更易。

　　明初規定：「官民房屋不許雕刻古帝后、聖賢人物及日月、龍鳳、波狲、狻猊、犀象之形。凡官員任滿致仕，與見任同。其父祖有官，身歿，子孫許居父祖房舍。」〔註 42〕

　　明洪武二十六年（公元 1393 年）又規定：「官員營造房屋，不許歇山、轉角、重簷、重拱及繪藻井，唯樓居重簷不禁。公侯，前廳七間，兩廈九架，中堂七間九架，後堂七間七架，門三間五架，用金漆及獸面錫環。家廟三間五架，覆以黑板瓦，脊用花樣瓦獸，樑棟、斗拱、簷桷彩繪飾，門

〔註 41〕　《宋史》卷一百五十四《輿服六》載：「六品以上宅舍，許用烏頭門。父祖捨宅有者，子孫仍許之。凡民庶家，不得施重拱、藻井及五色文采爲飾，仍不得四鋪飛簷。庶人舍屋，許五架，門一間兩廈而已。」
　　　　景祐三年（1036 年）八月又作了詳細規定，詔曰：「天下士庶之家，屋宇非邸店、樓閣臨街市，毋得爲四鋪作及八斗，非品官毋得起門屋。非宮室、寺觀毋得繪棟宇及間朱黑漆樑柱窗牖，雕鏤柱礎。」
　　　　宋代還編纂《營造法式》，將建築等級通過營繕法令和建築法式相輔實施，宅第等級限制相當周密。
〔註 42〕　《明史・輿服志》

窗、枋柱金漆飾，廊、廡、庖、庫從屋不得過五間七架。一品、二品廳堂五間九架，屋脊用瓦獸，樑棟、斗拱、簷桷青碧繪飾，門三間五架，綠油，獸面錫環。三品至五品廳堂五間七架，屋脊用瓦獸，樑棟、簷桷青碧繪飾；門三間三架，黑油、錫環。六品至九品，廳堂三間七架，樑棟飾以土黃；門一間三架，黑門鐵環。品官房舍，門窗戶隔不得用丹漆。功臣宅舍之後，留空地十丈，左右皆五丈。不許挪移軍民居止，更不許於宅前後左右多佔地，構亭館，開池塘，以資遊眺。」而庶民廬舍，不過三間五架，不許用斗拱、飾彩色。〔註43〕

明洪武三十五年（即建文四年、公元 1402 年）對住宅制度略加調整，相對洪武二十六年規定要寬鬆一些：「申明軍民房屋不許蓋造九、五間數，一品、二品廳堂各七間，六品至九品廳堂樑棟止用粉青刷飾，庶民所居房舍，從屋雖十所二十所，隨所宜蓋，但不得過三間。」〔註44〕

清代住宅制度沿襲明制，其中對王公府第更作了相應規定，《大清會典》載：「親王府制，正門五間，啟門三，繚以重垣，基高三尺。正殿七間，基高四尺五寸，翼樓各九間，前墀環以石欄，臺基高七尺二寸。後殿五間，基高二尺，後寢七間，基高二尺五寸，後樓七間，基高尺有八寸。」又規定：「凡正門殿寢均覆綠琉璃瓦，脊安吻獸。門柱丹雘，飾以五彩金雲龍紋，禁雕刻龍首。壓脊七種，門釘縱九橫七，樓屋旁廡均用筒瓦，其府庫倉廩、廚廄及典司執事之屋分列左右，皆板瓦，黑油門柱。」〔註45〕但有些方面已放寬，同是《大清會典》：「公侯以下官民房屋……樑棟許畫五彩雜花，柱用素油，門用黑飾，官員住屋，中樑貼金……」由此可見，清代時尋常百姓家也可以部分使用彩畫了（如圖 2-14），當然，彩畫中也有等級規定的。

由上述宋明清住房制度來看，可能不是一般百姓家不喜歡施繪彩畫，彰顯富麗，而是朝廷不許，故只能在有限範圍內經營出些詩意來，加上黑白兩色又確能暗合中國人的審美取向，所以就逐漸定型下來，成為了徽派民居的標誌性用色。

〔註43〕《明史・輿服志》
〔註44〕《明會典・禮部十六》
〔註45〕《大清會典・卷五十八》

圖 2-14　徽州民居中的「丹鳳朝陽」天花彩繪

三、有無之間，美象生之

　　此外，在道家的審美觀中還有一對很重要的概念，即「有」和「無」，老子曰「大音希聲，大象無形」〔註46〕，又曰「大巧若拙」，後人化而用之說「大拙至美」，這其中除了對自然之美的崇尚之外，還有美在「有」「無」之間的意思。（如圖 2-15）

　　有和無是中國哲學的一對範疇。有，指有形、有名、實有等；無，指無形、無名、虛無等。聯繫到建築領域，對於單體建築來說，有形的、實有的建築實體部分，可以說屬於「有」，它是建築構件的總和。無形的、虛空的建築中間部分，可以說屬於「無」，它是建築內部空間和外部空間的總和。有與無是辯證的對立統一，是「有之以為利，無之以為用」的關係。「從審美意義上說，建築美既包括空間美，也包括實體美，兩者都具有目的性的品格。在

〔註46〕　《老子‧四十一章》。

不同的建築形態中，可能出現不同的側重。強調實體美的，多以建築的體量美、形象美取勝；強調空間美的，多以建築的境界美、意境美取勝」〔註47〕。徽派民居建築突出地強調空間美，因此徽派民居建築很自然地側重於對境界美、意境美的追求。

圖 2-15　虛實有無之間的美感

　　意境整體就是「實境」與「虛境」的統一。「實境」是景物整體直接可感的藝術形象，「虛境」則是形象所表現的藝術情趣、藝術氣氛和形象所引發的藝術聯想和想像。實際上，不僅意境的景觀整體存在著「實境」與「虛境」的相生，意境的景物要素也存在著這種「虛實」關係，這在景物意象層次上表現得很明顯。景物意象要素自身的「意」與「象」，「情」與「景」，「神」與「形」，都屬於這種性質的虛實關係。這裡的「意」、「情」、「神」，都是由「象」、「景」、「形」所表現、所引發的，都是「象外之虛」，是要素層次所呈現的「虛境」。

　　顯而易見，實境作為「象內之象」，是特定的、自在的，可捉摸、可感觸的，是可以憑感觀覺察，直覺把握，不思而得的；而虛境，作為「象外之虛」，是不定的、虛幻的，難以捉摸、難以感觸的，需要通過感悟和想像才能領略的。徽派民居的美就在對虛境的妙悟中得以實現。

〔註47〕　趙忠：《道家對中國傳統室內空間與傢具形態的影響》，《藝術百家》2008 年第
　　　　　06 期。

　　徽派民居景物佈局的虛實，是在景域單元或景域子單元的組構中，由景物要素在空間的分佈狀態和結合方式所形成。這裡有景物的疏與密、遠與近、隱與顯、藏與露、斷與續、透與圍、凹與凸、明與暗、動與靜等佈局上的虛實。中國式意境喜歡通過直觀生動的實境形象來比喻、暗示、寓託抽象、間接的虛境聯想形象。這種實境與虛境之間的比興關係的建立，通常是基於或明或暗的某種內在的「同形同構」的對應關係。沈復在他的《浮生六記》中有這樣的記述：「套室迴廊，疊石成山，栽花取勢，又在大中見小，小中見大，虛中有實，實中有虛，或藏或露，或深或淺。」「……虛中有實者，或山窮水盡處，一折而豁然開朗；或軒閣設廚處，一開而別通別院。實中有虛者，開門不通之院，映以竹石，如有實無也；設矮欄與牆頭，如上月臺，而實虛也。」〔註48〕虛虛實實、真真假假，幻象隨之生，美遂至。

　　在中國的審美意境中還有與有無、虛實緊密相關的一種審美情趣，即在「枯槁」中追求生命的意義，「外枯而中膏，似淡而實濃」，「發纖穠於簡古，寄至味於淡泊」。徽州老宅的粉牆黛瓦經年櫛風沐雨，苔跡斑斑，斑駁陸離，極似古卷中皴擦渲染而成的氤氳韻味，在遠山近水綠樹映襯下如同一幅展開的水墨長卷。千古一心，盡在濃濃淡淡中鋪開。（如圖2-6）

圖 2-6　極飾反素之美

〔註48〕清沈復：《浮生六記》，北京：外語教學與研究出版社 1999 年版，第 96 頁。

徽派民居與大多數的漢族民居一樣，大多採用磚木結構。對中國建築「親木戀土」有諸多的解說，而筆者認為木構建築似乎可以用「道」來細究。「道者，無也；形者，有也。有，故有極；無，故長存。」這是唐末五代道士杜光庭在《道德真經廣聖義》中的一段話，意思是道是看不見的存在，形是看得見的存在。因為是看得見的存在，故有壽終正寢的一天；因為是看不見的存在，故能永久存在。這是典型的道家思想。具體到宅舍，房屋村鎮都有可能毀於天災人禍，成為斷壁頹垣，而造房的藝術或者說房屋建造的詩性是永恒存在的，這不過會借助不同的藝術形式進行表達而已。不求原物長存，緊跟時代風氣，不斷豐實建築風格，充實審美元素。梁思成先生曾說：「蓋中國自始即未有如古埃及刻意求永久不滅之工程，欲以人工和自然物體竟久存之實，且既安於新陳代謝之理，以自然生滅為定律，視建築且如被服輿馬，時得而更換之；未嘗患原物之久暫，無使其永不殘破之野心。」〔註49〕這其中難道不是「道」家所說的於「有」中求「無」嗎？〔註50〕

以上兩節大致分析了儒道兩家對徽州民居審美形象和品格的「統轄」和「滲透」性影響。兩家都追求「天人合一」，在展開下一節之前，談一下兩家「天人合一」觀的異同對徽派民居的影響。

天人合一是中國傳統文化的審美理想和最高境界，濃縮了傳統文化的全部特徵和精神。天人關係問題是中國古代哲學和文化中的最基本問題。天人合一觀念在儒道開始對此進行哲學論辯之前，就已經歷了「合—分—合」的否定之否定的邏輯演化過程。論辯結束之後，儒道兩家思想中都依然保留了「天人合一」，但各自的立論基礎和所關注的本質內涵是不同的。

儒家的「天人合一」是孔子「仁學」的最高理想和根本目標，這裡的「天」是一個道德義理之天，天人合一的要義在於實現個人與社會的統一，個體與群體的和諧。「人」是社會道德的人，社會道德的核心規範是仁，人的本質在於認識和實踐仁義道德。儒家把個人看作是群體社會的成員，個體依存於群體，協調人際關係實質是使個體融進群體。儒家要求個體踐於仁、立於禮，自覺服從群體意志，最終達到個體與群體的和諧。

〔註49〕 梁思成：《中國建築史》，天津：百花文藝出版社 2005 年 5 月版，第 12 頁。
〔註50〕 對此，漢寶德先生認為是中國人「喜新厭舊」心理作祟，也有人解釋為「佛」對外物的通透所致。此事無對錯，在乎人心而已。

　　道家的「天」主要是一個自然法則之天，天人合一的要旨在於個人和社會達到「自然而然」的境界。道家把人看成是自然之人，人的本質在於個體生命的自由發展和本性呈現。因此，道家鄙棄人爲，崇奉天然，凡有助於生命天性的爲道家提倡，傷生傷性的東西則爲道家所否定。〔註51〕

　　建立在這樣的基礎上的建築美學觀也是不一樣的。以徽派民居來說，儒家要求佈局中規中矩、合乎禮制，而道家則講求順勢而爲，即使人工爲之，也要不著痕跡，渾然天成。

第三節　佛家空靈美之潤澤

　　據趙樸初先生《佛教史略》載，東漢永平十年（公元 67 年），佛教正式由官方傳入中國。〔註52〕佛教進入中國之後，歷經「興佛」、「滅佛」幾次起伏和「格義」、「玄化」和「儒化」三個階段，與中國本土文化日益融合，相互濡染，佛教文化愈來愈多地打上了中國傳統文化的印記，產生了一種與原始佛教完全不同的中國式佛教。這個過程就是佛教在中國世俗化的過程。佛教的世俗化是在其面臨外部環境（中國的世俗環境）的衝擊，自身調整以適應中國信徒及百姓的接受心理，本質上意味著宗教神性的弱化。從慧能開始，佛教更加貼近世俗倫理仁常、人倫日用的人間現實生活，其禪宗美學所預設的理想的人生境界——佛境，也愈來愈脫去宗教的神聖與神秘色彩，而與傳統美學特別是莊子美學的理想境界有了更多的相通之處，只是這種審美人生境界更多了些牛鳴馬嘶的人間的生活情味，而少了些餐霞飲露的仙氣。〔註53〕

〔註51〕　陸元鼎主編、楊谷生副主編：《中國民居建築・上卷》，廣州：華南理工大學出版社 2003 年版，第 67 頁。

〔註52〕　明帝永平十年（公元 67 年）東漢明帝夜夢金人飛行殿庭，明晨問於群臣。太史傅毅答說：西方大聖人，其名曰佛，陛下所夢恐怕就是他。帝就派遣中郎將蔡愔等十八人去西域，訪求佛道。蔡愔等於西域遇竺法蘭、摩騰兩人，並得佛像經卷，用白馬馱著共還洛陽。帝特爲建立精舍給他們居住，稱做白馬寺。於是摩騰與竺法蘭在寺裏譯出《四十二章經》。這幾乎是漢地佛教初傳的普遍說法，也爲我國歷史教科書所採用。而據任繼愈主編的《中國佛教史》的看法是佛教在西漢末年就已經由西域傳入中國內地，而到東漢以後逐漸在社會上流行。（任繼愈：《中國佛教史・第一卷》，北京：中國社會科學出版社 1981 年版，第 45 頁。）

〔註53〕　劉方：《中國美學的歷史演進及其現代轉型》，成都：巴蜀書社 2005 年版，第 242 頁。

正因爲佛教主動調整自身完成了「漢化」，所以也就有了深入影響中國世俗文化的可能。體現在建築方面，「南朝四百八十寺，多少樓臺煙雨中」，不用多少文字已經蔚爲壯觀。除了正統佛教建築（寺院、佛塔）之外，佛教建築的藝術元素也悄無聲息地被善於「借用」的中國人挪到了民居建築之上。主要體現在民居的裝飾上。佛教文化思想、審美理想「潤澤」了民居的裝飾，使之更加充實豐潤。

吳振聲先生在《中國建築裝飾藝術》中談到「中國固有藝術的背景」時說：「佛教輸入中國，從漢明帝遣使求佛始，經兩晉而南北朝，佛教美術，大爲發達。此時期的佛教建築裝飾花紋，除了中國固有者外，加入了西域的植物紋，主要爲忍冬藤蔓紋，且極占勢力，建築物、佛像、碑碣，及其他金石均風行採此忍冬花紋，其他尚有花、雲、火焰、亦常以此藤蔓作變態的表現，衣裳之輪廓、亦多用此藤蔓之曲線而呈活潑氣象。從此中國文飾增加了新血輪，由周漢硬朗的氣味，一躍而飛舞的。〔註54〕」

圖 2-17　忍冬紋及變形後的卷草紋在民居中的應用

忍冬爲一種纏繞植物，俗呼「金銀花」、「金銀藤」，通稱卷草，其花長瓣垂鬚，花開先白後黃，因名金銀花。凌冬不凋，故有忍冬之稱。《本草綱目》云：忍冬「久服輕身，長年益壽」。又被賦予益壽吉祥的含義。忍冬紋，又稱卷草紋，六朝時期開始流行的一種植物紋樣。最初形象較爲清瘦和程序化，一般爲三葉片和多葉片，唐代演化成複雜的卷草紋。忍冬紋最初多作爲佛教裝飾，後大量使用於民間建築，或單獨出現或做其他紋樣的底紋，以烘託整體氣氛。忍冬紋是徽州民居中常見的門窗修飾紋樣。（如圖 2-17）有人認爲它是忍冬花（金銀花）的枝葉變化，也有人認爲是蓮葉的演變。〔註55〕

〔註54〕吳振聲：《中國建築裝飾藝術》，臺灣：文史哲出版社民國六十八年版，第 17 頁。

〔註55〕可參見田自秉、吳淑生、田青：《中國紋樣史》，北京：高等教育出版社 2003 年版，第 192 頁。

同樣常見的與佛教有關的民居建築紋樣還有蓮（荷）花紋。蓮花，本為我國傳統花卉。《爾雅》中即有載「荷，芙渠……其實蓮」，古名芙渠或芙蓉，現稱荷花。春秋戰國時就開始用作飾紋。自佛教傳入我國後，便以蓮花作為佛教標誌，代表「淨土」，象徵「純潔」，寓意「吉祥」。蓮花因此在佛教藝術中成了主要裝飾題材。尤其在南北朝時期，隨著佛教的廣泛傳播，極為流行，遂進入民居裝飾。但蓮花又因周敦頤的名文《愛蓮說》及頻為中國畫作為表現題材而注入了中國式的情趣，象徵著「出淤泥而不染，濯清漣而不妖」的高潔，廣為文人雅士所喜愛。如圖為徽州績溪坑口龍川胡氏宗祠享堂槅扇門裙板木雕，畫面以文人書畫為藍本臨寫，取畫屏形式，具有濃鬱的徽州地方特色和士大夫情懷。（如圖 2-18）〔註56〕

圖 2-18　蓮花是民居雕飾中喜用的題材

〔註56〕道教「八仙」何仙姑的道具也是蓮花，但通常與其他七位神仙的道具一起作為「暗八仙」紋樣出現。

　　此外，佛教的寶相花樣也在民居雕飾中被廣泛使用。而佛教的「卐」字符和「佛八寶」中的「盤長」更是以變幻無窮的紋樣形式進入到徽派民居當中。佛教人物形象也有進入徽州民居雕飾者，如彌勒佛、羅漢、和合二仙〔註57〕等。

　　佛教豐富了徽州民居裝飾文化，但此影響不獨存在於徽州地區民居，全國各地都可以見到。

　　上文是通過「器」（實物）的角度來觀察佛教對徽派民居的直觀影響，佛教在「氣」（精神氣度）上對民居無疑也是留下了佛陀的印跡，可氣質的東西是難以捕捉的，即使是影像也沒有再現的能力，只能緩行徽地鄉間陌上的時候遙想和感受。而明清時期，隨著佛陀精神的隱遁，佛的因子漸漸融化在了徽人的文化血液當中，不著蹤影。只留下房檐門窗間拈花微笑的影和亭亭於戶牖片瓦中的蓮荷。禪境、佛意等佛家思想經過「程朱理學」的融彙轉譯而成世俗生活世界的精神支撐或曰動力。

　　根據朱永春教授的研究，「唐代佛教已滲透進徽州鄉里」，（如圖 2-19）並以歙縣爲例予以說明。而此時的儒學，其哲學支撐本身欠周延完善，僵化而少有創新，在社會尤其是下層社會影響力十分薄弱。宋儒認爲，從戰國到唐代，儒家的道統中斷了。〔註58〕而宋明理學的興起則將儒學加以改造，將儒學推到了其最高階段，並推廣到全社會，重塑民眾的精神世界。程朱理學吸收了佛道兩家思想，尤其是佛家的精神資源〔註59〕，構建了精細龐大的思辨哲學體系。並將儒家胸懷天下的社會責任觀推到極致並要求「踐履」。程朱理學力倡「誠心正意」、「格物致知」。朱熹說：

> 所謂致知在格物者，言欲致吾之知，在即物而窮其理也。蓋人心之靈莫不有知，而天下之物莫不有理，惟於理有未窮，故其知有不盡也。是以大學始教，必使學者即凡天下之物，莫不因其已知之理而益窮之，以求至乎其極。至於用力之久，而一旦豁然貫通焉，則眾物之表裏精粗無不到，而吾心之全體大用無不明矣。此謂物格，此謂知之至也。

〔註57〕 一般認爲，「和合二仙」形象來自唐代寒山、拾得二僧，但也有研究者認爲來自道教傳說。

〔註58〕 朱永春：《徽州建築》，合肥：安徽人民出版社 2005 年版，第 26 頁。歙縣：永昌元年（689 年），武后敕建禪林院；景福元年（892 年），昭宗賜報恩光華禪寺和天王院額；天祐三年（906 年），哀帝敕建靈山院。

〔註59〕 任繼愈先生認爲「佛教哲學對宋明理學有直接的影響」，見《漢唐佛教思想論集》，北京：人民出版社 1973 年版，第 20 頁。

朱永春先生認爲這種窮究其理的邏輯方法，導致了徽州建築的理性走向。〔註60〕

圖 2-19 宏村承志堂內的佛堂

因程朱理學的興起，徽州被稱爲「東南鄒魯」、「程朱闕里」，作爲「程朱理學」思想的大本營和「老巢」，在當地是具有巨大的信眾的。程朱理學骨子裏的佛家心性之論，不可避免地要滲入徽州的民居建築藝術之中。

第四節　俗家渾樸美之充溢 〔註61〕

通過以上三節的分析，我們看到儒學、佛學、道學最終由程朱理學匯總雜糅，進入了徽州人的知識世界和思維版圖，徽州民眾以民間特有的生活技藝消解俗化了正統文化，轉化成自己的語言和表達方式，塑造了徽人的民風民俗，並進而影響到建築的體態和精魂。這樣瓜分豆剖似的分析，可以幫助我們比較精細地去欣賞徽州民居中蘊含的美。但是，儒釋道最終

〔註60〕 朱永春：《徽州建築》，合肥：安徽人民出版社 2005 年版，第 27 頁。
〔註61〕 標題釋義：「俗家」一詞乃筆者借用而來，意指「俗世力量」、「民間文化」；渾樸者，渾然天成、樸拙可愛者也。

是以渾然天成、樸拙可愛的整體面貌呈現出來的。正如陳勤建教授曾對中國民俗藝術的審美品格定位做出的評論「給人們感官的往往是粗礦、古拙、純樸、明淨而又富有神秘因素，充滿原始旺盛生命力的美感形式和審美滿足。」〔註62〕

　　吳慶洲先生曾撰文《中國傳統建築文化與儒釋道「三教合一」思想》，從宗教信仰的角度解讀中國傳統建築文化的精神審美。〔註63〕在以往的研究中，談及中國傳統文化，總免不了從儒釋道入手，似乎儒釋道就是全部的中國傳統文化，就是中國人全部的精神世界。這種觀點當然自有其道理，但筆者認為至少是不全面的或者說沒有抓住本質。這樣說，並不是否定儒釋道學說在中國文化中的地位，而是說我們是不是忽視了其他一些重要的東西呢？儒釋道經典所直接衍生的文化總是高居廟堂的，屬於「雅文化」的一脈，但同樣不可忽視在民間綿延不絕的「俗文化」。恰恰是後者主宰了大多數人的精神生活。

　　實際上，對於每一個社會，都具有或者說作為不同的學說和宗教體系，儒、釋、道三家之間顯然存在著教義、思想上的明顯差異。無論是在爭奪統治地位、政治權力，還是加強社會影響力，吸引更多信奉者，三教之間免不了要進行各種各樣的競爭。因此，每一種宗教學說都在做出各種各樣的調整，以求更加適合民眾的需要，從而能在民眾的心中取得一席之地。例如佛教的無家、無君、無父的出世主張與中國傳統的家庭中心和注重家庭生活觀念背道而馳，很難被中國大眾所接受。因此，佛教不得不在道義方面做出一些改變：如信仰佛教重在修身養性，而不在出家等形式上；宣揚孝道，並在宗教節日中加進祭祀祖先的儀式等以適應中國人的需求。道教的遁世絕俗、歸隱山林、棄家脫俗，進而鼓吹虛無縹緲的神仙世界的思想也與傳統的家庭觀念相悖。但是為了爭取民眾，或者說道教本身就是在中國民俗文化的土壤中產生出來的，因此無法擺脫家庭觀念的制約。道教家庭化、倫理化的傾向十分明顯，諸神始終就像是生活在一個大家庭中，神與神、仙與仙之間的關係非常類似家庭成員之間的關係。例如玉皇大帝、王母娘娘、土地爺、土地奶奶、竈王爺、竈王奶奶等等。〔註64〕

〔註62〕　陳勤建：《文藝民俗學導論》，上海：上海文藝出版社1991年版，第187頁。
〔註63〕　該文載於楊鴻勳、劉托主編：《建築歷史與理論》第五輯，北京：中國建築工業出版社1997年版。
〔註64〕　參考王娟：《民俗學概論》，北京：北京大學出版社2002年版，第42頁。

　　佛教本是外傳而來的信仰，但在中國文化體內幾經轉譯、變異最終完成世俗化，爲中國人所接受，甚至氣象宏大，幾與儒道齊。三者皆爲國人「兼容並蓄」、毫不衝突，反應在日常行爲上就是孔廟寺庵道觀教堂皆可出入跪拜，這一現象是讓一神獨大的西方人百思難得其解的。屢有西人批評中國人沒有宗教信仰，此論明顯是以西人「一神論」的眼光來考核的，筆者以爲，中國人有宗教信仰，且有鮮明的中國特色，中國人對待宗教是世間少有的寬容兼納的態度，中國人有自己獨特的心靈世界。中國人極少對某一種神靈或信仰顯示出過份的、持久的迷狂，尤其是在和平穩定的社會和家庭環境中。人們比較注重強調自身的力量，追求自我和社會的完善。雖說孔子創立了儒家學說，但是，孔子不可能憑空杜撰出任何一種學說，他只能是在中國民眾這個大的文化氛圍中對民間的一些觀念、思想進行總結、提煉、概括，進而發展成爲一種非常具有代表性和影響力的學說，然後又反過來影響民眾的思想行爲。〔註65〕中國特定的生活環境、文化環境以及在此基礎上形成的生活方式、思維方式，都是中國氣派文化傳統的基礎。這在民居建築上也屢有體現。隈研吾先生說得好，「建築從來不僅僅是建築，我們對待他的態度無不顯露出我們對自身生存的思考向度。」〔註66〕

　　「自古以來，中國人對宗教似乎有一種天生的『淡泊』，其文化頭腦中眞正占支配地位的『神』，起初大都是自然神，而並非是人對之絕對服膺與崇拜的宗教『主神』。來自遠古傳說中的伏羲、女媧、神農、黃帝、盤古與西王母之類，儘管都各具一定的神性，而在文化性格上，都不同於舶來的釋迦、上帝與眞主等這些宗教『主神』。所謂中國土生土長的道教尊老子爲教主，而老子首先是先秦道家哲學的創始者，道教在中國建築文化史上的地位與影響，遠不及作爲哲學文化的老莊道學。印度佛教曾於兩漢之際始傳於東土，對中國建築文化的影響可謂深巨而有力，然而這種來自異族的佛教文化，終於在唐代被中國傳統儒、道文化所融會而徹底地被『中國化』了（當然中國傳統儒、道文化也同樣受到了入漸的印度佛學、佛教文化的嚴重影響），成爲現實中文人士子的一種生活方式、生活情調與人格模式。」〔註67〕王振復先生的

〔註65〕陳勤建教授在其《中國民俗學》一書中提出中國民俗「禮俗混同」的概念，是具有深刻洞察力的。

〔註66〕【日】隈研吾：《十宅論》，朱鍔譯，上海：上海人民出版社2008年版，第10頁。

〔註67〕王振復：《中國建築文化歷程》，上海：上海人民出版社2000年版，第5頁。

這段概述非常精準地指出了中國人的精神世界「淡於宗教」〔註68〕的文化特徵，相反的，中國人更重視的是世俗倫理的生活。

儒釋道合流進入中國人的文化道統，幾乎達到了渾然天成不分彼此的境界。在徽州古村落和民居中即使是用了佛、道的因子也未必就寄託了佛的棄世和道的出世，究其實，還是一種世俗化的生活態度和生活化的審美情趣。入此境界的世俗生活也就沒有必要去條分縷析地過活。這就是具有蓬勃「生命氣象」的「徽州風情畫」。彭會資先生說：「民族民間審美文化，都不會是很單純的，常常是藝術性、知識性、娛樂性、民俗性、宗教性等多種因素結合在一起，而又以最美的寓意物象（符號）和最深刻最濃烈的人性美或人情美爲主導。」〔註69〕吾甚以爲然。

誠如本章之始所論述的民眾以獨特的思維方式將儒道佛俗化爲渾樸的民間俗信。民間俗信是民眾思考世界和佈局人生的思維基礎，並「充溢」在民居中。儒道佛的審美思想對民居產生程度不一的影響，而俗世信仰則是三者交糅的結果。倘說儒佛道集體出現在徽州民居空間設計、雕飾圖像中比較直接說明了三者對民居的影響的話，那麼「目連戲」中的民間俗信烙在徽州民居上的印記就婉轉曲折多了。

徽人自古有嗜好歌舞之民俗。東晉時新安歌舞全國知名。及至明代，徽州人對戲劇的愛好得到進一步發展，明朝嘉靖年間，徽州藝人在吸收弋陽腔的基礎上，形成徽州腔，它就是徽劇的前身。到了清朝中期，造就了「四大徽班進京」的盛況。看戲是明清時期徽人民俗生活裏重要的娛樂內容，各地民眾在祭祀、婚喪喜慶之際，常常聚眾演戲、看戲，如汪道昆《太函集》載，「當時徽州六邑，及臨近各縣，每借祭祀儀禮，婚喪喜慶之際，聚眾演戲已成習俗。」〔註70〕

「目連戲」是明清時期曾盛行於徽州地區的古老劇種，甚至至今仍不斷在徽州大地上上演。「目連戲」在全國很多省市都可見到，但是對民居和居住習俗的影響卻是徽州獨有的。

〔註68〕梁漱溟：《東方學術概觀》，成都：巴蜀書社1986年版，第68頁。原文爲：「社會秩序之建立，在世界各方一般地說無不從宗教迷信崇拜上開端，中國似乎亦難有例外。但中國人卻是世界上唯一淡於宗教，遠於宗教，可稱『非宗教的民族』。」

〔註69〕彭會資：《民俗民間美學》，桂林：廣西師範大學出版社2000年版，第91頁。

〔註70〕汪道昆：《太函集》，序文，明萬曆刻本。

目連救母的故事〔註 71〕源自佛家經典，隋唐時代就流傳我國。據史料記載目連救母的故事源於佛教釋典《盂蘭盆經》，現存敦煌卷子寫本《大犍目連變文》、《大目連變文》及《大目連緣起》等，均記述了目連救母的簡易故事。至宋代，有了《目連救母雜劇》；元、明間則有《目連救母出離地獄昇天寶卷》等問世。但是，以連臺本戲的形式、以完整的故事內容、以豐富多彩的表演藝術敷之於戲曲舞臺上的，則自明萬曆年間徽州祁門人鄭之珍編演《目連救母勸善戲文》開始。自此，「目連戲」成為一個古樸、通俗的劇種，在徽州地區變得婦孺皆知。大凡逢災年、瘟疫、迎神、賽會或富裕人家辦喪事，大都要搬演目連戲，以祈求消災納吉、人壽年豐、村社平安。

在古徽州祁門有著目連戲「出在環砂、編在清溪、打（即演）在栗木」（如圖 2-20）的說法。即目連戲的故事是以祁門環砂原形，由清溪人鄭之珍撰寫，栗木村最早搬上舞臺。徽州目連劇本源自當地人熟知的生活實際、民俗風情，有著濃鬱的地方文化色彩。此故事本是宣揚因果報應、佛教法力無窮和崇佛思想的，但是，目連救母的核心情節恰好與儒家的孝道相吻合，又被「程朱理學」所裹挾利用〔註 72〕，一經產生即在原徽州所屬的六縣流傳上演三百餘年經久不衰。

目連戲內容通俗易懂，其中還有民間雜耍、出神入怪等表演形式，很快成為具有廣泛參與性的民俗活動。從目連戲的演出時間來看，它往往夾雜在節慶、廟會等繁複多樣的民俗活動中，與祭祀、巫儺等表演一起進行，融入了許多民間原始巫儺的儀式和風習。由明萬曆二年抄本《迎神賽社禮節傳簿四十曲宮調》所收《目連救母》劇目可知，當地目連戲的演出是在民間的祭神儀式過程中，與《鬼子母揭缽》、《五嶽朝后土》、《王母娘娘蟠桃會》等其他戲一同演出，作為供神儀式的環節。祁劇目連戲的演出則加入了「鎖拿寒林」、「請巫祈福」、「無常引路」、「五瘟賜福」、「雷打拐子」等祭祀巫儺儀式。〔註 73〕

〔註 71〕　《盂蘭盆經》載：目連始得六通後，想要度化父母以報哺育之恩，卻發現亡母生於餓鬼道中。目連盛飯奉母，但食物尚未入口便化成火炭，其母不能得食。目連哀痛，於是乞求佛陀。佛陀告訴目連，其母罪根深結，非一人之力所能拯救，應仗十方眾僧之力方能救度。於是教他在七月十五僧自恣日，為父母供養十方大德眾僧，以此大功德解脫其母餓鬼之苦。

〔註 72〕　陳長文：《程朱理學與徽州目連戲》，《徽州社會科學》2003 年第 6 期。

〔註 73〕　曹凌燕：《目連戲接受群體的文化心理結構》，《民族藝術研究》2007 年第 3 期。

圖 2-20　栗木村在祠堂演目連戲

　　根據朱永春先生的研究，目連戲和儺儀由酬神祈福向娛人方向發展，而娛樂性是增進建築世俗性的捷徑，主要通往建築雕飾化。舞蹈凝固，便成了雕塑。如儺舞中重要的神祇的動作，魁星、鍾馗被定格為建築雕刻。儺戲本身也可作雕刻題材之一，如徽州最普遍的《目連戲》就常用於雕刻。

　　混雜於「目連戲」中的儺祭與徽州建築更密切的聯繫體現在門罩的局部雕飾上。如流坑地區有將儺面具（當地稱作「吞頭」）或雕於門頭或掛於門楣以避邪的習俗。（如圖 2-21）據研究徽人對戲曲的愛好也傳播到了建築裏，有的大型民居建築在規劃營造時就預留了戲臺的位置；有的宗祠建築甚至為了增加「寓教於樂」的成分，也增設戲臺；還有的建築乾脆把戲曲場面搬到門窗、天井的裝飾上，有的木雕作品看上去就是徽劇的某一幕場景片段，有的木雕作品還將徽劇的精彩片段用連環畫式的組畫木雕表現出來。〔註74〕

　　儺祭在徽州部分地區的居住習俗中還有調節環境陰陽的作用。儺儀中有兩個非常普遍的儺神：「將軍」和「土地」，」將軍「表示陽，「土地」表示陰。通過「將軍」克「土地」或相反的儺儀，達到調整環境的陰陽。徽州祁門縣蘆溪汪村，將軍被視為善神，土地為凶神，儺舞主題是「將軍殺土地」。而與

〔註74〕 臧麗娜：《明清徽州民居風格形成之民俗背景淺析》，《民俗研究》2006 年第 3 期。

汪村僅一河之隔的張村，儺舞的結局卻是「土地殺將軍」。這並非陰差陽錯，而是因為汪村在河的南岸，山的北麓，風水當屬陰盛。故儺舞以陽神將軍殺陰神土地，以抑陰導陽。張村地理形勢則恰恰相反，故呈此現象。〔註75〕

圖 2-21 源於儺戲面具的「吞頭」

綜上所述，佛教故事「目連救母」傳入中國被改編後廣泛傳播於民間社會，並與儺戲、巫祭合流，成為地方性娛樂活動，影響到當地民眾的知識結構和審美取向，並在建築雕飾和居住習俗上有所體現。

〔註75〕 朱永春：《徽州建築縱橫談》，見楊永生、王莉慧編：《建築百家談古論今——地域篇》，北京：中國建築工業出版社 2007 年版，第 105 頁。

　　同樣的路徑道家文化也走過。徽州人家的廳堂裏幾乎都擺有一張方桌，名曰「八仙桌」。馬未都先生說「八仙桌之稱的來歷不得而知，沒有專家能夠解釋這件事，大概可以推測是在晚明嘉靖時期出現的名字。嘉靖皇帝是一個非常崇尚道教的皇帝，八仙則是道教裏有名的神仙，鐵拐李、呂洞賓、韓湘子等等，老百姓都知道。方桌有四個邊，一邊坐兩人，正好能坐八個人，也許是因此而得名吧。其實，八仙桌上坐八個人非常擁擠，一般坐四個人最合適。」〔註76〕但是，這毫不妨礙民間傳說對桌名來歷的鋪演，姑且稱之爲「道教的民俗生活化」：

　　　　相傳以前，布依人家辦喜事，沒有桌子，吃飯時只能用木頭或石板擺在外面地下吃，大熱天，曬得滿頭大汗；雨天，淋得周身濕。一天，一家接媳婦，中午擺飯時太陽變得火熱起來，蹲在地上吃飯的親戚朋友們個個被曬得滿頭大汗，但剛擺了兩輪，天上烏雲滾滾，下起瓢潑大雨來，地上的飯菜被雨淋得吃不成。大雨剛過，來了一幫人，自稱是這家遠方親戚，一人騎驢，一人拄拐共八人，見地上的飯菜被雨淋得吃不成，來吃酒的親戚們也被淋得不成樣子，便問主人家，爲何不擺在屋裏吃。主人説，石板太重，不便搬動，木頭在屋裏又順不轉，只能在外面將就些。幾位遠方的「親戚」問明原由後，一合計，決定爲好客的布依人家創造一個好的辦酒環境，讓親戚們能舒舒服服地坐在屋裏吃飯，不遭日曬雨淋。於是幾位「親戚」叫主人把地下的飯菜收進竈房，又叫親戚們把淋濕的衣服換掉，暫時不要到堂屋來。等親戚們換好乾衣服再來到堂屋時，只見幾位遠方來的「親戚」已在堂屋擺上了一大排整齊的木方桌，四周還放上木條凳，請親戚們按每桌八人坐下吃飯。主人見狀後，激動得不知説什麼好，只是一個勁地請幾位「親戚」到家神腳的那一張桌坐下吃飯，嘴裏不停地念：「我的天哪，你們眞是神仙哪！」嘴裏念著，手邊擺酒菜，等將酒菜擺齊後，幾位「親戚」突然不見了。這時所有的親戚都感到奇怪，説他們可能就是僊人，有心來幫我們布依人家辦好事的。據説這幾位「親戚」確實是天上的張果老、鐵拐李等八位僊人。

〔註76〕　馬未都：《馬未都説收藏・傢具篇》，北京：中華書局，第 76 頁。

後來布依人家就稱這種桌子叫八仙桌，凡是辦酒或親戚朋友來，都用這種桌子擺飯吃酒。爲了紀念八仙的功德，平時有好酒、好吃的東西，布依人家都要擺在家神腳的八仙桌上，表示對八仙的祭祀。

還有的傳說爲：

八仙結伴雲遊天下。有一天，路過杭州，聽人說杭州有個畫聖吳道子，就一齊來拜訪。

吳道子正在家中作畫，忽見這麼多客人來訪，原來還是八仙，連忙上前把他們迎進房內，搬椅子倒茶忙了一通，海闊天空的談論起來，不知不覺天已暗了下來。吳道子想：難得八仙光臨，要招待他們吃飯，吩咐下人準備酒菜。可是這麼多人沒有一張大桌。吳道子靈機一動，大筆一揮，畫出一張四角方方的桌子。正好夠坐八個人。高高興興地吃喝起來。呂洞賓問吳道子：「吳先生這張桌子倒很實惠，叫啥名字？」吳道子想了想說：「我爲你們而作，就乾脆叫八仙桌吧！」

這些流傳於民間的傳說大多都是不可考的，但是這毫不妨礙成爲百姓生活的一部分，儘管顯得神秘，但是在民間還是有一定的解釋力。中國百姓對神秘文化的不窮追猛打爲民間文化萬紫千紅的發展提供了極大的可能和空間。

不管八仙桌的名字是不是眞如傳說所說，這種樣式的桌子確實進入了中國人的生活，在徽州也是隨處可見。但是其功能發生了一定的轉變，最初的八仙桌就是普通的吃飯桌子，後來在中國人的家庭陳設中，逐漸被放在了中心位置。走入徽州民居，一進門，在廳堂的視線正中都是正面靠牆一個大條案，前面一張八仙桌，房主在此會客、議事乃至祭祀。八仙桌兩邊各一張太師椅，桌子在椅子的面前伸出來一塊，手和茶杯都可以擱在那兒。

中國的文化講究兩人聊天時，不能正視對方，要正視前方，直視人家的眼睛說話是不尊重人家，必須偏一點兒。但西方人卻認爲，你說話得看著人家，要不然對人家不尊重。桌子擱在主客中間，前面伸出來的這一塊位置，正好可以讓雙方都稍微偏一點兒，表示禮節。〔註 77〕八仙桌位置和功能轉變帶有了強烈的「禮俗」的意味。

〔註 77〕馬未都：《馬未都說收藏‧傢具篇》，北京：中華書局，第 78 頁。

　　儒釋道俗渾然一體進入了徽人的現實和精神生活，凝成了徽風徽俗，徽州民居的廳堂閣樓、牆角屋檐處處都在透露著這種獨特文化浸潤出來的氣質。正如陳勤建教授所說的其中「既包括民眾群體一定歷史的心理歷程，又包含勞動人民群體的審美習慣、審美經驗，呈現爲民眾集體藝術化的智慧。代表了一個民族群體多少年來積累而成的精神碩果。這種集民眾群體歷史智慧情感之大成的群體審美，無疑要比個別人的專業創作中激發的審美更爲豐富、更爲完整，更能揭示集成民眾群體的心靈奧秘。」〔註78〕

〔註78〕陳勤建：《文藝民俗學導論》，上海：上海文藝出版社 1991 年版，第 184 頁。

第三章　徽州民居：美之根——民俗美

誠如前文，徽派民居這一物質民俗具有渾樸之美，儒釋道俗各種文化因子互不衝突相得益彰地交融雜糅在民居當中，都是徽州先民民俗風情畫中不可缺少的生花之彩。學理上的分析難免要像研究機械一樣拆開來看個究竟，而過日子則講究的是個「難得糊塗」。

不管何時何地的人，對自己日日常居的屋子總是有些要求的，這其中，內心的意願是決定整幢屋子的主要因素，正如林語堂所說「因爲吾們對於爲了自己而建築的房屋，每日都要見面，吾們的日常生活又大部消磨在它們的裏頭，加以惡劣的建築會妨害吾們的生活典型，吾們有一個很近情理的要求，吾們要使他美觀。房屋的外觀很機敏地改變吾們的城鎮的市容。一架屋頂並非單純蔽禦烈陽風雨的一架屋頂，卻是足以影響吾們對於家庭的概念的一種東西。一扇門並非是僅僅供人出入，它卻引導吾們跨入人類家庭生活之奧秘的鎖鑰。總之，吾們敲著一扇褐灰色的小屋門或敲著一扇裝著金黃獸環的朱漆大門，二者之間是有些差別的。」〔註1〕

陳勤建教授在分析民俗文藝時曾說：「在其展現中仍保留著原始文藝混同的多功能特色，它一方面有文藝的因素和功能，另一方面，又深深打上民俗行爲、心理的烙印，在某種意義上，它賦有民俗的功能和需求，是民俗與文藝的結合品。」〔註2〕民居作爲民俗藝術的一種，同樣適用上述這段論述。因此對其進行民俗學意義上的解析顯得很有必要。

〔註1〕 林語堂：《建築》，載於《建築之美》，北京：團結出版社2006年版，第2頁。
〔註2〕 陳勤建：《文藝民俗學導論》，上海：上海文藝出版社1991年版，第180頁。

民俗學對中國民俗事象的分類除了物質民俗之外，還有心意信仰民俗、生產生活技藝民俗等，當然還包括蘊含在這些事象背後的民間智慧。在古代中國，蓋房人和住房人兩種角色沒有分開，住房的民俗意願會引導房主將民俗的智慧傾注進房子，並採用民俗的技藝去表現智慧、實現意願。本章即從民俗意願、民俗智慧和民俗技藝三個角度來剖析徽派民居美學風格的形成。

第一節　攘災祈福：民俗意願之美

《黃帝宅經》云：「宅以形勢爲身體，以泉水爲血脈，以土地爲皮肉，以草木爲毛髮，以舍屋爲衣服，以門戶爲冠帶，若得其斯，是事儼雅，乃爲上吉。」

不誇張地說，這段話奠定了中國人幾千年來對屋居的要求，是所有「上吉」居所必須符合的標準。現在大多數人是從風水之說來解讀這段話，並被眾風水師奉爲科律。但是，換個角度，看一下「身體」、「血脈」、「皮肉」這些詞彙，先民們分明是在把房子當成有「生命」的人看待。（如圖3-1）

圖3-1　徽州民居將大門比作人臉，以牆壁上方兩扇窗洞爲眼睛，窗簷爲眉毛，門罩爲鼻子，門洞爲口，充盈生命美感。

　　是的，這就是中國民居審美的最高標準──「生命美」。這是一種「充盈
著生命之氣」的美，是「顯示旺盛生命力」的美。建築尤其是民居在中國古
人的心目中是一個活的有機體，其環境和形制確實需要用「生命之美」來規
範的。在這個大的審美原則下，中國人講求民居中的物我合一、天人和諧。
所謂「大樂與天地同和」、「溫柔敦厚」、「樂而不淫，哀而不傷」等等都是強
調世界本在的「和」，天人之「和」，人與社會、人與人以及人與內心的「和」。
生命中難免充滿悲劇，但中國人以「和」消解悲劇，崇尚幸福和圓滿。《易經》
「生生之謂易」，這分明已經爲我民族「樂天知命」的文化素質定下了一個審
美基調。人生的歷程就是生命之悅樂的展開和實現。

　　學者睿智地指出「建築就是凝固爲物體的人生。人生在客觀事物中體現得
最全面、最完整、最生動具體的，莫過於建築。」〔註 3〕以民居建築爲代表的
中國民間藝術蘊含著先民蓬勃的生命觀念，祈福攘災是生命意願的主要內容，
大約可概括爲追求「財、壽、子」和避免「貧、病、絕」，這類生命意願體現在
民居的各個方面。徽派民居同樣表達著這樣的民俗意願，從村落選址、屋舍佈
局、房屋建造儀式到房屋內部的空間分割、房屋的裝飾、傢具的擺設無一不表
達著徽州先民的生命意願，甚至可以稱之爲一個裏應外合的「吉祥系統」。

　　英國弗朗西斯·培根曾說過這樣一句話「選址不佳，等於自建牢房」，
並解釋說到「所謂選址不佳，不僅僅指有瘴氣，而是說那裏氣候險惡多變。」
培根是否懂得極具東方式智慧的風水說不得而知也無從查考，但是，無論
是滿足求吉納福的心靈需求還是滿足四季怡人的身體需求，對村落、住宅
的選址是營構舒適宜居的生活場所所需要考慮的首要問題。美國城市規劃
專家戈蘭尼教授說：「在歷史上，中國十分重視資源保護和環境美，中國的
住宅、村莊和城市設計，具有與自然和諧並且隨大自然的演變而演變的獨
特風格。」

　　以宏村爲例。（如圖 3-2〔註4〕）宏村始建於南宋紹興年間，村形似牛，用
所謂的科學理念來解讀就是仿生學的設計，巧妙地借鑒了牛的生理結構：村
後的雷崗山爲牛頭；山頂兩株巨大的古木爲牛角；山下整個村落的民居構成
牛軀；村中月塘爲牛胃，穿村繞戶的水流爲牛腸；村前南湖爲牛肚；（如圖 3-3）

〔註 3〕鄭光直：《負正論──建築本質新析》，《新建築》總第 3 期，第 10 頁。
〔註 4〕圖片引自汪森強著、盧庭芳攝影：《徽州老房子》，南京：江蘇美術出版社 2008
　　　　年版，插頁圖畫。

村邊河流上四座木板橋爲牛蹄；整個村落尤如一頭神牛靜臥於青山綠水之間。它依山傍水而建，抓住水口截流河水，讓山澗之水順坡而下，然後沿著每家房屋修建水渠，清澈見底的山水可以從每家的門口經過，不僅方便了居民的生活用水，更重要的是利於民宅的防火。（如圖 3-4）這是宏村幾次被大火毀掉以後，精心設計的重建方案。牛本身是一種祥瑞之獸，古來對牛的崇信就隱喻著祈求豐衣足食的民俗意願。

圖 3-2　宏村鳥瞰圖

圖 3-3　「牛村」的牛肚——南湖　　　圖 3-4　古今一然的宏村水系

　　房屋設計上，天井民居的內向性造型滿足了「四水歸明堂，沰水不外流」的求財保運心理。〔註5〕內部的裝飾可以說是徽人民俗意願的集中大展演，心靈的希望和追求物化爲每一個吉祥物象。〔註6〕

　　從整個村落佈局到民居建築設計到室內裝飾佈局三個層次，每個層次都有一套自成體系吉祥觀念的表現形式，三個層次構成了獨特立體的吉祥系統。這個系統從整體到個體都是活態的，與自然融爲一體的。

─────────────────

〔註 5〕具體分析見本章第二節。
〔註 6〕具體分析見本章第三節。

　　阿摩斯・拉普卜特在探討「社會文化因素與宅形」時說「各個尺度的微縮宇宙都可視爲『天』的縮影。從一地一城、一鎮一村、一屋一室，直至房屋內部的空間和傢具，都可以反映出人們對於這個世界的看法」。他所說的「對世界的看法」即是當地民眾的「心靈語言」也是此文化族群共有民俗意願的表達方式。在同一章中，阿摩斯・拉普卜特以廣東的農人爲例〔註7〕，說到：

> 　　發財對於中國廣東的農人而言，是異常重要的，而「財運」是一種超自然的神秘力量，只有當聚落和房屋的朝向尊重環境時，運氣才能暢通無阻，進而帶來財富。簡而言之，它好比從山間湧出的溪流，與之順應調和便能增進宗族的力量；樹木可以阻擋厄運，應該先期種植，等長到足夠高度之後再造房子；最後，這股力量被順利地導入供奉祖先的祠堂才算大功告成。所有這一切都由精通此業的風水師操辦。村落中處在不同位置的建築物，其屋頂的式樣取決於它與這股神秘力量之間的關係。而宅舍的平面佈局以及內部的傢具陳設同樣深受影響。又因妖魔鬼怪據稱總是直線而行，道路、橋樑和住宅的入口便要特設曲折。同時入口還應避開不吉利的方位。
> 　　　　　　　　　　　　　　　　　　　　　　　　　　　　　〔註8〕

　　這段描述同樣是適合徽州民居的，風水確實是幾乎所有徽州民居在建造過程中所必須依循的指導原則。李約瑟《中國之科學與文明》說：「在甚多方面，風水對中國人民是恩物，如勸種樹和竹以作防風物，強調流水靠近屋址之價值都是。……就整個而言，本人相信風水包含顯著的美學成份，遍中國農田、屋室、鄉村之美，不可勝收，皆可藉此以得說明」〔註9〕「水口園林」即爲徽州村落優於異於其他地區村落的美麗之一。

　　徽州古村鎮多依山傍水，以背山、向陽、水來之處作爲村鎮入口，稱「水口」，水口被視爲村落的門戶與靈魂。〔註10〕居所的外部環境選擇提倡避風、

〔註7〕　此例並非阿摩斯・拉普卜特的親身調查所得，取自加州大學伯克利分校人類學博士J・M・波特的研究成果。此段中的個別表述確否尚有待查證。

〔註8〕　【美】拉普卜特：《宅形與文化》，常青、徐菁、李穎春、張昕譯，北京：中國建築工業出版社2007年版，第50頁。

〔註9〕　【英】李約瑟：《中國之科學與文明》第二冊，張一麐譯，臺灣商務印書館1980年版，第114頁。

〔註10〕水口：徽州古村鎮多以山下有水源處作爲村鎮入口，「夫水口者，兩山相交，亂石重疊，水從窄峽中環繞彎轉而瀉，是爲水口」（清唐岱《繪事發微》）。

環水、聚氣。避風，選擇靠山，作爲屏障，避開西北風的吹擊；環水，重視居所前水流的環繞；聚氣，山環水繞，負陰抱陽，自然聚氣。「無風則氣聚，得水則氣融。」在風水學上，就是要藏風、得水，藏風即可聚氣，得水可以融氣，屋場即是氣場，卜居的首選就是強調生氣的聚集。爲了不使氣運外流，人們注意水流的出口，重視水口的選擇與對水口風水的補救，水口之山宜高大，且呈閉合之態，「不見水去」爲最佳。如果水口沒有理想的自然閉合態勢，人們就設法進行風水的彌補，水口處一般建有亭臺樓閣等公共建築，供行人歇腳，並以樹林遮擋；有的古村鎮在水口建有文昌閣、文峰塔等風水建築，以招納文運，希冀村鎮子弟科舉高中。有的古村鎮在水口建有村民共享的園林，是中國傳統園林中風景構築與風水理論結合的最好的一種園林形式。（如圖 3-5〔註 11〕）。水口爲幽林遮蔽，鄉人認爲可保村內祥和之氣不至外泄，同時防止外來兵匪侵入。而且鄉規民約中的規定也很注重保護水口，歙縣潭渡《受沚堂大程村支譜》：「遇砍伐水口樹木，縱牛羊作踐宗祠族屋，則責令敗訴者罰戲」。

圖 3-5　西遞水口圖

〔註11〕 圖片引自《明經胡氏壬派宗譜卷一水口圖》，各部位名稱爲作者標注。

唐模古村被稱爲「中國水口園林第一村」，是現存的徽州水口園林之中保存最完整、最具有代表性的一個。（如圖 3-6）而其他很多村落的水口園林建築顯得粗服亂頭，卻也因幾蓬衰草顯得野趣盎然。〔註 12〕完整也罷，衰敗也罷，徽州先民是從來不放棄對平安美好生活的追求的。績溪馮村《馮氏族譜》載：

圖 3-6　唐模水口處的明代古亭及風水樹

> 設村自元代開族以來隅隱盧豹隱，尚未能大光也。後世本堪輿之說，因地制宜，避其牆圍於安仁橋之上，象應天門，築其臺榭於理仁橋之下，象應地户。……上通好國之德，下是泄漏之機。其物阜而丁繁者，一時極盛焉。

由此可見一斑。

除了村落選址講究風水，築建水口改善風水之外，徽州地區在建造房屋的過程中對日子的選擇和起屋上樑的儀式也甚是重視，整個過程充溢著喜慶熱烈的氣氛，以求屋主日後能大吉大利。以下兩首民謠就非常全面和形象地展示了徽州地區起屋上樑的場景。〔註 13〕

起屋贊樑

木匠師傅發種：

> 一種打得天門開；
>
> 二種打得富貴來；
>
> 三種打得三元及第；

〔註 12〕　長北著、徐振歐攝影：《江南建築雕飾藝術・徽州卷》，南京：東南大學出版社 2005 年版，第 1～2 頁。

〔註 13〕　此兩首民謠皆選自方靜採編：《徽州民謠》，合肥：合肥工業大學出版社 2007 年版，第 197～199 頁。

四桿打得四季發財；

五桿打得五桂榮昌；

六桿打得六六大順；

七桿打得七姑仙女下凡來；

八桿打得八仙過海來恭賀；

九桿打得九州春暖百花開；

十桿打得十全俱足萬萬載！

拿起酒壺：

手提東家一把壺，

此壺不是平凡壺，

王母娘娘面前鴛鴦壺。

壺蓋刻了搖錢樹，

壺身鏤了聚寶盆。

此壺盛了什麼？

瓊漿玉液永馨香。

（斟酒於地）一敬梁頭，福祿悠悠；

（再斟酒）二敬梁尾，鳳毛濟美；

（三斟酒）三敬梁鼻，萬事大吉；

（四斟酒）四敬梁身，松柏同春。

拿起「五穀」袋撒五穀：

一把五穀撒向東，家齊國治天下平；

一把五穀撒向南，政通人和百姓安；

一把五穀撒向西，風調雨順萬物宜；

一把五穀撒向北，家庭和睦天倫樂；

一把五穀撒中央，代代兒孫狀元郎。

拿起一隻公雞：

手拿東家一隻雞，此雞不是平凡雞，

王母娘娘面前一隻報曉雞。

頭戴紫金冠，腳踏龍鳳爪，身穿五彩衣。

文官聽得金雞叫，執笏十朝時。

　　武官聽得金雞叫，金戈上馬時。

　　皇上聽得金雞叫，南面受朝時。

　　讀書主人聽得金雞叫，書聲琅琅時。

　　千金小姐聽得金雞叫，飛針走線時。

　　東家聽得金雞叫，披星戴月時。

　　魯班先師聽得金雞叫，人馬齊備時。

　　下有金雞叫，上有鳳凰啼；

　　黃道吉日，此時此刻正好上樑時。

上樑謠

　　金斧一動天地開，魯班先師下凡來。

　　東家擇個好日子，要做子孫萬年基。

　　百樣材料都齊備，單缺一根正樑坯。

　　魯班先師不辭苦，尋梁尋到崑崙山。

　　果見滿山大松樹，其中一株把天參。

　　魯班砍下千年木，做了東家棟材樑。

　　今朝新屋高高起，祝賀大吉又大利，

　　子孫興旺大發財！〔註14〕

　　這兩首民謠雖未必興於明清，但自古及今，修築房屋時對起屋上樑的重視是不變的，追求吉祥喜慶的民俗心理更是具有很強的穩定性。這些儀式中的歌謠未必有可證實的實際功效，但是我們也不能證偽去說明它就是所謂的」迷信」，百姓日常生活中大量存在著諸如此類帶有些神秘色彩的民俗事象，筆者相信存在即是合理的，哪怕僅僅是一種良性的心理暗示作用。

　　除了大量使用蘊含吉祥意味的雕飾（見本章第三節）、佈局之外，徽州民居中還經常使用辟邪厭勝的裝飾手法以滿足房主求吉求財的民俗意願。常見的有石敢當、照妖鏡、獸面牌、刀劍屏、八卦牌、獅子御劍、桃符、鎮符

〔註14〕徽州地區蓋新房的過程中有許多規範的吉祥用語。東家擇吉日告訴木匠師傅，起屋架，豎門岩。是日親友送禮慶賀，主動幫忙，午時按時上樑，舉行祭樑儀式，當家木匠師傅主祭。祭樑時以大發槌敲一下正樑唱一句贊詞，撒一把利市紙，間有眾工匠和唱，然後向八方神靈跪拜，並用斧刃殺大公雞瀝血於地，繼而將公雞往上一拋，高誦「金雞落地，大吉大利」。這一儀式中「吉日」、「午時」、「大發槌」、「利市紙」、「跪拜神靈」、「殺公雞」「贊詞」這些「規定動作」無一不含有求吉求利的民俗心理，為營造詩意屋居，徽州人可謂用心良苦。

〔註15〕等。這些辟邪之對象通常或埋或掛在大門、山牆和脊棟等較明顯的重
要位置。除了這些小的辟邪對象之外，門神、門聯、樑上標誌以及應時裝飾
（如清明門上柳、端午插艾）等具有民俗彩色的住居習俗都蘊含著居住者的
民俗意願。（如圖 3-7）

圖 3-7　呈坎民居的門神

〔註15〕石敢當：《魯班注》：「新正寅時立於門首，莫與外人見，凡有巷道來衝者，用
　　　　此石敢當。」此俗似由商代奠基遺俗緣起，後人穿鑿附會，成爲辟邪神石。
　　　　功能包括鎮百鬼、壓災殃、止風邪、闢凶煞等。
　　　　照妖鏡、獸面牌：當有別家的屋脊或外觀兇險之物衝向自家的門口，認爲犯
　　　　煞不吉時，常在外門之上懸掛「獸面牌」或是「照妖鏡」。此風肇於商周，盛
　　　　於東漢，至今不絕。
　　　　刀劍屛：具有擋衝、遮蔽的功用，大部分放在大門、正廳間的中庭。造形非常
　　　　鮮明特別，頂部中央並列著刀、劍、戟、斧等兵器，內外兩面所繪的圖案以避
　　　　煞、求福爲主。通常內外兩面都有圖案，對外的一面，因重在辟邪，圖案以劍
　　　　獅、八卦爲主；而對內主在祈福，故以麒麟、蝙蝠、祥雲等吉祥圖案爲多。
　　　　桃符：《山海經》載：滄海之中，有度朔之山，有大桃樹，上有二神神荼、鬱
　　　　壘，主閱領萬鬼，害人者，執以葦索，而以食虎。人們相信桃木有壓邪驅鬼
　　　　的作用。古人在辭舊迎新之際，在桃木板上分別畫上二神圖像，懸掛於門首，
　　　　意在祈福滅禍。後爲了省事兒就直接在桃木板上寫上二神名字。是爲桃符。
　　　　八卦牌：民間俗信八卦能「通神明之德，類萬物之情」，神力無窮，民間作爲
　　　　無所不能神器供奉使用，相信可以賜福保平安。除此外，還有八卦門、八卦
　　　　樑、八卦門鎮鈸等取意八卦之物。
　　　　鎮符：源於道教神秘文化的一種符咒，繪於紙上，貼在門框上面等處，以驅邪避凶。

第二節　舒適怡人：民俗智慧之美

任何地區的住居都是當地人生產生活中積累的民間智慧的集中體現，徽州民居也不例外。本節以徽州天井這一特殊空間的設計和防火防盜智慧爲例來說明徽州先人凝聚在民居中的迷人智慧。這些智慧除了具有保護生命的實用美學價值外，還有強烈的愉悅身心的精神美學價值。

一、天井：徽人生存智慧之產物

徽州民居的基本形態是天井四合院，天井空間是「虛」，圍合的房屋牆壁是「實」。這種具有鮮明地域特色的院落結構非人力人願所穿鑿強力而爲，而是徽州先民在選擇最佳居住方式中根據自然節候、「精神氣候」不斷調整的結果。其中蘊含著豐富的人與自然和諧共處的生態美學觀。

古徽州與浙贛毗鄰，共屬山越文化圈。具體的自然地理環境和氣候條件在第一章中已有詳細的描述，此處不再贅述。民居建築的產生首先是每地先民對生存環境的適應結果。從目前的考古發現來看（如河姆渡遺址及離徽州更近的繆墩），古山越人的宅居形式爲「干闌式」建築，這種建築結構很好地適應了徽州地區的地理環境。自魏晉起遷入徽地的中原文化又帶來了合院式住宅結構，兩者復加整合遂形成徽州的「天井民居」。〔註16〕

從現存的明清徽州民居來看，大多設有天井。帶有天井的樓居可以適應四時的氣候變化，夏天氣溫高，樓下的房間較悶熱，樓上的房間拔風效果好，居住者住在樓上較舒適。到了冬天氣溫低，樓上的房間受到寒冷氣候的直接影響大，居住者便將起居安排在樓下的廳堂、廂房，以躲避寒風的侵襲。〔註17〕同時，民居的基本單元呈一進一進的向縱深方向發展，形成二進堂、三進堂、四進堂甚至五進堂。後進高於前進，一堂高於一堂，這有利於形成穿堂風，加強室內空氣流通。〔註18〕完美地體現了生態建築設計理念，使徽州民居成爲絕佳的棲身之所。

任何一座宜居的住宅除了滿足居住者「舒適」的身體需求外，一定同時具備「怡人」（心靈撫慰）的文化內涵和功能。天井民居就是具有上佳實用功能的完美心靈棲所。

〔註16〕　具體分析參見本文第四章。

〔註17〕　日本的茂木計一郎將具有生態功能的天井空間比喻爲「像保溫瓶一樣懸掛著」，甚是有趣形象。

〔註18〕　臧麗娜：《明清徽州民居風格形成之民俗背景淺析》，《民俗研究》2006年第3期。

　　徽商的出現使徽人格外注重「財運」的有無，甚至可以說這是貫穿在整個徽州民居中的居住理念之一。所謂 「不高不陷，不長不偏，堆金積玉，財緣綿綿」（《八宅明鏡》〔註19〕）。所以，這種以天井為中心的內向封閉式組合結構又被稱為「四水歸堂」。中國傳統五行觀中，「水」生「金」，天井的內向設計能聚集屋面雨水，聚水即聚財，以圖「肥水不流外人田」的吉利。

　　格外注重財運之外，徽州人同樣秉承著中國傳統的「天人合一」觀。天井意為「觀天之井」，上指蒼穹，下俯地面，與庭院滲透融合，溝通天、地、人三界，人立於天地之間，與自然融為一體，既可獲「天人合一」之靈氣，又可得「頂天立地」之自由，體現了徽州先民祈求與自然和諧並存的人生態度，滿足了居住者的精神追求。

　　李約瑟博士在《中國之科學與文明》中一段文字詩意地描述了對徽州天井的靈性感受：「我初從中國回到歐洲，我最強烈的印象之一是與天氣失去密切接觸的感覺。木格子窗糊以紙張（常常撕破），單薄的抹灰牆壁，每一房間外的空廓走廊，雨水落在庭院和小天井內的淅瀝之聲，使個人溫暖的皮袍和炭火——在在令人覺得自然的心境，雨呀、雪呀、風呀、日光呀等等，在歐洲的房屋中，人完全孤立於這種境界之外。」〔註20〕茂木計一郎在《中國民居研究——中國東南地方居住空間探討》中也表達了同樣的感受「外面高牆環繞，四角除有封閉的房間外，天井底部展現十字型的空間，有從石頭和磚縫中傳播的微

圖 3-8　徽州民居的獨特空間——天井

〔註19〕　《八宅明鏡》：明代顧吾序著，是一部專論陽宅的堪輿名著。是八宅派的扛鼎之作。八宅派起源於唐代，盛行於宋代。宋代以後，這一流派代代相傳，在陽宅相度中獨佔魁首，深入人心，特別在海內外華人聚居之處，更是奉八宅派為正宗。

〔註20〕　【英】李約瑟：《中國之科學與文明》第十冊，張一麐譯，臺灣商務印書館 1980 年版，第 114 頁。

冷空氣，有使紫煙漂浮的微風，有透過窗、門搖曳的冷光，有與外界的氣氛完全隔絕的靜寂，這是和中國的激烈變動無關，可以一味沉睡下去的空間。作為有封閉某種中國文化難於變動的深厚的空間而存在。這種天井，過去在日本和西歐的住宅裏沒有經驗過，它有既透明又靜謐的光。」〔註21〕（如圖 3-8）

二、徽州民居防火防盜的民間智慧

徽州粉牆黛瓦最初的出現並非為裝飾而裝飾，而是當地居民在營構房屋時民俗智慧的展現。首先是建築材料的易得，粉刷牆面的白堊在徽州是本地產的常見的建築材料，民間燒瓦工藝也較為普遍。其次，徽州民居的院牆牆體大量實用木構，用白堊抹牆可以反射太陽光、防水防潮保護牆體木料。後來受到徽州文人素雅淡靜的審美情趣和中國水墨畫意蘊的影響，久而久之逐漸定型為徽州特有的黑瓦白牆的藝術特色。

徽州民居使用空心牆體〔註 22〕（又稱空心磚牆、空斗牆、空心斗子牆、斗子牆）也是其特色之一，其中蘊藏了豐富的民俗智慧。牆體用磚砌造，且只砌兩面，中間空出不砌磚，而是填入碎石、碎磚或者泥沙等材料。這明顯有別於北方四合院院牆的實砌牆體。空心磚牆的砌築技術並非是徽商無財力以圖節約材料，而是為了適應當地氣候條件，讓人生活得更加舒服愜意。如第一章所述，徽州地區氣候四季分明，夏熱冬冷，因此室內氣溫的調節就顯得很有必要，空心磚牆的使用就有效解決了室溫調節問題，基本可以保持室內的冬暖夏涼。另外，筆者在徽州考察和義堂時，房主汪育真介紹說這種空心牆除了砌得很高不易攀爬具有防盜功能外，牆體的空心也有防盜作用，即如果盜賊企圖掘開牆體鑽進院內行竊時，填入牆心的砂石會自動沉落，使盜賊很難得逞。

其實，從防盜角度來說，徽州地區具有自成系統，獨具特色的安全體系。這是徽州先民在長期的生產生活中自覺選擇的生存智慧。

徽州身處群山之中，重巒疊嶂的地理環境賜予徽州天然的屏障，史稱「世治則詩書什一之業足以自營，世亂則洞壑溪山之險足以自保」〔註23〕，而徽

〔註21〕 【日】茂木計一郎、稻次敏郎、片山和俊：《中國民居研究——中國東南地方居住空間探討》，江平、井上聰譯，臺北南天書局 1996 年版，第 38 頁。

〔註22〕 據研究空心磚牆開始出現在明末，清朝時為徽州民居大量使用。

〔註23〕 轉引自羅文俊：《徽州社會及其凝聚力》，《探索與爭鳴》1998 年第 4 期，第 31 頁。

州村落就散佈在這群山密林當中，若無人指點，要想進入徽州腹地不是一件容易的事。

　　從自覺建設的村落環境來看，「水口」除了具有改善風水的意義之外，還有個重要的功能便是隱蔽村落防止外人的貿然闖入。古徽州每個村都建有水口，水口的兩側一般是崇山峻嶺，加之水口周圍會人工種植或保護住一些樹冠碩大的「風水樹」，會遮蔽住進村的道路和身後的村子，外人很難想像茂密的樹林後面還隱蔽有村落。（如圖3-9）

圖3-9　宏村村口的風水樹，儘管已失去遮蔽的功能，但其碩大的樹冠仍蔭庇著這
　　　　座古老的村莊

　　徽州民宅雖是各戶自行出資建造，且無統一的規劃和設計，但當地居民自覺選擇了幾乎完全一致的建築風格，一式的高牆深巷，一式的白牆黑瓦，一式的青石板路，外人看來酷似「迷宮」，唐突闖入且有犯罪衝動者，很容易迷失方向造成心理恐慌。利用建築環境來對圖謀不軌者進行心理打擊，可謂是徽州先民高明的生存智慧。

　　徽州民居大多都是木結構，因此，防火就顯得尤為重要。在對火災的防範上，徽州先民生存智慧的體現就是眾所周知的封火牆（馬頭牆）了。（如圖3-10）

圖 3-10　鱗次櫛比的馬頭山牆，不僅具有防火功能，更具有審美的價值

　　李俊先生寫了《徽州古民居探幽》一書。專門從消防歷史文化看徽州古民居。他說，徽州古民居不但外觀形式美，在功能結構上所採取的防火措施也非常科學，集中體現了古人的防火意識和高超的防火措施與技術，特別是「法制長生屋」、封火牆、防火門窗、火巷、木結構不外露等防火措施的發明與運用，大大減少了磚木結構徽州民居遭受火災的概率，這也是徽州古民居長久留存、成片傳世的重要原因之一。〔註24〕

　　明代徽州知府何歆以政令推廣封火牆，「降災在天，防患在人，治牆其上策也，五家爲伍，壁以高垣，庶無患乎」〔註25〕。而後「六七十年無火災，災輒易滅，牆巍然。」〔註26〕封火牆出現之後，石庫門、石庫窗、木地板上塗三合土和鋪地磚，廚房置於主屋之外。設置太平缸、太平池、防火井，建築村落消防水系，設置更樓，劃分防火分區等消防技術措施也先後投入使用。

〔註24〕　李俊：《徽州古民居探微》，上海：上海科學技術出版社 2003 年版。
〔註25〕　《徽郡太守何君德政碑記》，轉引自李俊：《徽州古民居探幽》，上海科學技術出版社 2003 年版，第 5 頁。
〔註26〕　趙吉士：《徽州府志・名宦》卷五，康熙版刻本。

徽商家族觀念深厚，家族聚居，採用深而窄的火巷劃分大宅子內部防火分區，一旦鄰屋失火，火巷兩側高大的封火山牆可以阻止火勢蔓延，有利於人員疏散施救，避免全宅俱焚。與火巷相通的邊廳，錯位開設，以防竄火。筆者徽州調查時，和義堂主人汪育眞說，當地就直呼這種防火的巷子爲「火巷」，用這種稱呼方式來提醒住居者要提高防火意識。這也不失爲一種生活的智慧。（如圖 3-11）

圖 3-11　徽州民居中的火巷，可防止火勢的蔓延

在房屋功能分區時，徽州古民居將廚房與主屋分開，生活區與用火區分離，擺太平缸、修太平池，設應急消防水源，連通村落的消防水系。

徽州先民還利用五行說來設置房屋正門的開向，避開屬火的正南，不管此舉是否眞的有用，卻可以給居住者一種良性的心理暗示。徽州民居正門都建有門樓和門罩。門框是磚石結構。爲使門頭上防護用木過樑不受災害和風雨侵蝕，貼水磨磚，用圓頭鐵釘固定，四周包以鐵板，做成防火門。種種措施都體現了徽州先民的智慧。（如圖 3-12）

圖 3-12　以鐵皮包裹的大門，鐵皮已被揭掉「大煉鋼鐵」，只剩下累累的傷痕

何歆創修封火牆，是中國消防史上的一個里程碑，也是徽州先民在生活中自行摸索的生存智慧。〔註27〕這已經成為徽州民居的標誌性建築語言符號，而且在長期的發展過程中，徽州人又對封火牆加以藝術化的造型處理具有相當高的審美價值。

徽州古村落民居從村落選址、房屋建造到內部裝飾，處處都凝聚著徽人世代累聚的智慧，這智慧之光至今仍散發著迷人的光芒。

第三節　雅俗共賞：民俗技藝之美

「在雕刻裏感性因素本身所有的表現都同時是心靈因素的表現，反之，任何心靈性的內容如果不是完全可以用身體形狀呈現於知覺的，也就不能在雕刻裏得到完滿的表現。雕刻應該把心靈表現於它的身體形狀，使心靈與身體形狀直接統一起來，安靜地幸福地站在那裏，而形式也應該受心靈個性的內容灌注生氣。所以服刻在外在的感性素材上加工，不再是只按照它的笨重的物質堆的抓械的性質去處理，也不是用無機物的形式，也不是不管著色或不著色等等，而是要把感性素材雕刻成人體的理想形式，而且還要把人體表現為立體。就最後這一點來說，我們必須緊記住：只有在雕刻裏，內在的心靈性的東西才第一次顯現出它的永恒的靜穆和本質上的獨立自足。」〔註28〕儘管黑格爾在這裡所指的雕塑更多的是指人體雕塑，但是徽派民居上的雕刻同樣可以看作是心靈的物化圖像。每一處、每一幀的圖像都不是雜亂無章地隨意堆砌的，對雕塑的位置、材料、鑴刻的內容都有較為縝密的構思和預想，按著這預想才完成對整幢房宅的美化雕飾。可以說，在民居中無一處不是用情處，徽派民居概莫能外。

一、精緻富麗的徽州三雕

「徽州三雕」是指具有徽派風格的木雕、磚雕、石雕三種民間雕刻工藝的簡稱。〔註29〕「徽州三雕」為古徽州地區明清建築的裝飾性雕刻，具有濃

〔註27〕 趙新良主編：《詩意的棲居──中國傳統民居的文化解讀》（第二卷），北京：中國建築工業出版社2007年版，第215～216頁。

〔註28〕 【德】黑格爾：《美學》第一卷，朱光潛譯，北京：商務印書館1996年版，第107頁。

〔註29〕 也有「徽州四雕」之說，即在此三雕之外，又加「竹雕」，因「竹雕」甚少用於民居，故本文取「三雕」之說。

厚的地方文化色彩，已於 2006 年被列入第一批國家級非物質文化遺產名錄。徽派「三雕」以歙縣、黟縣、婺源縣最爲典型，保存也相對較好。

古徽州歷史悠久，從東漢建安十三年（公元 208 年），古徽州建郡之始迄今近兩千年。如前幾章所述，地處皖、浙、贛三省交界，黃山腳下，山水秀麗，人傑地靈。歷以商賈眾多、文風興盛而蜚聲海內外，徽商的發展繁榮了文化教育事業，造就了新安理學、新安醫學、徽派樸學、新安畫派、徽派版畫、徽州篆刻、徽派建築、徽雕等徽州文化，成爲我國三大學派之一。徽州「三雕」就是在這樣發達的徽文化大背景下逐漸形成和發展的產物，是能工巧匠的佳作。

「徽州三雕」與建築整體配合得極爲嚴密穩妥，其佈局之工、結構之巧、裝飾之美、營造之精、內涵之深，令人歎爲觀止。無論是木雕、磚雕還是石雕，都將浮雕、透雕、圓雕、線刻等多種技法並用，從中可看出漢唐以來我國建築裝飾雕刻藝術的傳承脈絡，同時也反映出徽州文化中其他藝術門類如新安畫派、徽派版畫、徽派篆刻、徽州硯雕、墨模雕刻等藝術樣式對徽州建築裝飾雕刻風格的影響。一宇之中，三雕駢美：磚雕清新淡雅，玲瓏剔透；石雕凝重渾厚，金石風韻木雕華美丰姿，窈窕綽約。〔註 30〕三雕構件與主體建築有機結合，競相生輝，形成一種優美典雅的建築裝飾風格，從而使得徽州傳統民居建築更加別開生面。

「三雕」的歷史源於宋代，至明清而達極盛，尤其是其刀功、技藝已到了「天工人可代，人工天不如」的境界。雕者執刀有力，運刀自如，刀隨意動，意指刀達，刀中有筆，相得益彰，體現了刀法與藝術一致，內容與風格統一的手法。〔註31〕

因木雕和磚雕這兩種雕刻藝術較多運用在民居的修飾上，而石雕則多用於牌坊、碑刻、墓葬、勾欄、踏步、柱礎、門框、抱鼓、石獅、橋樑等處，故本文著重解析木雕和磚雕。

1. 徽州木雕

中國古代建築常常有精美的木雕裝飾，所謂雕樑畫棟、曲欄朱檻指的就是此。中國木雕藝術由來已久，最早可以追溯到新石器時期，距今七千多年

〔註30〕 《論徽商對徽州文化的影響》見於
　　　　http：//www.everyday-books.com.cn/hzwh/ShowArticle.asp？ArticleID=512
〔註31〕 參考百度百科，「徽州三雕」詞條。

前浙江餘姚河姆渡文化，已出現了木雕魚。商周時期，木雕工藝無論在圖案設計還是在操作技藝上都有了突出的進步。商代已出現木、泥、牙、骨、玉製作器物的「六工」，木工兼木雕，開始有了木雕工藝品。商代盤龍城遺址墓葬中的雕花槨板上的饕餮紋，是一種連續性的紋樣，有一定的工藝難度。東周的齊國官書《考工記》曾總結過當時的百工對各類動物形象特徵的觀察和從事雕刻時的選擇表現。另外，《易辭傳》中寫有「刳木爲舟」、「剡木爲楫」、「弦木爲弧」、「剡木爲矢」等，這也是對木雕的記載。春秋戰國的木雕工藝分成了建築裝飾木雕、木俑、禮祭等不同的木雕行業。這個時期漆工藝的開始流行，促使木雕工藝在裝飾範圍、表現形式、雕刻技藝諸方面不斷向深度廣度方面發展。秦漢時期的木雕工藝，在繼承春秋戰國時期木雕工藝發展的基礎上，又有了較大的進展和提高。漢墓出土的動物木雕俑以及車、馬、船等器物，生動形象，讓人歎服。東漢時期由於佛教的興起，開始興建寺院等古建築，並用木雕進行裝飾。唐宋時期隨著經濟的發展，人們對建築的標準和要求也越來越高，在殿堂樓閣、廟宇民居越來越多地使用了木雕作爲建築裝飾。這個時期的木雕工藝有了發展，李誡的《營造法式》就將雕刻形式分爲四種：混作、雕插寫生華、起突卷葉華和剔地窪葉華。按雕刻技術分爲五種：混雕、線雕、隱雕、剔雕、透雕。唐朝時期裝飾題材開始豐富起來，花鳥圖案已開始成爲木雕工藝的主要裝飾題材，而且木雕藝術的風格與以前的粗獷、古樸不同，更趨向於飽滿生動，看上去更加豐富、華麗，充滿生機，而到了宋代，則發展爲以秀雅、清新爲主要特徵。明清時期木雕藝術進一步發展，比宋元時期更趨向立體化，所採用的雕刻形式主要有埰地雕、透雕，並在此基礎上出現了貼雕與嵌雕，從而使中國古代的木雕技術達到最後的輝煌階段。〔註32〕

　　明代初年，徽派木雕已初具規模，雕風拙樸粗獷，以平面淡浮雕手法爲主，一般只有平雕和淺浮雕，借助於線條造型，而缺乏透視變化，但強調對稱，富於裝飾趣味。明中葉以後，隨著徽商財力的增強，炫耀鄉里的意識日益濃厚，木雕藝術也逐流向精雕細刻過渡，多層透雕取代平面淺雕成爲主流。

〔註32〕　宋國曉：《中國古建築吉祥裝飾》，北京：中國水利水電出版社 2008 年版，第90 頁。

圖 3-13　徽州民居木雕精美、用料考究，圖爲鄭村和義堂的正堂「白果廳」

圖 3-14　鄭村和義堂的樑頭雕飾

　　清代雕刻細膩繁複，構圖、佈局吸收了新安畫派的表現手法，講究藝術美，多用深浮雕和圓雕，提倡鏤空效果，有的鏤空層次多達十餘層，亭臺樓榭，樹本山水，人物走獸，花鳥蟲魚集於同一畫面，玲現剔透，錯落有致，層次分明，栩栩如生，顯示了雕刻工匠高超的藝術才能。〔註33〕

_____

〔註33〕參考百度百科，「徽州三雕」詞條。

圖 3-15　盧村志誠堂繁複華麗的槅扇窗

徽州建築的工藝性強，首先表現在徽州木雕的無處不在。以一幢房子為例，那樑架部位有雀替雕飾、斗拱榫飾、額枋、軒頂、鈎掛貼飾、月架雕飾、脊檁包袱、樓沿雕飾、元寶雕飾等，甚至屋椽上也有鑲嵌的花雕。其次表現在雕刻工藝之精。例如在狹長的天井四周，以木隔扇將室內分隔成客廳、廂房、走廊等空間，而這些富有特色的隔扇便成了民間藝人展示身手之地。隔扇上半部一般為鏤空花格，也有同時在鏤空花格中間部位鑲以平板，將圓雕、平雕、透雕、浮雕、半浮雕等各種手法並用。隔扇中部稱「束腰」，下部稱「裙板」，裙板一般是平板浮雕。古人很注意欣賞者的需要，隔扇中部的束腰與人的視線持平，是觀賞的最佳角度，因而往往

圖 3-16　栩栩如生的人物木雕，可惜臉部已被當作「四舊」砍去

用以刻畫帶有情節的民俗故事、戲曲故事的人物圖案，而在下部裙板上則一般是八寶奇珍、翎毛走獸、花卉几案等。民宅廂房的窗格一般是用鏤空花雕、窗格下沿用平板飾以細膩的雕刻，在窗戶三分之一的下部往往配有窗欄板，方言叫檻窗衣，意爲窗戶的衣裳，既可遮擋視線，又可遮擋從天井方向飄落的斜風斜雨，同時又不影響廂房的採光，這是徽州民居很具地方色彩的飾物。民宅的閣樓沿天井部位一般都有欄杆，它是待字閨中的千金小姐倚樓閒坐的地方，亦稱美人靠。從美人靠可以俯視客廳、仰視狹長的天空，美人靠上亦有鏤空花雕和平板雕飾。樓沿掛落上一般飾以鏤空透雕，有的雕成枝幹連綿、藤蔓纏繞的葡萄、紫藤、瓜果等藤蔓植物，使人置身宅中卻備感大自然的情趣。〔註34〕

　　值得一提的是徽州民居中室內樑架上有一種其他民居所沒有的裝飾，稱爲「元寶樑」，是以象徵財富的「元寶」爲中心題材的「商」字形橫樑。大多位於廳堂太師壁兩側過道的上方。其表面鐫刻有元寶、金鎖、如意，但又輔助雕刻了人物、花草、鳥獸等圖案，寓意吉祥，美輪美奐。此處的門又叫「商字門」，所進之人都必須從商人「胯下」過，由此反應出的徽商心理耐人尋味。（如圖 3-17）

圖 3-17　宏村承志堂的「商」字形元寶樑

〔註34〕鮑義來：《徽州工藝》，合肥：安徽人民出版社 2005 年版，第 141 頁。

徽州木雕的熱情、向上的格調與徽商的進取精神和地域生活的富裕是合拍的。它的構圖飽滿，畫面注重張力，人物造型生動，動感強烈，具有沉雄、奔放、古拙的藝術風格。特別值得強調的是，徽州木雕中的人物寫實功力往往令人感到驚訝，造型準確，意態如生，煥發出健康的喜氣洋洋的審美情調。其次，徽州木雕有著十分高超的總體設計規劃，每一幅民居的木雕內容、風格都有一個明確的創作傾向。再次，徽州木雕具有多元的雕刻工藝，如動用了平板線刻、凹刻、凸刻、淺浮雕、深浮雕、透雕、圓雕，有的透雕是兩面雕，兩面都可觀賞，在多層雕刻中竟有七八層之多，風格上也有粗放和工細、簡約和縝密、率然與嚴謹等不同情形，具有優美的裝飾效果。〔註35〕

俞宏理經過長期研究和詳盡考證，認為徽州木雕藝術具有「漢唐氣度」，並給予如下評價：

「徽州木雕是一個特定的概念，它是在一定的時間和一定的空間裏產生的民間藝術，是中華民族母體文化的一個重要組成部分。儘管它沒有秦兵馬俑、漢畫像石和隋唐壁畫那樣顯赫，但它畢竟融彙了秦、漢、唐、宋、元、明、清以來的文化創造，它是封建社會晚期的一顆璀璨的明珠。它是最後的傳統，是終點的輝煌，或許它更具有年邁老人的閱歷和滄桑。」〔註36〕

2. 徽州磚雕

磚雕是我國傳統建築重要的裝飾手法之一，它是運用浮雕、鏤雕、圓雕等不同的雕刻形式，在素磚上雕刻出各種圖案花紋，以美化建築的某些構件，兼具功用和美觀，經過長期的發展過程，成為日趨完善和精美的一項藝術品種。

磚雕作為中國古代建築的裝飾藝術由來已久，商周時期磚雕工藝就已經初露端倪，當時的紋樣有米字紋、繩紋、回紋等。到了秦代，紋樣的形式增多，常見的有繩紋、回紋、菱形、S形和雲紋等。陝西咸陽一帶曾出土過秦代的空心大磚，上面飾以龍紋、鳳紋等浮雕，龍和鳳自古就被人們視為吉祥的象徵，所以在秦代就已經出現了含吉祥寓意的磚雕了。秦代的磚雕都是利用陰模壓印的，到了兩漢時期，磚雕在承襲前朝的基礎上又有所發展。這個時期流行一種鋪地方磚，上面雕刻幾何紋、動物紋等，還經常雕上吉祥文字，以圖案、文字或兩者組合的方式表達著吉祥的寓意。兩漢時期還出現一種用

〔註35〕 鮑義來：《徽州工藝》，合肥：安徽人民出版社2005年版，第145頁。
〔註36〕 俞宏理：《中國徽州木雕》，北京：文化藝術出版社2000年版，第42頁。

在建築物或墓室壁面上的圖像磚，即畫像磚。畫像磚工藝特徵是在磚模上刻畫，再壓成磚坯燒製，主要用於宮殿和陵墓建築上，既是建築結構的一部分，又具有裝飾效果，內容有神話故事、社會生產和生活場面等，其中多包含有吉祥的寓意。畫像磚藝術一直盛行至唐朝五代。唐代的磚雕是在模壓印花後再加工雕刻，因此作品更精細、更具立體感。唐代盛行花磚鋪地，花磚紋樣以蓮花、寶相花、忍冬爲主。宋元時期磚雕工藝興起，不用傳統的模印，而是直接雕刻在磚上。這個時期，磚雕被大量地用於建築裝飾上，並且成爲評定建築等級的重要標誌。孟元老《東京夢華錄》記載：「宣德樓列五門，皆金釘朱漆，壁皆磚石間瓷，鐫鏤龍鳳雲之狀，莫非雕樑畫棟。」宣德樓是當時京城著名的建築，以磚石鐫鏤的龍鳳雲紋裝飾其間，可見其磚雕藝術的較高水平。與此同時，含吉祥瑞意的磚雕也更加豐富多樣了。到了明代中葉，隨著琉璃在重要建築上的大量使用，磚雕才得以進入民居及園林建築體系中充分使用。明代計成所著《園冶》中曾記載用磨好的磚砌牆和擺砌門窗，說是「歷來牆垣，憑匠作雕琢花鳥仙獸，以爲巧製……」。部分地區（如徽州）經濟的繁榮、文風的鼎盛刺激了磚雕藝術在明清時期達到頂峰，這個時期磚雕的技術主要是磚雕和雕泥。磚雕是就燒好的磚塊進行雕刻，雕泥是先在乾燥到一定程度的泥坯上雕刻，然後再放入窯內燒製。〔註37〕明代磚雕的風格過趨粗獷、稚拙而樸素；明末清初，由於富商們對豪華生活的追求，因此清代磚雕的風格漸趨細膩繁複，注重情節和構圖，透雕層次加深。在見方尺餘，厚不及寸的磚坯上雕出情節複雜，多層鏤空的畫面，從近景到遠景，前後透視，層次分明，最多約有 9 個層面，令人產生精妙無比的美感。〔註38〕

　　磚雕廣泛用於徽派風格的門樓、門套、門楣、屋檐、屋頂、屋瓴等處，使建築物顯得典雅、莊重。磚雕是徽州盛產質地堅細的青灰磚上經過精緻的雕鏤而形成的建築裝飾。它是明清以來興起的徽派建築藝術的重要組成部分。磚雕有平雕、浮雕、立體雕刻，題材包括翎毛花卉、龍虎獅象、林園山水、戲劇人物等，具有濃鬱的民間色彩。

　　民宅的門樓由「樓」和「罩」兩部分構成，統稱門罩門樓。（如圖 3-18）門罩在大門上方，常是一座房子的門面。徽州民宅的門罩頂上常有一座挑出

〔註37〕　宋國曉：《中國古建築吉祥裝飾》，北京：中國水利水電出版社 2008 年版，第70 頁。

〔註38〕　部分資料參考自百度百科「徽州四雕」條目。

的飛簷，鼇魚餃角、重瓦飛簷加斗拱組成，既可遮住上方流下來的雨水又可以增加美觀和氣氛。瓦簷下用水磨嵌砌著對稱而又富有變化的圖案，多見為構圖複雜多變、以人物為主體，襯以亭臺樓閣的圖案。也有的門罩追求繁複的裝飾效果，把門罩做成垂花門式、左右兩旁各置一垂蓮柱，中間用兩層橫向聯合坊聯繫，簷下用雕刻的飛簷支撐，額枋下有磚雕斗拱，一般都用深浮雕方法，也有講究的在額枋上嵌以圓雕的人物或獅、龍、鳳等動物圖案。其中有一種四柱三間的貼牆牌樓，有三層、五層不等。五層的俗稱「五鳳樓」，高大軒昂，這常見於進士宅第和官宦之家，由於其樓面高，門罩門樓大多雕刻精美。

圖 3-18　宏村居善堂的門罩，是磚雕藝術的精華部分

　　徽州磚雕的用料與製作極為考究。一般採用經特殊技藝燒製、擲地有聲、色澤純清的青磚為材料，先細磨成坯，在上面勾勒出畫面的部位，鑿出物象的深淺，確定畫面的遠近層次，然後再根據各個部位的輪廓進行精心刻畫，局部「出細」，使事先設計好的圖案一一凸現出來。歙縣博物館藏有一塊竈神廟磚雕，見方僅尺的磚面上，雕刻著頭戴金盔、身披甲冑、手握鋼鐧的圓雕菩薩，據考證這塊精巧絕倫的磚雕花費了 1200 個匠工，堪稱徽州磚雕藝術的經典作品。

　　磚雕在歙縣、黟縣、婺源、休寧、屯溪諸地隨處可見。古老民居、祠堂、廟宇等建築物上鑲嵌的磚雕，雖經歲月的磨礪，風雨的剝蝕，它們依然是玲瓏剔透，耐人尋味。

圖 3-19　宏村承德堂腰板木雕，是壽字紋、瓜果、博古等題材的集合

三、徽州三雕常用題材主要有以下幾類

第一類是花草林木

　　歲寒三友（松竹梅）、花中四君子（梅蘭竹菊）、牡丹、月季、芙蓉、海棠、杏花、菱花、雞冠花、桂圓、荔枝、核桃、荷蓮、忍冬（金銀花）、百合、水仙、萬年青、寶相花、柿（子）蒂、茱萸、石榴、葡萄、葫蘆、靈芝、佛手、卷草等，另如白菜、南瓜也偶有被用入紋樣的。

　　菊花（高雅）、松柏（長壽）、竹子（傲骨）、蘭花（清雅）、荷花（高潔）、葫蘆石榴葡萄（多子多福）、松竹梅歲寒三友（清高脫俗）。蕃草圖案，是圖案化的花草紋飾，多為二方連續圖形，有的精品分佈均衡、翻卷有致、構圖秀美、脈絡清晰、美輪美奐。

第二類是祥瑞動物〔註39〕

　　現實存在的：白頭翁、鴛鴦、喜鵲、燕子、畫眉、仙鶴、孔雀、鶴鶉、公雞，蝙蝠、鹿、犀牛、獅、羊、馬、豬、牛、蜂、猴、貓、蝴蝶、蜻蜓、龜、鯉魚、鯰魚。

〔註39〕有研究者將龍鳳單列一類，本文將之劃入祥瑞動物之內，儘管兩者未必是現實存在的。

　　另有現實中並不存在的：龍，根據造型及涵義又分青龍、正面龍、團龍、蟠龍、夔龍、虯龍、螭及龍之九子〔註40〕（囚牛、睚眥、嘲鳳、蒲牢、狻猊、霸下、狴犴、負屭、螭吻）；四方神（青龍、白虎、朱雀、玄武）；鳳凰；麒麟。

第三類是博古器物

　　採用各朝青銅器皿、寶鼎、酒具、爐、瓶等形象，配以書案、博古架圖形及文房四寶、畫軸拂塵、花草紋飾組成古玩擺飾的畫面，構圖典雅、書卷氣濃厚、高雅脫俗。

　　文房四寶：琴棋書畫

　　佛八寶：寶傘、金魚、寶瓶、蓮花、法螺、盤長、寶幢、法輪。

　　道八寶：扇（漢鍾離），漁鼓（張果老），花籃（韓湘子），葫蘆（鐵拐李），陰陽板（曹國舅），寶劍（呂洞賓），笛子（藍采和），荷花（何仙姑），稱為「暗八仙」，隱喻道教八仙，福臨人界，象徵吉祥。

　　也有經商人家用寓意發財的算盤。

第四類是文字幾何紋

　　文字：福祿壽喜、卐字紋、回字紋

　　錦紋：宋錦（連環紋、密環紋、簟紋、方環紋、羅地龜紋、香印紋等）

　　清錦（漢紋、萬不斷、扯不斷、拐步錦、丁字錦、菊花錦、海棠錦、龜背錦、如意紋）

第五類是人物戲曲故事

　　人物又可以細分為道教人物如：三清、八仙、張良、劉海蟾等；佛教人物如：觀音、彌勒佛、目連、善財、濟公、和合二仙；歷史人物如：花木蘭、岳飛、紅拂、關羽、劉備、張飛、趙雲、李白、蘇軾等；神話傳說或民間故事人物如：

圖3-20　盧村志誠堂的壽字紋

財神、福祿壽三星、孫悟空、哪吒（佛道教都有此神）等。

〔註40〕龍之九子的名稱有多種說法，此為其一。另有一說為：贔屭、螭吻、蒲牢、狴犴、饕餮、趴蝮、睚眥、金猊、椒圖。此外，還有把螭首、麒麟、朝天吼（犼）、貔貅也列入龍子的。

此類題材大都暗含情節故事，藉此教諭民眾。有取自《三字經》《名賢集》《二十四孝》等教化民眾的材料的，也有取自《紅樓夢》、《西遊記》、《三國演義》、《封神演義》、《封神榜》、《西廂記》、《牛郎織女》等膾炙人口的歷史小說、神仙故事及民間傳說的。常見的故事有：

王母祝壽、千手觀音、四大天王、天官賜福、哪吒鬧海、和合二仙、劉海戲金蟾、劉海撒錢、八仙過海、牛郎織女、姜子牙垂釣、百子鬧元宵、文王求賢、堯帝訪賢、大禹治水、竹林七賢、劉伶醉酒、高山流水覓知音、韓信點兵、三顧茅廬、桃園三結義、擊鼓罵曹、孔明收姜維、濮陽戰呂布、割鬚棄袍、曹孟德大宴孔雀臺、張飛夜戰馬超、曹孟德獻刀、七擒孟獲、甘露寺、空城計、長阪坡趙雲救阿斗、三英戰呂布、舌戰群儒、水淹七軍、關羽斬顏良、穆桂英掛帥、岳飛大破金兵、岳母刺字、五子登科、踏雪訪梅、郭子儀上壽、六國封相、風塵三俠、二十四孝、司馬光砸缸、井臺會、方卿羞姑、狸貓換太子、漁樵耕讀、香山九老、蘭亭序、羲之愛鵝、陶淵明賞菊、李白醉草退蠻書等等。

第六類山水景觀

有純粹山水的，但是更多的是根據某些風景名勝的意境來雕刻，如「西湖八景」。也有根據詩詞意境雕摹詩意的，如：唐詩「柴門聞犬吠，風雪夜歸人」，馬致遠的「小橋流水人家，古道西風瘦馬」，杜牧的「借問酒家何處有，牧童遙指杏花村」、「銀燭秋光冷畫屏，輕羅小扇撲流螢。天階夜色涼如水，坐看牽牛織女星。」還有「古木蔭中繫短蓬，杖藜扶我過橋東」等等。這樣的雕刻就顯得屋主文氣一些。（如圖 3-21）

徽州民居因「三雕」的盛行而大量使用紋樣來美化房舍，通常運用比喻關聯、寓意雙關、諧音取意、傳說附會、引申移情等表現手法來表達屋主人的精神價值追求。可參見華東師範大學 2007 屆博士畢業生尹笑非的博士學位論文《民眾生活理想的視覺展演——中國民間傳統吉祥圖像的理論闡釋》，此論文對中國吉祥圖像進行了詳盡的資料耙梳和理論解讀。

根據《中國紋樣史》一書研究，到了明清時期，紋樣〔註41〕在民居中廣

〔註41〕 在此區別一下吉祥紋樣和寓意紋樣。寓意紋樣是指寄託具體情懷，有特定內涵的裝飾紋樣，不一樣含吉祥之意。譬如松樹寓意堅強，竹子寓意高潔，梅花寓意傲霜鬥雪等。寓意吉祥的紋樣方爲吉祥紋樣，因此吉祥紋樣是寓意紋樣的一種。

圖 3-21 宏村承德堂腰板上的山水

泛使用，這一點在現存的徽州民居中可得以證實，幾乎是家家戶戶必有雕飾圖像，「圖必有意，意必吉祥。」徽派民居在運用各色紋樣修飾房屋的時候，體現了實用和審美的高度結合，有如下藝術特徵：

1. 不囿於常理的「移花接木」

民間匠工多無八斗高才，但以現代眼光審視，都是具有超現實主義的創作才能的。為求修飾繁複，寓意豐富，移花接木的手法被廣泛使用。通常於方寸之間，多種花草果木濟濟一堂。葡萄和葫蘆同枝，牡丹與荷共生，桃李芬芳長在一棵樹上。一根樑枋，四季花卉同枝並開，纏纏繞繞，好不熱鬧。徽派民居的額枋、落地花罩、槅扇、掛落、花牙子等之上，經常可見強制共生的「三多」（即寓意「福」的佛手、寓意「壽」的桃子和寓意「多子」的石榴）長在一棵樹上。

圖 3-22 徽州磚雕藝術的精品之作，構思巧妙，不循常理

這在中國式的紋樣中隨處可見，體現了超現實主義的實用精神或曰浪漫情懷中的功利主義。如圖 3-22 黟縣西遞某民居的透雕石窗。「歲寒三友」共處一「窗」，松梅曲折竹彎腰，剪材得體，自然生動，構圖均衡，富有變化，三友交相呼應之餘，又有湖石相伴，頑石雖硬，在此卻備顯柔姿，畫面異常融洽。石寓長壽之意，又添三友紋的寓意含量。面對這樣的作品，又怎能不慨歎中國匠師的人奪天工。

中國紋樣中不囿於常理的創作還包括充分想像後的虛構。遠離花草的自然形態，解構重組、抽象變形，提高裝飾力度。如西番蓮，又稱寶相花，富麗華貴，裝飾性強，此花並非自然界中的花，乃人爲構成，集荷花、牡丹的基本形，又對花瓣作加工變化，添加其他花卉做花蕊，蜷曲的花瓣根部作圓珠規則排列，使花變得珠光寶氣。中國紋樣裏的人造花形很多，與寫實性紋樣交相輝映，美化了我們的屋居，增添了無限的詩情畫意。陳勤建教授將之總結爲：集體審美理想無禁區地自由追求。〔註42〕

在徽州三雕中隨處可見此類天馬行空、「不合常理」的創作。但我們卻又可以明確地感受到莊子所說的「天地與我並生，而萬物與我爲一」的心靈契合。這種隨意的造型和創意，是眞情實感的表現和眞正藝術化的創造。徽州的民間藝人把自己喜愛的物象情感化，表達了他們特定的審美感受，同時也符合群體的審美心理特徵。在這些主觀唯我的創造中，審美的主體與客體達到了完善的和諧與統一，這種物我化一的心靈狀態，正是藝術創造的最高境界。〔註43〕

2. 實用基礎上的「百變多姿」

紋樣都是依附於建築構件而存在，構件的形態決定著紋樣的大致輪廓，但是在中國匠人的意匠之中，卻總能賦予紋樣以斑斕多姿。匠人審時度勢，用心觀察所裝飾的部位，如樑枋、托木、花罩、雀替、欄杆、柱礎等等，這些部位的形狀、大小、體面的轉側等等。成竹在胸之後就在特定的範圍內求變求美，變通、變異、變形、變勢、變結構，匠人手中，花花草草，千嬌百媚，變出了富麗圖紋，變出了不拘常態、隨勢而動的美。雀替是徽派民居中大量使用的建築構件，雀替的直邊是功能需要，自由邊是裝飾需要，即便自由，也得服從雀替的基本形態。就在這被框成的不規則形裏布置花紋，尋求

〔註42〕陳勤建：《文藝民俗學導論》，上海：上海文藝出版社 1991 年版，第 185 頁。
〔註43〕王平：《中國民間美術通論》，合肥：中國科學技術大學出版社 2007 年版，第 25 頁。

圖形的變奏形象，審形查勢，造出雀替結構的紋樣來。千萬雀替形制雷同，雕飾卻幾乎無一相似。其他部位皆是如此。（如圖 3-23〔註44〕）

圖 3-23　潛口清園「福、祿、壽、喜」四根撐拱

　　在中國的紋樣圖案中，比例、自然常態都不是創作的障礙，禽鳥貓蝶完全可以和平共處一隅，也完全可以體量相仿。主要是單獨一物往往不能呈現吉祥意蘊，需要拼接組合，這樣一來，圖案內容和涵義頓生氣象萬千、千姿百態，如：如意、柿子、萬字符組成「萬事如意」，牡丹、白頭翁組成「富貴白頭」，靈芝、水仙、竹子、壽桃組成「靈仙祝壽」，大象、寶瓶組成「太平有象」，菊花，麻雀組成「居家歡樂」·葫蘆、藤蔓組成「子孫萬代」，蝙蝠、石榴組成「多子多福」，花瓶、月季組成「四季平安」，鵪鶉、菊花、楓葉組成「安居樂業」，牡丹、海棠組成「富貴滿堂」，梅花、喜鵲組成「喜上眉梢」，馬、猴、松樹、蜜蜂、印綬組成「封侯掛印」，蜜蜂飛舞、猴子騎馬組成「馬上封侯」，公雞、雞冠花組成「官上加官」，桂元、荔枝、核桃組成「連中三元」，蝙蝠、壽字、綬帶組成「福壽綿長」，壽字、蝙蝠組成「五福捧壽」，壽字加萬字符不到頭圖案組成「萬福萬壽」等等。求的是個吉祥如意，中國人在這些問題上展現了無比的圓融和超現實，不似西方人般的死腦筋較真，去追求寫實。

　　王朝聞先生評論中國民間美術時曾說：「作者們的審美感受、獨特個性，如何表現的思維方式，都顯得很自由，不受他們所不願接受的成見與約束，真所謂話（畫）從心出。這些『話』好像不合邏輯卻也很合邏輯，符合作者在心靈上對生活的感受，可在他們那稚拙的或奇詭的形式中見天真，活潑而

〔註44〕圖片引自張道一、郭廉夫主編：《古代建築雕刻紋飾：戲文人物》，南京：江蘇美術出版社 2007 年版，第 158 頁。

不輕浮的風格中見純眞，並以此擁有區別於譁眾取寵的市井氣作品的審美價值。這些以不同形式和內容贏得普遍愛好和聲譽的民間美術使我體驗到創造者在創造時的喜悅。使我總覺得它們有一種在平淡天眞中顯示著獨創性的意味。好像不是故意要做出來討人喜歡的，而像是情不自禁地在表現出他所感受到的愉快。」〔註45〕信步遊庭在徽州的宅院裏，我們眞的會覺得這才是在藝術地詩意地生活著。

四、徽州三雕的文化解讀

圖 3-24 「經商圖」
盧村志誠堂裙板

徽州三雕表現內容之豐富、雕刻工藝之精緻，在明清時期都達到極致，形成具有鮮明特色的藝術品格。陳望衡先生在《中國古典美學史》中如此概述中國建築風格在明清時期的轉變，「唐代和唐以前，審美風格比較簡樸，宋代就追求華麗了。明代似稍有收斂，清代則又追求華麗，且達到登峰造極的地步。」〔註46〕徽州民居在整體佈局上明清以前就已定型，而所謂華麗轉型，就是指徽派民居的雕飾工藝，載體即爲徽州三雕。

精緻化、繁瑣化、過度華麗的工藝審美趣味是與明清時期人們的精神狀態相吻合的。明清時期已沒有漢唐時人們的宏大氣概，也沒有兩宋沉靜練達的心靈，浮躁奢華的社會心理借助雕飾工藝得到了無與倫比的張揚和表達。層層累累、繁複不窮的雕刻在讓我們感歎雕刻匠人精彩絕倫的技藝之餘，又感覺到繁密的窒息，技巧、技藝用過了頭。

對比前朝，從徽州民居的雕飾上看，明清時期的民居藝術開始呈現了市民化的審美趣味。民居中密密匝匝的雕飾堆砌、朝廷開禁後出現的濃豔的彩繪都一反淡雅素澈的士大夫品味。即使是表現梅蘭竹菊一類具有清雅精神象徵的雕飾圖案也以寫實代替了寫意

〔註45〕 轉引自王平：《中國民間美術通論》，合肥：中國科學技術大學出版社 2007 年版，第 11 頁。

〔註46〕 陳望衡：《中國古典美學史》（中卷），武漢：武漢大學出版社 2007 年版，第 447 頁。

的風格，雕刻務求精準，栩栩如生，美則美矣，總覺得少了些精神的氣質和人格感染力。戲曲故事神話傳說人物的形象也是圓潤柔美，充滿了生活的氣息。而雕飾中的「商旅題材」則更是貼合徽州人的心理價值取向，是徽商的生活情境的眞實寫照。（如圖 3-24、3-25〔註47〕）宏村承志堂前廳額枋木雕「唐肅宗宴官圖」，以琴棋書畫爲構圖主線，以剃頭燒水的生活場景烘託氣氛，一改以前帝王題材的莊嚴肅殺，憑添許多的世俗煙火氣。而位於前廳儀門之上畫板的「百子鬧元宵」，更是盡顯世俗生活場景。（如圖 3-26〔註48〕）

圖 3-25　「送子經商圖」，老父送兒外出經商，意境眞實感人。龍川胡氏宗祠廂房槅扇門縧環板。

唐肅宗宴官圖

百子鬧元宵

〔註47〕圖片引自張道一、郭廉夫主編：《古代建築雕刻紋飾：戲文人物》，南京：江蘇美術出版社 2007 年版，第 119、123 頁。
〔註48〕圖片引自汪森強著、盧庭芳攝影：《徽州老房子》，南京：江蘇美術出版社 2008 年版，插頁圖畫。

　　《風化和凝聚》一書中曾如此表述明清時期藝術品格的轉變，「在帝王武功衰落，佛陀精神隱遁之後，雕塑在中國，從根本上說只是作為民間藝術的一種補償形式而存在。由現世理性意志和超驗宗教精神所轉化出來的創造力量最終消解在一種普遍的世俗生活中，而不會耗散於以雕塑為表徵的物質形象構建的過程裏，儘管如此，『俗氣』的宋元明清雕塑仍表達了較低層次的心靈需要。」〔註49〕這段論述可謂精闢，但最後一句中「較低層次的心靈需要」似可商榷。中國人的審美趣味和追求本就呈現差別較大的兩條路徑，即士大夫和普通百姓的審美理想。「一般來說，士大夫比較看重簡約、恬淡的美，以示其清高、瀟灑出塵；而普通百姓則看重繁複、華麗的美，因為它體現為富貴、吉祥。凡此種種，須做具體的分析，不能籠統地說，中華民族就只追求芙蓉出水這一種美，它與繁複、華麗不是對立的，一切從物自身的本性出發，芙蓉出水是物之本性所然，雜花生樹也是物之本性所然，黃鶯天然一副亮嗓，烏鴉本能發聲暗啞，其間豈有什麼高下？中華民族審美理想強調的是」真氣」，是自然，其實並不在外部形象繁與簡、麗與淡。」〔註50〕陳先生此論的氣度就顯得宏大寬闊了許多。葛兆光先生也曾表達過同樣的意思，「我們說古代中國人的文化和生活，其實不能僅僅去看『四書』、『五經』、《老子》、《莊子》，也不能只看唐詩、宋詞。那些最深刻、最普遍地支配了人們日常生活的知識，包括最基本的道德原則，有關世界的整體知識，有關生活和生產的日常知識，其實與經典著作中所反映的上層世界很不一樣。後一個宗教信仰世界在古代社會生活中是非常重要的，它真正深刻地影響著民眾的生活。」〔註51〕

　　當然，從藝術品格和精神上來說，明清時期的雕塑確實體現了時人精神的萎縮。「在對此岸的精神世界中，中國人的追求也出現了從遠到近、從高到低、從大到小、從深到淺的趨勢，從對大自然中真山水的陶醉到對園林假山水的欣賞，不僅僅是從天高地遠到壺中天地的時空轉換，而實在是一種精神的萎縮」。〔註52〕李澤厚論獅子「漢之拙重，六朝之飄揚，唐之圓

〔註49〕丁方、張謙：《風化與凝聚》，北京：燕山出版社 1995 年版，第 80 頁。

〔註50〕陳望衡：《中國古典美學史》（中卷），武漢：武漢大學出版社 2007 年版，第447 頁。

〔註51〕葛兆光：《古代中國社會與文化十講》，北京：清華大學出版社 2002 年版，第174～175 頁。

〔註52〕周紀文：《中華審美文化通史·明清卷》，合肥：安徽教育出版社 2006 年版，第 259 頁。

深，明清則如貓狗似的馴媚」。〔註53〕

明清時期徽州三雕中所透露出的市民化審美傾向也無所謂層次高低，市民化意味著美走向了普通大眾，美當然是精神境界的追求，但同時也是屬於生活的。世俗生活和美的追求不是衝突，而是共存的。由此而言，徽州三雕就成了藝術化的生活和生活藝術化的典範。

〔註53〕李澤厚：《美的歷程》，合肥：安徽文藝出版社 1994 年版，第 199 頁。

第四章　徽州民居：時空流轉中的
　　　　　心靈藝術

　　誠如緒論所述，建築是藝術已是共識。凝固的音樂、立體的畫、實用的雕塑、永恒的詩，種種比喻無一不把建築歸爲藝術，極少見到柯布西耶式的無情，「一把椅子是坐人的機器，一所房子是一個人住的機器」，即便如此，他也會說出「Poem of the right angle」這樣的話，「Poem」，還是「詩」，還是藝術。民居當然更是藝術，而且是與身體和心靈最爲接近的藝術〔註1〕。

　　藝術品是人的審美觀照、審美體驗的物態化。它的生命在於人的心靈的整體投注。在藝術品中，人的心靈的映現具有「全息」性質。正如黑格爾曾指出的：「藝術把它的每一個形象都化成千眼的阿顧斯〔註2〕，通過這千眼，內在的靈魂和心靈性在形象的每一個點上都可以看得出。」「人要把內在世界和外在世界作爲對象，提升到心靈的意識面前，以便從這些對象中認識他自己。」〔註3〕徽州民居正是徽州先民以心靈投射在大地上的詩意，這詩意借由巧匠之手從磚木泥瓦物化定型。

〔註1〕倘有人非要說教堂和寺廟與人的靈魂更接近，也無不可。但是，凡夫俗子不
　　　　是修士僧侶常駐其間，況且中國人是更喜歡與神、祖共居一室的。
〔註2〕阿顧斯：古代希臘神話裏面的一位巨人，長著有一百隻眼睛，可以觀察到所
　　　　有方向的事物；後世以此來比喻機警的守衛，機靈的護衛。
〔註3〕【德】黑格爾：《美學》第一卷，朱光潛譯，北京：商務印書館 1979 版，第
　　　　198、40 頁。

第一節　徽州民居：時空幻化出的居住藝術

　　時間是很奇妙的，無法觸摸，卻總能被我們知覺。幾乎任何一件藝術品都是在時間的歷練中才凸顯出其藝術價值的。換句話說，時間性是藝術的內在屬性之一。梁思成先生說「天然的材料經人的聰明建造，再受時間的洗禮，成美術與歷史地理之和，使它不能不引起賞鑒者一種特殊的性靈的融會，神志的感觸。」〔註 4〕復旦大學鄭元者教授說「作爲過程的時間意識是它（藝術品）的內在要求。藝術品的製作、分析和詮釋都需要較長的時間，」〔註 5〕這個道理講得再明白不過了。

一、時空座標中的徽州民居藝術

　　時空流轉，徽州民居得以定型爲現在的藝術形象，在其藝術風格的演進過程中，不斷映照出徽州先民的心路歷程，可以說徽州民居的成長史就是徽州先民心靈的成長史。

　　徽州於宋徽宗宣和三年（公元 1121 年）建置「一府六縣」的區劃格局，下轄歙縣、休寧、婺源、績溪、祁門、黟縣六縣，明清基本沿襲。弘治年間《徽州府志》對徽州自遠古至清的歷史沿革有著極爲詳盡的描述（見附錄2），茲抄錄嘉慶年間《嘉慶重修一統志》卷 112《徽州府一》中的「精簡版」如下：

> 《禹貢》揚州之域。春秋屬吳。後屬越。戰國屬楚。秦屬鄣郡，
> 爲黟歙兩縣地都尉治歙。後漢仍屬丹陽郡。建安十三年，孫權分屬
> 新都郡，時郡治始新縣，浙江嚴州府淳安縣晉屬新安郡。宋齊因之。
> 樑末分置新寧郡，見元和志，按南史太平二年封陳十郡，有揚州之
> 新寧，府志，承聖二年置，治海寧陳省新寧，仍屬新安郡。按《陳
> 書·文帝紀》，天嘉三年以新寧郡屬東揚州，蓋其後省也。隋開皇九
> 年，平陳，省新安郡，始改置歙州，治休寧縣。大業三年，改歙州
> 爲新安郡。按自晉至陳，新安郡皆仍舊治，至是始移其名於今府，
> 而改故新安爲遂安，今縣爲嚴州府義寧元年，始移治歙縣。唐武德

〔註 4〕梁思成：《平郊建築雜錄》（1932 年），《凝動的音樂》，天津：百花文藝出版社
　　　　2006 年版，第 13 頁。
〔註 5〕鄭元者：《美學觀禮》，北京：中國發展出版社 2000 年版，第 78 頁。

四年，置歙州總管府。貞觀元年，復曰歙州，屬江南西道。五代初，屬楊吳，後屬南唐。宋屬江南東路。宣和三年，改爲徽州。元至元十四年，升徽州路，屬江浙行省。明太祖初，改興安府。吳元年，改徽州府，直隸南京。本朝初，屬江南左布政使司。康熙六年，分屬安徽省。領縣六：歙縣、休寧縣、婺源縣、祁門縣、黟縣、績溪縣。〔註6〕

　　從這段史料中所提到的「吳」、「越」、「楚」可以看出徽州文化當中流淌著來自三種文化的基因。根據朱永春先生的研究：「吳越文化中心地區具有『水鄉澤國』的地理特徵，形成了善駕舟、鳥崇拜、文身斷髮、干闌式建築等習俗，其文化品性可用『麗質秀色』概括。楚文化之靈，在其巫覡和神仙方術之中。祈禱、禁咒、降神之類的鬼道巫風，神仙方士神遊的傳說，構築了楚文化充滿神秘的精神世界和浪漫之活力。在徽州原有文化基礎上，吳、越、楚文化彼此吸納、交融碰撞，新生出一種新質文化。」〔註7〕也就是時下所稱呼的「古越文化」或「山越文化」。

　　因此，明清徽州民居中「樓居」的居住方式是源自吳越文化的「干闌式建築」的，而在審美風格上除了時代之風外，還有源自楚文化的神秘色彩，儘管有些淡了，依然可以從儺祭「吞頭」等建築配飾中找到一些巫的影子。〔註8〕

　　遠古時代的先民居住方式大致是穴居與巢居兩大類，基本分爲南、北方兩大區域。北方多以地穴式「營窟」爲主，而南方則多以「橧巢」爲勢。中國南方是干闌建築的發祥地。有學者認爲，中國古代文字中「南」字就是從干闌建築的外形上摹形而造的象形文字。這在甲骨文和金文中看得很清楚。（如圖4-1）

〔註6〕《嘉慶重修一統志》卷112《徽州府一》，轉自張海鵬：《明清徽商資料選編》，合肥：黃山書社1985年版，第2～3頁。

〔註7〕朱永春：《徽州建築》，合肥：安徽人民出版社2005年版，第14頁。

〔註8〕就體系完整來說，似乎應該談一下「房屋」的起源一類的問題，但是功力有限，只能推薦兩本書【英】斯蒂芬·加得納：《人類的居所——房屋的起源和演變》，汪瑞、黃秋萌、任慧譯，北京：北京大學出版社2006年版；【美】約瑟夫里克沃特：《亞當之家——建築史中關於原始棚屋的思考》（原著第二版），李保譯，北京：中國建築工業出版社2006年版。

甲骨文　　　　　　　　　　金文

圖 4-1　甲骨文和金文中「南」字的寫法

「干闌式建築」〔註 9〕是中國南方古代民族創造的最古老的建築形式之一種。從宏大尺度的地緣文化景觀上來看，整個中國南方，即秦嶺、長江、淮河以南，雲貴高原以東以及東南部沿海一帶，都是廣義上的干闌建築生態文化圈。至今仍在廣西壯族、貴州侗族苗族和雲南傣族景頗族等地區被廣泛使用。考古學資料表明，干闌式建築早在七年多年前的新石器時代就已經出現。

　　1973 年，浙江餘姚河姆渡古人類聚落遺址的發掘爲我們研究中國古代先民的居住方式提供了直觀寶貴的資料。河姆渡遺址兩次發掘範圍內發現大量干闌式建築遺跡，特別是在第四文化層底部，分佈面積最大，數量最多，遠遠望去，密密麻麻，蔚爲壯觀。建築專家根據樁木排列、走向推算，第四文化層時至少有 6 幢建築，其中有幢建築長 23 米以上，進深 6.4 米，簷下還有 1.3 米寬的走廊。這種長屋裏面可能分隔成若干小房間，供一個大家庭居住。清理出來的構件主要有木樁、地板、柱、樑、枋等，有些構件上帶有榫頭和卯口，約有幾百件，說明當時建房時垂直相交的接點較多地採用了榫卯技術。河姆渡遺址的建築是以大小木樁爲基礎，其上架設大小樑，鋪上地板，做成高於地面的基座，然後立柱架樑、構建人字坡屋頂，完成屋架部分的建築，最後用葦席或樹皮做成圍護設施。其中立柱的方法也可能從地面開始，通過與樁木綁紮的辦法樹立的。這種底下架空，帶長廊的長屋建築古人稱爲干闌式建築。〔註 10〕（如圖 4-2）

〔註 9〕 對中國傳統民居的分類，目前主要有兩種，一種是按照地理區位，一種是按照居住方式、建築風格。按後者標準一般分爲：木構架庭院式住宅、「四水歸堂」式住宅、「一顆印」式住宅、土樓式住宅、窯洞式住宅、干闌式住宅。但這種方法歧見也很多，可參見孫大章教授 1996 年發表在《中國傳統民居與文化（第七輯）——中國民居第七屆學術會議論文集》中的《中國傳統民居分類試探》一文。

〔註 10〕 參考林華東：《河姆渡文化初探》，杭州：浙江人民出版社 1992 年版，第 189 ～204 頁。

圖 4-2　河姆渡遺址發掘現場及干闌式建築復原圖

　　筆者在雲南德宏州的田野調查中發現很多地區的居民依然保留著簡樸的干闌式住屋，因此可以推論在中國遠古居民的居住史上干闌式建築應該是比較成熟的了。

　　干闌式建築源於更早的居住方式——巢居〔註 11〕，就是像鳥兒一樣住在樹上。先看一下古代文獻的記錄：

　　《易・繫辭》：上古穴居而野處，後世聖人易之以宮室。上棟下宇，以待風雨。

　　《孟子・滕文公》：當堯之時，水逆行，泛濫於中國，蛇龍居之。民無所定，下者為巢，上者為營窟。

　　《莊子・盜跖》：且吾聞之，古者禽獸多而人民少，於是人皆巢居以避之。

　　《韓非子・五蠹》：上古之世，人民少而禽獸眾，人民不勝禽獸蟲蛇，有聖人作，構木為巢以避群獸，而民悅之，使王天下，好之曰有巢氏。

　　《禮記・禮運》：昔者先王未有宮室・冬則居營窟，夏則居橧巢。

　　《博物志》〔註 12〕：南越巢居，北朔穴居，避寒暑也。

　　《太平御覽・項峻始學篇》〔註 13〕：上古穴處，有聖人教之巢居，號大巢氏。

〔註 11〕 巢居的居住方式與洪水神話之間是否有某種聯繫？

〔註 12〕 志怪小說集。西晉張華（232〜300）編撰，分類記載異境奇物、古代瑣聞雜事及神仙方術等。內容多取材於古籍，包羅很雜，有山川地理的知識，有歷史人物的傳說，有奇異的草木魚蟲、飛禽走獸的描述，也有怪誕不經的神仙方技的故事，其中還保存了不少古代神話材料。

〔註 13〕 中國古代類書。宋太宗命李昉等 14 人編輯，全書 1000 卷，分 55 部，每部之下又分若干子目，共 4558 類。以引證廣博見稱。

　　儘管目前還沒有考古實物證據，但是通過刻畫在崖壁上的遠古岩畫，我們仍可相信古代文獻中關於「巢居」的記載是高度可信的。在雲南滄源岩畫中就有一幅刻畫得非常清楚直觀的巢居圖像。在滄源岩畫的第五地點有一幅圖像，房屋建造在大樹上，旁有繩索或長木梯，供人上下。即使在 20 世紀仍有些民族還殘留著巢居的方式，人類學家調查發現 1956 年以前，居住在雲南的獨龍族仍處於父系公社制時期，一些家庭尚還在「接房於樹而居」。

　　在滄源岩畫中，我們也可以找到干闌式的建築，第四地點的岩畫有一座，而且房頂上有了鳥裝飾〔註 14〕，這是在巢居之後出現的。在第二地點，有一幅《村落圖》（如圖 4-3〔註 15〕），可辨的干闌式建築有 16 座，而且已經出現了聚落和公共空間，是更加後來的居住方式了。干闌式建築是先民漸漸從高處的「巢」降到地面後搭建的「宇」。但是，其避潮濕的功能始終沒有變化。

圖 4-3　雲南滄源岩畫中的「村落圖」

〔註 14〕　屋居上的鳥裝飾具有特殊的文化內涵，可參見陳勤建：《中國鳥信仰：關於鳥化宇宙觀的思考》，北京：學苑出版社 2003 年版，此書對中國「鳥文化」有非常精彩的論述。

〔註 15〕　圖片引自孫大章：《中國民居研究》，北京：中國建築工業出版社 2004 年版，第 8 頁。

從第一章的氣象數據我們可以看出，即使到現在徽州地區的天氣依然是多潮濕的，古徽州與河姆渡、良渚文化相距不遠，可以推斷在干闌式居住方式上可能存在著聯繫。根據朱永春先生研究徽州建築中的山越文化基因，尚有待於進一步研究。現對山越文化知之甚少，整體面貌尚很模糊。但有幾點是可肯定的：第一，它有獨特的木構體系和干闌式建築，甚至可以說它有很高的木構技術。雖然現尚未在徽州地區直接取到早期干闌式建築遺存，但離徽州不足 100 公里，同屬丹陽山越地域的繁昌縣繆墩，已發現原始干闌式建築遺蹤。繆墩遺址居峨溪河沖積地帶，出土的成片木樁遺存有砍削痕跡，排列方式可推測爲干闌式建築。繆墩至徽州有古驛道，又有青弋江可舟行。此外，他地山越的干闌式建築有翔實資料可作旁證，徽州建築中又明顯存在干闌的蹤跡可參證。〔註16〕這可以看作現存徽州民居「樓居」的前身。

如前所述，漢魏以後，中原望族縉紳爲躲避戰亂紛紛南遷至徽州。山高穀深，兵戈少至，特殊的地理環境，成爲理想的避亂棲息之所。中原士族的遷入帶來了中原地區的文化。中原文明與山越文化融合，體現在建築形式上就是干闌式建築和北方四合院建築的結合。

但是，徽州合院和北方四合院還是有明顯的不同。以北京四合院爲例，北京合院四面至少北、東、西三面房間都可住人，院落天井較爲敞亮，四面建築與寬敞的天井大院是若即若離、相對獨立的。而徽式合院的基本形式爲庭院形布置，即由房屋和圍牆組成封閉的空間，院內以南向房間爲主，東西兩側爲輔，中爲東西較長的天井，有迴廊。平面組成「口」「日」字型，一般是四合院二層小樓閣，或二進、三進、四進。（如圖 4-4〔註17〕）

即使是源自干闌式的「樓居」方式也在文化演進過程中發生了變化。據研究，明代以前，這裡的建築仍是以樓居爲主，主要形式爲「樓上廳」，樓上廳室軒敞，是人們日常活動休憩之處，一層和二層的高度之比爲 1：2；到了清乾嘉時期，徽商極盛，因日常禮儀交往的便利，徽居基本上接受了北方四合院主要活動在一層的習慣，層高比變爲 2：1。不過仍保留了干闌式的某些特徵，將中堂完全敞開和天井構成統一體，利於室內採光通風，又避免了天井狹小造成空間過於局促的感覺。由於風沙塵埃對院內的干擾較少，

〔註16〕 朱永春：《徽州建築》，合肥：安徽人民出版社 2005 年版，第 18～19 頁。
〔註17〕 圖片引自孫大章：《中國民居研究》，北京：中國建築工業出版社 2004 年版，第 109 頁。

有可能將南屋廳堂臨院的一面門扇大開，或根本就不設門。廳內見院，院內見廳，由廳至院，由院至廳幾乎是一個天地，這就形成了徽州民居的天井庭院。

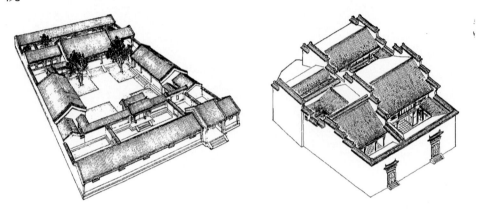

圖 4-4　北京四合院和徽州民居結構對比

　　由此，徽州地區的民居基本完成了南北的雜糅，北方「四合院」平房形式和當地「干闌式」樓居建築形式相融合，逐步演變成新型的天井四合院樓居建築形式，這種新型建築形式的形成，進一步豐富了徽州地區建築文化，也形成了徽州民居典型建築格式「天井」的雛形。〔註18〕

　　漫長的千百年的衝突磨合，徽州先民的身體和心靈都選擇了天井四合院居住方式，徽派民居形制風格形成的過程同樣也是徽州人的心靈史，是時（從遠古至明清）空（從中原到南方）的共同造化。

二、中國民居中的「染缸現象」

　　徽州民居的形成是南北方交合的結果，它定型之後因同時期徽商的大盛也開始對別的地區的民居產生了影響。我們將民居中相互影響的現象形象地稱為「染缸現象」，即相互濡染。

　　明清時期，徽州人在全國商界儼然成幫，故有「無徽不成鎮」和「鑽天洞庭（商）遍地徽（商）」之說。明清時，受交通方式限制，徽商出行經商的方式仍以水路為主，當然，也有經陸路往周邊地區的。從水路來看，徽商的經商路線基本可以勾勒為新安江、富春江和京杭大運河一線。徽州人經年

〔註18〕陳偉：《徽州鄉土建築和傳統聚落的形成、發展與演變》，《華中建築》，2000年第3期第126～127頁；第4期第123～125頁。

在外，不得歸鄉，故園之情縈繞在懷，寄託鄉思的方式之一就是在經商地照著家鄉房子的樣式修建自己的住宅，豐富了經商地的建築樣式，並且不可避免地對當地的建築風格也產生了一定的影響。

以徽州民居最張揚、最具代表性和藝術性的馬頭牆爲例。前文已述，徽州民居馬頭牆源於明朝徽州知府何歆爲防火患於未然，而強令推行的防火措施。後經徽人不斷藝術創造，出現了所謂三封山、五封山、七封山的造型。所謂「封」，就是「層」，多層造型錯落有致，如鷺鷥棲居，似仙鶴展翼，成爲徽派建築藝術的主要特徵。如湖南民居中就有馬頭牆的造型，基本造型相仿，但是徽州地區的又有不同，徽州的馬頭牆呈水平走向，而湖南民居的馬頭牆有著誇張的曲線造型，具有強烈的飛動感、輕盈感，展示出一種強烈的外向走勢。（如圖 4-5）〔註 19〕

圖 4-5　徽州（左）、湖南（右）民居馬頭牆藝術風格對比

再如在建築局部結構上徽派民居中的「重商」之風也會對某些地區產生影響，如對浙江義烏佛堂古鎮的民居建築就沾染了較爲濃厚的徽派色彩。至今義烏佛堂古鎮尚存不少建有「商」字門的民居。下面的一則故事可以很清晰地看出徽州文化的影響力。

　　嘉慶年間，王蒲潭鳳林王氏第卅一代福兆公，慕名請了一名徽
　　州先生到家中教子讀書，該徽州教書先生頗通商道。福兆公經常向
　　他請教商訣，並對這位先生言聽計從，把自己的店號取名爲「日順」，
　　做生意果然發了大財。福兆公認爲這是自己得益於徽州先生的教誨

〔註 19〕唐鳳鳴、張成城主編：《湘南民居研究》，合肥：安徽美術出版社 2006 年版，第 24 頁。

之果，於是繼續聘請徽州建築師傅，完成了他父親王書士起建的「植槐堂」廳堂的建築。

由於在徽州民居建築中，屋內廳堂或過道上，飾以一個「商字門」，是每個徽商居民豪宅中所慣用的形式。福兆公爲了炫耀自己，要求來自徽州的泥水匠，把「商字門」建築在左右龍虎門前面的門罩上。其商字上面一點，開成二樓弄堂前面可以借光的葫蘆小窗，用黛瓦裝飾的門罩，代替點下面的一「橫」，一橫下面的「二點」，鑲嵌在二塊代表吉祥物的舞獅石雕，中間刻有陽體「方直」（右門「讓廉」）字的石區上。石庫門框上面左右二角，分別飾以兩個三角形的石刻「滴水」，代表商字內的「八」字，石庫門框外沿，飾以「門」字形的騎縫疊磚花。尤其是在代表一橫的黛瓦裝飾門罩的二頭，別出心裁地加上兩個鱉魚的浮雕。

後來，佛堂的商人都認爲是「植槐堂」和「槐蔭堂」門前的商字門，爲「日順」和「利記」帶來了好運，於是紛紛競相仿傚，凡清朝中後期所建的佛堂古民居門面前，基本上都飾上了這麼一種式樣的「商字門」。〔註20〕

2007 年，筆者曾跟隨同濟大學「京杭大運河申遺」課題小組考察沿運河地區的文化風貌，在杭州、蘇州、揚州及瓜洲古鎮、濟寧南陽古鎮、棗莊、德州都曾看到帶有徽派風格的民居建築。就目前的考察來看，德州應該是徽派民居最北端的傳播地，再往北就是四合院的天下了。（如圖 4-6、4-7）〔註21〕

〔註20〕 故事引自：http：//www.huishang.com.cn/detail.jsp？id=2725

〔註21〕 徽州民居風格源流和流播研究可參考以下研究成果：

王仲奮：《東陽建築文化在皖南：徽州古村落建築的「身世」源流考》，《建築時報》2005 年第 11 期。

王仲奮：《探索皖南（徽州）古村落建築的「身世」源流》，《古建園林技術》2007 年 02 期。

羅來平：《徽州民居身世源於東陽民居嗎？》，《合肥學院學報》（社會科學版）2006 年第 4 期。

江勇、丁峰：《徽州民居與江南民居藝術特點的比較》，《科技信息》2007 年第 30 期。

盛學峰、陳安生：《徽州民居與漢文化圈典型民居比較》，《華中建築》2008 年第 4 期。

圖 4-6　瓜洲古鎮民居的馬頭牆記載　　圖 4-7　同里古民居的馬頭牆
著徽商曾經的繁華鼎盛

　　近代以來，西風東漸，徽州民居雖偏安一隅，但也受到了西方文化的影響，在民居的一些局部也出現了帶有西方色彩的變化。如黟縣南屏的小洋樓、婺源慶源詹宅將天井改成了天窗，婺源涵廬的門窗槅扇也大大簡化，反映了近現代徽州民居審美風格的演變。但是，在整體風格和家居理念上還是以徽派的主要理念為主體。（如圖 4-8）

圖 4-8　南屏孝思樓，已明顯受到「西風」的影響

以上，我們從時間、空間兩個向度探討了徽派民居風格的形成以及這種風格對他地民居的影響。在下面一節中我們仍舊回到徽州本地民居，試圖闡釋徽州民居是徽州先民詩意心靈的圖像物化表達。

第二節　徽州民居：詩意心靈的圖像物化

一、心靈圖像物化爲民居

「動的因素，尤其是人和人的活動，與靜的因素同樣重要。我們並不是城市景象的單純觀察者，而本身是它的一部分，與其他的東西同處在一個舞臺上。我們對城市的感受往往是斷斷續續的，零打碎敲的，還常與其他興趣的東西相混淆，幾乎每一種感覺都在起作用。因此，城市意象便是這一切的合成。」〔註22〕

朱永春教授在《徽州建築》一書中引用了林奇的這段話，並將其中「意象」一詞解讀爲「由人的感覺生成的心理圖像」。美國城市設計專家林奇於上世紀六十年代出版了《城市意象》（The Image of the City）一書，開創了用「心理圖像」研究城市景觀的學術理路。如果不深究的話，「心理圖像」基本等同於「心靈圖像」，後者顯得文秀一些，因此本文用後一個詞組。在林奇的五個城市意象要素（道路、邊沿、區域、結點、標誌）中始終圍繞著「人的感覺」，即人（主體）對城市景觀（客體）的反映（心靈圖像）決定了其風貌，而客體反過來也影響了主體的「內在體驗的深度和強度」。

圖像對於我們認識、感知世界具有極爲重要的作用。我們的心靈是以圖像的形式呈現在大腦中。人類最初不是依靠語言文字來思考的，而是用圖像的方式來表達對世界的認知和思考。世界各地的原始岩畫等等二維或三維的圖像就是與他人溝通的觀念和經驗。語言文字出現在圖像後很久，那些具體形象的圖像信息漸漸地就被抽象的概念取代，人開始有了邏輯思辨的能力。但是，儘管如此，讀取圖像來獲得知識和美感，仍然是我們生命中非常重要的一部分。而所有的圖像，不管是借助載體呈現出來還是依然虛擬地存在於我們的大腦的，都是精神、心靈的映照。〔註23〕2004 年 12 月，汕頭大學舉辦

〔註22〕【美】凱文・林奇：《城市的印象》，項秉仁譯，北京：中國建築工業出版社
　　　　1990 年版，第 1 頁。現通譯爲《城市意象》。
〔註23〕哥倫比亞大學王海龍教授的《視覺人類學》一書，非常詳細地進行了分析。
　　　　王海龍：《視覺人類學》，上海：上海文藝出版社 2007 年版。

了「歲寒三友──詩意的設計」兩岸三地「中國傳統圖形與現代視覺設計」學術研討會，此次會議選擇「松、竹、梅」「歲寒三友」作為中國傳統視覺藝術的代表，並冠以「詩意的設計」為會議的副標題〔註 24〕，可見，蘊含在傳統視覺圖像藝術中的「詩意的存在」是被眾人所知覺並能引發思考探索研討之興趣的。所謂「詩意」更多地與心靈發生關係。

圖 4-9　生活在畫裏的徽州人

　　「眞正的美的東西，我們已經見到，就是具有具體形象的心靈性的東西，就是理想，說得更確切一點，就是絕對心靈，也就是眞實本身。」〔註 25〕

　　「藝術到了最高的階段是與宗教直接相聯繫的」〔註 26〕

　　「建築的任務在於對外在無機自然加工，使它與心靈結成血肉因緣，成為符合藝術的外在世界。」〔註 27〕

〔註 24〕　參見會議論文集杭間、何潔、靳埭強主編：《歲寒三友：中國傳統圖形與現代視覺設計》，濟南：山東畫報出版社，2005 年。
〔註 25〕　【德】黑格爾：《美學》第一卷，朱光潛譯，北京：商務印書館 1996 年版，第 104 頁。
〔註 26〕　【德】黑格爾：《美學》第一卷，朱光潛譯，北京：商務印書館 1996 年版，第 105 頁。
〔註 27〕　【德】黑格爾：《美學》第一卷，朱光潛譯，北京：商務印書館 1996 年版，第 106 頁。

「建築只有作爲一種精神的實現才有可能存在。一部建築作品的製成是對那種精神的本質進行反思的產物。」〔註28〕

圖 4-10　徽人心靈的物化

黑格爾和凱恩的話說明建築是心靈訴求的物化圖像，同時，建築也會對人的心靈、精神世界進行良性或惡性的介入。心靈和建築是借助物質的素材和匠人的技術爲媒介進行雙向互動、互相影響的。恩格斯曾說：希臘式建築使人感到明快，摩爾式建築使人覺得憂鬱，歌特式建築神聖得令人心醉神迷。希臘式建築風格像豔陽人，摩爾式建築風格像星光閃爍的黃昏，哥特式建築風格像朝霞。〔註29〕「明快」、「憂鬱」這些詞彙看似表達的是情緒，但是情緒卻恰恰都是源自心靈，是心靈的抽象表達。而中國建築標誌性的「飛簷翹角」、「大屋頂」同樣是中國人心靈追求的圖像外顯。「如跂斯翼、如矢斯棘、如鳥斯革、如翬斯飛。」〔註30〕這是在形容屋頂的動人姿態。雖然屋頂不過是空間六個面中的一個，但中國人遠遠沒有把它停留在構造的概念上，而是充分調動它可能構成某種藝術形象的自身特徵，賦予它蓬勃的生命力量。形式是奔放的，想像是誇張的，而奔放、誇張的「飛騰」正是中國人心靈深處所追求的。〔註31〕

〔註28〕【美】L.I.凱恩：《建築：靜與光‧藝術的未來》，王治河譯，桂林：廣西師範大學出版社 2002 年版，第 18 頁。

〔註29〕林徽因等：《建築之美》，北京：團結出版社 2006 年版，封底。

〔註30〕語出《詩經‧小雅‧斯干》，意爲：房屋端正如人立，急箭穿過如線直，寬廣猶似鳥展翅，色彩豔麗錦雞衣。

〔註31〕有關中國屋頂的「騰飛之勢」的解釋可以參見王振復先生的《建築美學筆記》和漢寶德先生的《中國建築文化講座》。兩位先生的解讀都具有很大的啓發作用。

　　李澤厚上世紀 50 年代所寫的《略論藝術種類》一文中，把建築歸爲靜的表現藝術，認爲建築的美學規律「基本上和工藝相同」，而「工藝的美不在求實用品的外部造型、色彩、紋樣去摹擬事物，再現現實；而在於使其外部形成、傳達和表現出一定的情緒、氣氛、格調、風尚、趣味，使物質經由象徵變成相似於精神生活的有關環境」。〔註 32〕住宅的風格無疑會透露出主人的性格，而我們想成爲的那個自己似乎又永遠與眞實的自己存在一定的距離。於是，住宅成了一個人們自我投射的「場所」。……我們之所以在這樣安排自己的居所，是因爲心裏藏著這樣一個自己，是因爲我們夢想著這樣一種生活。〔註 33〕

　　車爾尼雪夫斯基說：我們所希望的生活就是美。但美不是事物的一個當下的性質，它必須和人心發生關係，這好像是幾乎爲所有的美學理論所承認的一個看法。休謨在他的論文《論趣味的標準》中宣稱：「美不是事物本身以內的性質，它只存在於構想它們的心靈之中。」但這陳述是含混的。如果我們瞭解心靈於休謨的意義之下，並且以爲自我只是一束印象，那麼在這樣一束印象中找到我們稱之爲美的那個謂詞，立將變得非常困難。美不能爲它的僅僅的「被知覺」所界定；它必須以一種心靈的活動——視的功能的活動，和這功能的一種特色的動向來界定，它不是由受動的知覺對象組成的，它是一個模態，一個知覺化的歷程。但這歷程在性格上不只是僅僅的主觀的；相反，它是我們對一個客觀世界的直觀的一個條件。藝術之眼不是一隻受動之眼，只知道接受和登記事物的印象。它是一隻建造之眼，並且只有透過建造的活動，我們才能發現自然事物之美。美的感覺是對力動的形式生命的感受，而這生命除了由一個在我們自己之中的對應的力動歷程以外，是不能夠瞭解的。〔註 34〕

　　在對外部世界的藝術掌握中客觀世界的對象是和自我的情感、態度和評價交織在一起的。「藝術使我們看到的是人的靈魂最深沉和最多樣化的運動。但是這些運動形式、韻律、節奏是不能與任何單一情感狀態同日而語的……情感本身的力量已經成爲一種構成力量（Formation Power）」〔註 35〕。藝術地

〔註 32〕　轉引自吳玉成譯：《建築的藝術觀・譯序》，天津：天津大學出版社 2001 年版，第 7 頁。

〔註 33〕　【日】隈研吾：《十宅論》，朱鍔譯，上海：上海人民出版社 2008 年版，第 9 頁。

〔註 34〕　【德】恩斯特・卡西爾：《論人——人類文化哲學導論》，劉述先譯，桂林：廣西師範大學出版社 2006 年版，第 213 頁。

〔註 35〕　【德】恩斯特・卡西爾：《人論》，甘陽譯，上海：上海譯文出版社 2003 年版，第 189 頁。

表達出來的對象，已經是一種浸透了主觀情感的客觀性。離開了人的某類特殊的情感、判斷力和觀照活動，事物不過是一個普通的事物而已，它的形式只是它自身內容的外在表現，而不成其為人的審美對象，不可能被人藝術地加以掌握。只有有了某種情感態度，人們才能把「對象從可能性的審美享受對象變為現實的審美享受的對象。」〔註 36〕因此，蘇珊·朗格把藝術看作是人類情感的形式。她說：「藝術品本質上就是一種表現情感的形式，它們所表現的正是人類情感的本質。」〔註 37〕

中國人將宇宙和人生視為一大生命整體，一生的追求是生命和萬物的和諧，因此在美學上就突出重視體驗並超越生命本身。中國美學不以認識外在美的知識為重心，而強調返歸內心，由對知識的蕩滌，進而體驗萬物，通於天地，融自我和萬物為一體，從而獲得靈魂的適宜和詩意。〔註 38〕中國人美學的旨歸在於對生命之心靈的安頓。因此中國人在俗世生活中也企圖經營出些靈性和詩意來。李約瑟說中國的民居反映了這個民族冶理性與風雅於一爐的出色天才，調和智慧與感情〔註 39〕，這個判斷是準確的。

民居不僅作為人的棲身之所，在保障人的肉體生存上起到極其重要的作用，為人類各類活動特別是精神性的活動提供了一個物質空間，而且其自身也精神化了。民居的修築不僅受到物質性肉體需求的影響，而且受到政治禮教、道德情趣、信仰風俗等等「非物質」因素的制約。從這一角度來看，民居建築比音樂、繪畫等藝術形式承載了更多精神的負荷。「人們通過傳統的民俗活動，年復一年地反覆體驗與祖先的情感聯繫，對自己族類的歷史懷念，並表達對美好幸福生活的祝願。民間美術以視覺的審美的形式，凝聚著這種集體無意識的深層情愫。」〔註 40〕

民居是「家」的所在。在重視血緣親情的中國，「家」是一個特別富有感情色彩的地方。所以，人們不但向民居提出「堅固」、「適用」的物質性要求，

〔註 36〕 【德】漢斯·科赫：《馬克思主義與美學》，佟景韓譯，桂林：灕江出版社 1985年版，第 157 頁。

〔註 37〕 【美】蘇珊·朗格：《藝術問題》，滕守堯譯，南京：南京出版社 2006 年版，第 7 頁。

〔註 38〕 朱良志：《中國美學十五講》，北京：北京大學出版社，2006 年版。

〔註 39〕 【英】李約瑟：《中國之科學與文明》第十冊，張一麐譯，臺灣：商務印書館 1980 年版，第 127 頁。

〔註 40〕 楊學芹、安琪：《民間美術概論》，北京：北京工藝美術出版社 1990 年版，第 5 頁。

也提出了「美觀」、「舒適」的精神性要求，即普遍的審美性和情感性要求。甚至還可能上升到表達某種思想傾向的程度，包括傳達地域文化的特色，與自然環境和諧統一的情調等等。」〔註41〕而陳勤建教授認為「在有形物質民俗中，一定的民俗意味已凝聚在特定的物體上，並通過民俗物的存在而顯示或運用而釋放出來。因此，在一定意義上，它是群體心意的物化存在。」〔註42〕

人生本來就是一種較廣義的藝術：每個人的生命史就是他自己的作品。這種作品可以是藝術的，也可以不是藝術的。正猶如同是一種頑石，這個人能把它雕成一座偉大的雕像，而另一個人卻不能使它「成器」。分別全在性分與修養。知道生活的人就是藝術家，他的生活就是藝術作品。〔註43〕徽州先民在長期歷史過程中生產生活，其生存方式和生活體驗形成了徽人之所以為徽人的心靈世界，即陳勤建教授所說的「心意信仰民俗」。群體心靈的心意、理想、訴求最終都必須找到物質或其他的表達方式，民居即是其中之一，甚至說民居是民眾心靈世界最充分最綜合最詩意的表達也不為過。中華民族是世界上最懂得享受生活的民族之一，徽州人絕對是這一文化族群中的佼佼者。在堆金積玉的家裏，徽州人卻又從不放棄對「詩意生活」的追求，在雕樑畫棟之間，總期望能活出些「意境」來。

二、心靈在「意境」中生活

中國藝術追求的最高境界是越過「在境」、「心境」之後的「意境」。所謂「意境」關鍵就在「意」字上。通常認為在詩畫書法這些無異議的藝術門類中尋求「意」是容易的，民居建築往往因為離生活太近太實用甚至太功利而不很容易找到審美的契合點去找到它們的「意」的。但是，倘若我們不去過份關注民居的「形」，尤其是對不住在這些屋子裏的人來說，忽略「形」是可以做到的。正如王其鈞先生所說，民間住宅的藝術價值主要在於「意」，在不在於「形」，其結構雖然簡單，但意蘊卻十分豐富。民間住宅以藝術的真情實感叩擊人們的心扉，抒發自己的情懷，表達出複雜、細緻、深厚、具體的思想感情。這種氣氛和意境誘導人們產生某種感受，委婉地流露出中國古典哲學思想和民族精神。

〔註41〕 蕭默：《蕭默建築藝術論集》，北京：機械工業出版社，2003年版。
〔註42〕 陳勤建：《中國民俗學》，上海：華東師範大學出版社2007年版，第111頁。
〔註43〕 朱光潛：《談美・談文學》，北京：人民文學出版社1988年版，第110頁。

　　1932 年，梁思成和林徽因兩位先生在《平郊建築雜錄》中提出「建築意」的概念，解決了只有「詩意」、「畫意」的表達缺陷，「這些美的存在，在建築審美者的眼裏，都能夠引起特異的感覺，在詩意和畫意之外，還使他感到一種建築意的愉快。」並且強調「建築意」是超出「詩」「畫」以外存在的「意」，「眼睛在接觸人的智力和生活所產生的一個結構，在光影可人中，和諧的輪廓，披著風露所賜與的層層生動色彩；潛意識裏更有『眼看他起高樓，眼看他樓塌了』〔註44〕憑弔與興衰的感慨；偶然更發現一片，只要一片，極精緻的雕紋，一位不知名匠師的手筆，請問那時銳感，即不叫他作『建築意』，我們也得要臨時給他製造個同樣狂妄的名詞。」〔註45〕

　　不管是「建築意」也好，「詩意」「畫意」也好，歸結到最後還是「意境」。

　　何謂「意境」？宗白華先生如是說「人與世界接觸，因關係的層次不同，可有五種境界：功利境界、倫理境界、政治境界、學術境界、宗教境界。五種境界，逐步推進。人生需要昇華。功利境界主於利，倫理境界主於愛，政治境界主於權，學術境界主於真，宗教境界主於神。但介乎後二者的中間，以宇宙人生的具體為對象，賞玩它的色相、秩序、節奏、和諧，藉以窺見自我的最深心靈的反映；化實景而為虛境，創形象以為象徵，使人類最高的心靈具體化、肉身化，這就是『藝術境界』。藝術境界主於美。所以一切美的光是來自心靈的源泉：沒有心靈的映像，是無所謂美的。……藝術家以心靈映像萬象，代山川而立言，他所表現的是主觀的生命情調與客觀的自然景象交融互滲，成就一個鳶飛魚躍，活潑玲瓏，淵然而深的靈境；這靈境就是構成藝術之所以為藝術的『意境』。主客相融，這是生命與自然的融合，因此意境自生。……意境是『情』與『景』（意象）的結晶品。」〔註46〕葉朗先生說「所謂『意境』，就是超越具體的有限的物象、事件、場景，進入無限的時間和空間，即所謂『胸羅宇宙，思接千古』，從而對整個人生、歷史、宇宙獲得一種哲理性的感受和領悟。一方面超越有限的『象』（『取之象外』、『象外之象』），另方面『意』也就從對於某個具體事物、場景的感受上升為

〔註44〕「眼看他起高樓，眼看他樓塌了」語出清代孔尚任《桃花扇》，詞句有出入。原為：「眼看他起朱樓，眼看他宴賓客，眼看他樓塌了」。（筆者注）

〔註45〕梁思成：《平郊建築雜錄》（1932 年），《凝動的音樂》，天津：百花文藝出版社 2006 年版，第 13 頁。

〔註46〕宗白華：《中國藝術意境之誕生》（1943 年），《天光雲影》，北京：北京大學出版社 2005 年版，第 87～88 頁。

對於整個人生的感受。這種帶有哲理性的人生感、歷史感、宇宙感，就是『意境』的意蘊。」〔註47〕朱良志先生則認為「意境」中應包括三個內涵，即有內容、有智慧、有意思。〔註48〕三位都是美學大師、鑒賞聖手，雖然表述不盡相同，但義理是通的。

　　倘說三位先生以文字的形式描繪了「意境」的內涵，那麼徽州古村落民居就是為這些文字做了最好的注腳。徽州古村落被讚譽為「畫裏鄉村」，所有走進過這塊「小桃源」的人都會由衷讚歎這如畫的美景。在這裏，村莊和山水、生民和住宅，天然的和人為的都相處得那麼自然融洽，彷彿村莊就合該用這樣的形狀，屋子就合該用這樣的顏色，因為只有這樣才配得好周圍的山山水水。這就是「意境」。這就是畫。（如圖4-11）

圖4-11　中國畫裏的鄉村——宏村

　　是的，徽州村落就是一幅畫。大地青山是鋪開的畫紙，房子是濃淡總相宜的墨彩，脈脈流水是氤氳隱現的暈，徽州先民就是那丹青高手，用獨運的匠心，繪就了雖為人作卻尤勝天工的畫。宗白華先生感慨「只有到了徽州，

〔註47〕　葉朗：《說意境》，《文藝研究》1998年第1期。
〔註48〕　朱良志：《中國美學十五講》，北京：北京大學出版社2006年版，第293頁。

登臨黃山，方可領悟中國之詩、山水、藝術的韻味和意境。」〔註 49〕（如圖4-12）

圖 4-12　人在畫中遊

　　前面幾章我們分解著說到了徽州的山水環境、聚落水口、天井高牆、庭院雕飾，但都是零散著欣賞。其實，徽州古村落和古民居應該是由上述的種種元素合成的一幅畫。「徽州古村落」的意境是在時空流轉中完成了「意境」的初生和昇華。圖像是人類表達心靈的最早也是最直觀的方式，更是中華民族運用得最出神入化的手段，如漢字書法，如剪紙面塑等等。圖像不僅僅指二維的平面圖像，當然也包括三維乃至四維的，就徽州民居而言就真的應該算上第四維——時間，時間也是成就畫韻的高手，時間會淘洗和賦予精神氣質和日益濃厚的詩情畫意。中國畫追求的最高的境界是意境的生成。但也要經過生境和心境。這個創作的過程就是徽州先民在幾百年的時空中不斷求索詩意的心靈棲息地的過程。

　　在諸多品賞徽州民居的著作中，一般都是從水墨畫般的鄉村、粉牆黛瓦的住宅等這些相對較爲「宏大」的角度來體味身居其內的「意境」。但是，「意」

〔註49〕宗白華：《我和藝術》（代序），《天光雲影》，北京：北京大學出版社 2005 年版。

不僅存於屋宅牆壁這些「實」當中，某種程度上說，在「虛」中尋找到的「意」更切合心靈本真。下面，就嘗試從一個微觀的角度「光與影」來細解蘊藏著的絲絲縷縷的美麗。

倘若從「虛」和「實」的角度來分析民居空間構成的話，我們的身體直接需要的是「虛」的空間，而「實」的院牆壁壘不過是為了圍合出一個供我們棲居活動的場所。前文所提到的「天井」即是徽派民眾「虛」空間中的重要組成部分，與天井直接相關的是庭院，與此相接的是廳堂。天井可以看做庭院往天空的縱向挺伸，廳堂則可看作庭院往居室的橫向拓展。在這個縱橫交錯的空間裏，徽州先民有條不紊地經營和布置著自己的生活。這樣的空間組合給人的感受是這樣的「高牆圍繞，大門緊閉，創造出防禦性的環境，充滿安心感和靜謐感。」〔註50〕

日本建築學家在《中國民居研究》一書中這樣描寫徽州傳統民居：街巷又深又窄，陽光射不進去，但可以看到明亮的天空。石板路蜿蜒曲折，黑瓦牆頂高低起伏，形態端莊。身處此地似乎突然覺得迷失在西班牙、意大利古老的街頭。穿過飾有精巧磚刻門罩的大門進入室內，令人吃驚的是，從上面射入明亮幽靜的光線，灑滿了整個空間，人似乎在這個空間裏消失了。與入口相對的是一塊橫臥著長石板的地面，稱作天井。站在這裡仰視，四周是房檐，天只有一長條，一種與外界完全隔絕的靜寂彌漫其中。底層正中有開敞的大廳，向著天井開放，這是「堂」。木質柱、

圖 4-13　幽幽的村落小巷

樑和牆壁，以及有精細雕刻的門窗在暗中發光。堂中央壁上掛著畫、對聯，裝飾著花瓶、鏡子、盆景等，格調高雅。天井和堂渾然一體，這是內、外起

〔註50〕【日】茂木計一郎、稻次敏郎、片山和俊：《中國民居研究——中國東南地方居住空間探討》，江平、井上聰譯，臺北南天書局 1996 年版，第 11 頁。

居室。這種共有空間，以及古樸的雕刻裝飾，在西歐、日本和世界其他地方的住宅裏都沒有經驗過，而這正是徽州民居的魅力，體現了徽州文化的特質〔註51〕。（如圖 4-13）

在這段引文中，作者多次提到「光」、「光線」，並認爲對於居所的空間來說，對「光線」的處理直接影響到居住者的情緒和心境。美國建築學家凱恩專門就建築中的「光」說到：「在我看來，光是所有事物的施捨者，物質是耗掉的光。光的產物投下一道陰影，這個陰影屬於光。……光伴隨靜，靜伴隨光──一個鼓舞人心的圓圈，在其中，存在的欲望、表現的願望的實現成爲可能。……我們看到，存在於物質中的美首先是使人感到驚異，然後才是認識，在認識中繼而轉變爲存在於表現欲望中的美的表現。光伴隨靜，靜伴隨光，二者在藝術殿堂中相互交叉，由此產生的藝術珍品超凡脫俗、永恆不朽，與一己之偏好、流行時尚無緣。」〔註52〕

而中國古代美學論視覺審美時，一是著眼於主觀的「觀」，二是著眼於客體的「光」（線）。「觀光」作爲一種主客體融合統一的審美方式，非常確切地表達了中國人鍾情於色彩特別是線型的審美視覺的心理奧秘。可見，人類都特別關注「光」在塑造藝術形象，愉悅人心中的作用。只是，由於文化傳統的不同對於光的色彩、濃淡而產生的情緒會不同。中國人凡事講究「內外之別」，對「家內」和「家外」的要求有時有霄壤之別，筆者認爲由此導致了中國人的審美心理也是有「內外之別」的。試想一下，徜徉原野中，我們總喜歡陽光和煦、雲淡風清，而在屋內雖然也希望陽光能夠穿通屋脊，以得滿室生光，但是這樣屋裏就顯得直白了許多，直白就不夠美麗，總會覺得缺了些「詩意」。（如圖 4-14）

屋內的光又如何來產生「詩意」？孟子說：「口之於味也，有同嗜焉；耳之於聲也，有同聽焉；目之於色也，有同美焉。」〔註53〕自古以來，中國人就把五官一律看做是審美器官，五官都可以產生美感。特別是把眼、耳、舌判定爲三種主要的審美器官，把視覺、聽覺、味覺視爲三種美感形式。同時

〔註51〕 【日】茂木計一郎、稻次敏郎、片山和俊：《中國民居研究：中國東南地方居住空間探討》，汪平、井上聰譯，臺灣：南天書局 1996 年 9 月版，第 37～38 頁。

〔註52〕 【美】L．I．凱恩：《建築：靜與光．藝術的未來》，王治河譯，桂林：廣西師範大學出版社 2002 年版，第 18 頁。

〔註53〕 《孟子．告子章句上》。

還意識到了創作鑒賞領域裏通感、聯覺現象的存在，認定五官彼此溝通、協同配合所產生的「五色」、「五聲」、「五味」的綜合美感效應屬於審美的最高境界。這同西方美學對審美感官（限於眼耳）、審美感受（止於視覺聽覺）的認知與界定是迥異其趣的。而老子說「五色令人目盲；五音令人耳聾」〔註54〕這句話對中國人幾千年的審美觀產生了巨大的影響。直接引導了中國民居美學中對「光」和「影」的迷戀和營造。

圖 4-14　光影的雕刻

隨便翻檢一下能折射出古人審美情趣的詩文：

唐李白《月下獨酌》

花間一壺酒，獨酌無相親。

舉杯邀明月，對影成三人。

月既不解飲，影徒隨我身。

暫伴月將影，行樂須及春。

我歌月徘徊，我舞影零亂。

醒時同交歡，醉後各分散。

永結無情遊，相期邈雲漢。

〔註54〕　《道德經・十二章》。

唐許渾《秋日眾哲館對竹》

疏影月移壁，寒聲風滿堂。

唐柳宗元《鈷鉧潭西小丘記》

枕席而臥，則清泠之狀與目謀，

瀯瀯之聲與耳謀，悠然而虛者與神謀，淵然而靜者與心謀。

北宋林逋《山園小梅》

疏影橫斜水清淺，暗香浮動月黃昏。

清鄭板橋《題畫詩》

雷霆雨止斜陽出，一片新篁旋剪裁。

影落碧紗窗子上，便拈素毫寫將來。

清林覺民《與妻書》

窗外疏梅篩月影。

中國人的心靈世界重「形」而不重「型」，形（影）似幻象，易生意境。蕭啓宏先生解「形」，「彡」指影子，開門，光入，影隨之。「型」乃人爲，「形」則是物我合一。

人日常起居之所通常不緊鄰街道。而庭中簷下所植之修竹芭蕉，月白之夜疏影透過槅扇輕搖入室，此時難免不神閒意沈，拋卻俗念。除卻門窗槅扇，同樣的用於造影的建築修飾還有剪紙窗花、屋脊處的僊人走獸，月門、透漏的假山湖石，無不因空因影而致幻致虛。「雁過長空，影沈寒水；雁無遺蹤之意，水無留影之心。」空寂之美。中國畫論墨分五彩，也不過是乾、濕、濃、淡、焦，脫不掉的還是影影綽綽，是超越五彩的「絢爛復歸於平淡」，「極飾反素也」（荀子）。

小小一方天井，稍加修理，也能頓生婆娑之影，鄭板橋曾撰文 〔註55〕《板橋題畫竹石》：

十笏茅齋，一方天井，修竹數竿，石筍數尺，其地無多，其費亦無多也。而風中雨中有聲，日中月中有影，詩中酒中有情，閒中悶中有伴，非唯我愛竹石，即竹石亦愛我也。彼千金萬金造園亭，或遊宦四方，終其身不能歸享。而吾輩欲遊名山大川，又一時不得

〔註55〕 轉引自宗白華：《天光雲影》，北京：北京大學出版社 2005 年版，第 271～272 頁。

即往，何如一室小景，有情有味，歷久彌新乎？對此畫，構此境，

何難斂之則退藏於密，亦復放之可彌六合也。

以上詩文，作者未必都是在屋裏所作，更未必是在徽州民居所吟，但是古今一也，眾生一也，徽人從觥籌交錯推杯換盞的商界官場回到家中也想覓得一份致遠的寧靜。

與「光影」緊相依伴的是「靜」，由「聲」靜進而求得「心靜」，但是，靜，並不意味萬籟俱寂，毫無聲息，「明月松間照，清泉石上流」，「照」、「流」都是在「動」，卻能體悟到「靜」。在徽州及民居中也能找到這樣以「動」襯出的「靜」。天晴時籠內的鳥雀，落雨時雨打的芭蕉，都能讓人感覺到靜謐，靜而能思。「意境」頓生，「詩意」也跟著浮現。

中國人逢年過節喜歡張燈結綵、大紅大綠、鞭炮齊鳴，平時居家又偏愛清幽淡靜，實在是走在了兩個極端上。

前章說到堂屋的重要在於禮樂、天井的重要在於通天，對民居來說，庭院的重要在於享天倫之樂。因此，庭院就顯得格外生機勃勃。中國人的庭院文化實在蔚為大觀，以拙文難以盡述〔註56〕，但是行文中突然想到，國人總喜歡於庭院中植一些花草樹木，除了營造「園林」引入「自然」之外，該還有別的原因吧？

我不禁想到：

花花草草等自然具象之物是經由怎樣的過程進入人的審美、心靈世界的？其審美意象的形成是人一廂情願的建構還是人與植物（自然）的雙向情感互動的結果？我覺得「人非草木孰能無情」這句話是不無問題的，草木也是有生命、有感

圖 4-15 精心修飾的徽家小院

〔註56〕有興趣者可以參閱任軍：《文化視野下的中國傳統庭院》，天津：天津大學出版社 2005 年版。

情的，只不過它們的生命存在和運行方式及感情的表達是異於人類的，從
「人」或者「動物」的角度來看，自然屬於「異端」。就現在來看，人是走
進不了植物的情感世界的，但我們不能因人行爲能力的有限來否定其存在
的可能。正如凱恩所說「我相信，意識是所有生命都具有的，玫瑰有，細
菌有，樹葉有。只是我們不能理解它們的意識罷了。如果我們能揭開它們
的秘密，我們將會理解更多的東西，一個更爲廣泛的常識將進入藝術表現
中，從而擴大藝術家的視野。」〔註57〕而宗白華先生在《藝術的生活──
藝術生活與同情〔註58〕》一文中也表達了同樣的意思：

「但是，我們這種對於人類社會的同情，還可以擴充張大到普遍的自然
中去。因爲自然中也有生命，有精神，有情緒感覺意志，和我們的心理一樣。
你看一個歌詠自然的詩人，走到自然中間，看見了一枝花，覺得花能解語，
遇著了一隻鳥，覺得鳥亦知情，聽見了泉聲，以爲是情調，會著了一叢小草，
一片蝴蝶，覺得也能互相瞭解，悄悄地訴說他們的情、他們的夢、他們的想
望。無論山水雲樹、月色星光，都是我們有知覺、有感情的姊妹同胞。這時
候，我們拿社會同情的眼光，運用到全宇宙裏，覺得全宇宙就是一個大同情
的社會組織，什麼星呀、月呀、雲呀、水呀、禽獸呀、草木呀，都是一個同
情社會中間的眷屬。這時候，不發生極高的美感麼？這個大同情的自然，不
就是一個純潔的高尚的美術世界麼？詩人、藝術家，在這個境界中，無有不
發生藝術的衝動，或舞歌或繪畫，或雕刻創造，皆由於對於自然，對於人生，
起了極深厚的同情，深心中的衝動。想將這個寶愛的自然，寶愛的人生，由
自己的能力再實現一遍。」〔註59〕

以研究視覺審美心理見長的滕守堯先生說過一段話，似乎可以解釋這個問
題，他說：「如果對象的外在形式合乎他所認識到的那些情感生活模式，對象本
身的感性形態──形體外貌、色彩線條等──就含獲得充分的注意、觀察、揭
示和暴露。這種注意和觀察不是一種認識和判斷，而是內在情感模式與外在形
式結構的契合，因爲它並不滿足於判斷出這是一棵樹，那是一座房子；這是一

〔註57〕 【美】L .I .凱恩：《建築：靜與光‧藝術的未來》，王治河譯，桂林：廣西師
　　　　範大學出版社 2002 年版，第 19 頁。

〔註58〕 宗白華先生美學思想中的「同情」論，非「可憐」、「憐憫」之意，而是倡導
　　　　要與自然萬物同情同感，物我兩忘，渾然一體，積極創造「藝術唯美的生活」。
　　　　（筆者注）

〔註59〕 宗白華：《天光雲影》，北京：北京大學出版社 2005 年版，第 22～23 頁。

個人，那是一個動物。它不是按照人和非人、動物和植物、有機物和無機物、有用之物和無用之物去對各種事物歸類，而是按照它們的形式中揭示的情感表現法去對它們進行歸類」〔註60〕這種知覺特點具有天然的審美特性，因爲對「形式」或「象」的知覺融合了對其所象之物的直覺領悟和移情式的想像。滲透了一種專注和投入的情感，它不是指向對諸物之「象」的科學分類和客觀、冷靜的認識，而是用一種巫術式的移情將自然人化，使萬物皆著我色，這種認識事物的特點一直成爲後來中國人思維方式的一個重要特徵。〔註61〕

　　徽州先民的詩意心靈借助詩性之光投射在徽州的青峰碧水間，以渾然的天成之筆繪就了如詩的美卷，而最爲令人沉迷醉倒的是芳華絕代和人間煙火的恰然相融。生活美、詩性美毫無阻礙地消融在街巷重瓦間。這就是家園，詩意的家居。

〔註60〕　滕守堯：《審美心理描述》，北京：中國社會科學出版社 1985 年版，第 59 頁。
〔註61〕　梁一儒、戶曉輝、宮承波：《中國人審美心理研究》，濟南：山東人民出版社 2002 年版，第 42 頁。

第五章 涅槃還是死亡：對傳統民居藝術生死的拷問

「每當我看到新的高樓大廈不斷落成的時候，總感到一陣悲哀：幾百萬盧布投進去，卻沒有幾座建築能夠以它宏偉的外形，或者恣肆奔放的想像力，或者五彩繽紛令人目眩的豪華富麗的裝飾吸引行人驚異的目光。我不由得想，難道建築的時代已一去不復返了嗎？難道宏偉的精美的建築再也不來光顧我們了嗎？或者只屬於熱情飽滿精力充沛的年輕的民族所專有，與暮氣沉沉昏昏欲睡的文明古國已沒有緣分了嗎？」〔註1〕這段文字是俄國十九世紀作家果戈理在面對當時俄國建築時所發的「諷刺性」的宏論，所謂「諷刺性」總是內含著對現實的不滿的。而今中華大地的建築面貌也頗帶有些「諷刺性」。

民居、建築藝術在中國的衰頹應該不是文化汪洋中的「孤島」，要審視民居藝術的落寞，需要從文化上清算起。

第一節　龍 PK 上帝

一、龍與上帝的對決

標題用了「PK」這個符號，時下頗為流行的，意思就是對決。這容易讓人想起亨廷頓著名的「文明衝突論」，亨廷頓對「多元的文化」圖景充滿了樂

〔註1〕【俄】果戈理：《談現時的建築‧果戈理散文選》，劉季星譯，天津：百花文藝出版社，2005年版。

觀，但是米勒卻說「現代化打破了緩慢的文化進化過程，促使它飛速前進。文化的慣性雖然很大，但它還是無法經受現代化猛烈的、強制性的衝擊。所有文化都被捲入快速並且痛苦的漩渦之中。」〔註2〕

龍和上帝的對決，無非就是東西方文化的較量，戰場在中國。「龍」是中國及中國傳統文化的象徵，「上帝」是基督教認定的宇宙唯一真神，藉以代表西方文化傳統，儘管這顯得有些籠統，但也大致可以這樣表述。千百餘年來，上帝就一直派遣其子民到東土大唐來，不是取經而是爭取，爭取讓「龍的傳人」也變成傳教士的兄弟姐妹，這就是所謂的文化「偷心術」，他們似乎知道你只要告知「上帝是萬能」的，就自會有人跟著上帝走。〔註3〕可能在宗教問題上，中國人是最容易爭取的一個群體，不過，也是最難留得住的。

圖 5-1 龍之子孫沐浴在主的光輝中，門框兩邊的副聯寫的是「俺有耶穌，給俺祝福」，橫批是「愛主之家」

回過頭來想，龍之式微，到底是上帝的淫威所致還是龍的自甘墮落？可能這兩方面的因素都有。晚清民國以來直到今天真是中國史上五千年未有之大變局，各種思潮慫恿著各種勢力粉墨登場、草草收場。清帝國的屢屢失敗激起了從西洋東洋回來的「士」的激烈反思，最終將棒子打在了「孔家店」身上。魯迅等新文化運動的先鋒人物將「孔家店」給「破」了，「立」起來的是「馬家店」，西人設計得是好的，但到了中國建起來的就是不土不洋的「四不像」。店面不好，可以拆，但是對中國傳統文化的自信心和自豪感卻沒了，這事關人心，人心的事情不是一朝一夕就能解決得了的，所謂百年樹人。五四運動到今年還真的就快百年了，倘若魯迅地下有知，不知道會作何感想。

〔註2〕【德】米勒：《文明的共存：對亨廷頓「文明衝突論」的批判》，酈紅等譯，北京：新華出版社 2002 年版，第 37 頁。

〔註3〕直到今天，基督教的傳教仍在積極活動，筆者家鄉也同樣沐浴在「主的恩澤」中。（如圖 5-1）

　　回到建築。這一百年來，中國傳統建築到底走過了怎樣的道路？學者如此概述：中國傳統建築在近現代歷史上大概經歷了四個不同階段的回歸。第一次是在 1910 年左右，一大批國外建築師來到中國設計準現代意義上的建築，而採用了一些中國傳統的文化符號；第二次是 30 年代，最早的一批到國外學習建築歸來的中國建築師做了一些中國傳統建設的東西；第三次是 50 年代，十大建築〔註4〕代表傳統形式的一個高潮；第四次是以北京為中心，80 年代搞的傳統建築領域的一些東西。但是，這四次文化回歸都帶有抵抗的性質，是在西方文化大舉入侵的過程中被動的回歸，缺少從容的姿態。」〔註5〕而在過去的 10 年裏，在房地產商品化的浪潮之中，一些購房者能夠顧及到的僅僅是肉體上的居住滿足或者赤裸裸的標榜暴富，忽略了文脈的傳承和對「家」氛圍的營造。在這種社會文化氛圍下，西方建築或簡單或奢華的住宅風格迎合了人們的胃口，得以大舉進軍中國房地產市場。〔註6〕

　　暫且不急著批判近些年的哥特式、希臘式、地中海式，在討論國慶工程（十大建築）方案時，梁先生就建築形式的風格發表了卓絕的見解：「中而新」是上品，「中而古」為次，「西而新」再次，「西而古」是下品之下，最不可取。可如今卻到處充斥著最為梁先生鄙視的「西而古」的新民居建築。〔註7〕

　　這種「西而古」「西而新」的建築出現在廣州、上海這些處在國際交往最前沿也是最早洋人湧入的城市可能不值得大驚小怪，因為「華洋雜處」已經成為這些城市的文化特徵。但是，歐式、美式的房子出現在一個洋人都不曾踏足過的農村，這是不是有點滑稽了呢？

　　筆者於 2007 年冬在山東德州做田野調查，住在希森酒店，與當地文化工作者談起酒店名字時（因「希森」實在與「犧牲」有點音似），才得知這是根

〔註4〕即為慶祝建國十週年，1959 年在北京建造的十座建築：人民大會堂、中國革命歷史博物館、中國革命軍事博物館、全國農業展覽館、北京火車站、北京工人體育場、北京民族文化宮、民族飯店、釣魚臺國賓館、華僑大廈（已拆除）。這十大建築都具有明顯的傳統風格。（筆者注）
〔註5〕張欽：《豪宅掀起「中國風」──中國建築開始從肉體居住走向精神回歸》，《友報》2005 年 11 月 4 日，第 6 版。
〔註6〕趙新良主編：《詩意棲居：中國傳統民居的文化解讀》（第一卷），北京：中國建築工業出版社 2007 年版，第 8 頁。
〔註7〕梁思成：《在住宅建築標準及建築藝術問題座談會上關於建築藝術部分的發言》（1959），《梁思成談建築》，北京：當代世界出版社 2006 年版，第 443 頁。

據酒店老闆德州著名的農民企業家梁希森〔註8〕的名字起的，言談間提到了這個目不識丁的農民傳奇的一生，在外闖蕩致富後是如何心繫鄉梓，而「風雲魯商」則用「在北京賺了錢回鄉後，投資 4000 多萬元為全村蓋起了聯排別墅」〔註9〕這樣的話來描述他的反哺，在另一篇有關其傳奇發家史的報導中則如此寫道：「有了錢的梁希森把目光轉回家鄉。2001 年，梁希森投資 4200 萬元，給梁錐村蓋起了聯排別墅，讓全村 136 戶村民全部入住進去，原來的村莊被夷為平地」。〔註10〕德州當地媒體將其壯舉冠以「希森模式」，〔註11〕他也順理成章成為山東新農村建設的樣板，央視《面對面》、《社會記錄》都對其進行了正面的採訪報導。但是，這樣的樣板倘若舉國都群起倣仿的話，未必是福音。（如圖 5-2）

5-2　希森新村的中式大門，院牆內是歐陸風情的別墅

〔註 8〕 梁希森，山東希森集團董事長，一個據說只會寫自己名字的山東農民，「2005
　　　　年胡潤富豪榜」中，以 20 億元的身價排名第 66 位，擁有北京最好最貴的別
　　　　墅群「玫瑰園」。功成名就後，返鄉進行「鄉村烏托邦」建設。
〔註 9〕 資料來源：http://blog.sina.com.cn/s/blog_5ec651350100cbk6.html
〔註10〕 資料來源：http://baike.baidu.com/view/473795.htm
〔註11〕 《「希森模式」：傳統農區新農村建設的成功實踐》，資料來源：
　　　　http://dzhydq.com/html/200805/07/083618666.htm

　　當初寒風中聽到這些描述的時候，就心生蒼涼，曾提出去那些別墅去看看時，文化幹部告訴我都是些歐式別墅，沒啥好看的，但言語間是羨慕。畢竟是客，不能過於執拗，但是可以想見他斥鉅資建起的別墅是怎樣的氣派和洋氣。〔註12〕他的農民鄉親自然是感恩戴德的高興，但是那些被挪作牛棚的老屋就只有待「拆」的命運了。我沒有親眼看到那些老屋，不知道是否如徽州民居般有藝術氣質，但是，一個祖輩生息的村莊在轉瞬間就被西式別墅代替，卻不能不令人扼腕。這是新中國民居建設的縮影。說這些話，我知道已經流出了所謂文化人的酸腐。因為中國人歷來就是「喜新厭舊」的，再加上百年來的「崇洋媚外」就更加顯得我不「和諧」了。

　　同樣是外出經商，同樣的衣錦榮歸，徽商對家鄉的貢獻又有哪些呢？李秋香先生在《中國村居》中做了很好的概括：

　　第一，他們建祠堂、修宗譜、置祭田、設祀會、施義冢，鞏固宗族關係。第二，他們捐資興學、助學，創立文會。第三，他們眷屬和他們自己晚年殷實的生活，促進了消費性的民俗文化的繁榮，如四時八節的祭祀、各種迎神賽會、婚喪嫁娶、春報秋祈、戲文宴樂等等。第四，他們從蘇州，揚州這些長江下游人文發達的地方帶來了鑒賞和收藏文物古玩、珍本秘笈之類的風尚和對書畫篆刻的愛好，名家輩出，形成了「新安畫派」和「黟山派篆刻」等。第五，他們大量興造舒適的住宅，也興造廟宇、文閣、園林、書院等等的公共建築。康熙間歙人程且碩，居揚州多年，將返鄉所見撰成《春帆記程》一書，其中稱：「鄉村如星列棋布，凡五里十里，遙望粉牆矗矗，鴛瓦鱗鱗，棹楔崢嶸，鴟吻筍拔，宛如城郭，殊足觀也。」〔註13〕由以上生活諸端，引發出徽州百工技藝的繁榮發展。建築業中有大小木作，磚、石、木「三雕」和油漆彩畫；傢具有方木、圓木、雕木；用品有各種篾作、棕絲作、漆作和銅錫作。還有傳統的著名特產筆、墨、紙、硯。明清兩代，徽州的雕版印刷，尤其是木刻版畫，精美絕倫，為全國之冠。〔註14〕

〔註12〕　回滬後在電視和網絡上看到了「梁錐希森新村」的容貌。中式的大門和區額、
　　　　　園林式的大圍牆圍住的是歐式的別墅，其間點綴的是中西混雜的園林景觀，
　　　　　倒像是洋人穿著長袍馬褂，戴著瓜皮帽。不知道是這算是對傳統的背棄還是
　　　　　創新。我竟然想到了「與時俱進」這個詞。

〔註13〕　《歙事閒譚》第 8 冊錄程且碩《春帆紀程》，張海鵬：《明清徽商資料選編》
　　　　　1985 年版，合肥：黃山書社，第 23 頁。

〔註14〕　李秋香：《中國村居》，天津：百花文藝出版社 2002 年版，第 6～7 頁。

徽商的榮光不知道可否複製，如今即使是有錢人返鄉又有多少屑於附庸風雅？

同樣是衣錦還鄉的富商，同樣懷抱著報效桑梓的拳拳之心，不管是梁希森式的現代魯商還是胡雪巖式的明清徽商，其目的都是良善的，都是想爲家鄉做點事的。在整個民居文化失落的過程中，我們找不出哪個人是做錯了的。目的的正確性是不是可以掩蓋了後果的不正確？

二、破舊立新的傷痕累累

執掌韓國 18 年的朴正熙 1971 年開始在韓國推行「新村運動」，在推進了經濟進程的同時也付出了巨大的文化代價，「這一運動以生活環境的改善、樹立現代化意識以及增產增收爲宗旨，因此，一切所謂落後的現象都得到了改造。茅草的屋頂代之以磚瓦，土牆被推倒代之以水泥牆；因爲要拓寬道路，村中的神樹被砍掉，豎在村口的守護神『長牲』也被燒毀；總之，農村的面貌發生了很大改變。」〔註15〕「新農村建設運動」正在祖國大地上轟轟烈烈地開展著，類似「梁錐希森新村」式的新農村、新民居肯定會層出不窮的。繼中國的城市「千城一面」喪失了歷史文化特色之後，傳統文化最後的農村堡壘也即

圖 5-3　和義堂裏東廳牆壁上的「浙蘇皖邊區圖」

將被攻破。韓國的教訓非但沒有被當成鏡鑒，還有學者撰文大談特談韓國「新村運動」對「新農村建設」的經濟建設啓示，文中幾乎不談文化的事情。〔註16〕

〔註15〕 【韓】崔仁鶴：《韓國民俗學的發展和研究課題》，見周星主編：《民俗學的歷史、理論與方法》（下），北京：商務印書館 2006 年版，第 489 頁。
〔註16〕 石磊：《尋求「另類」發展的範式——韓國新村運動與中國鄉村建設》，《社會學研究》2004 年第 4 期。
　　　 陳昭玖、周波、唐衛東、蘇昌平：《韓國新村運動的實踐及對我國新農村建設的啓示》，《農業經濟問題》2006 年第 2 期。

都是要學習「新村運動」去改變廣大農村「貧窮落後」的面貌，讓農民住進「新房子」甚至是洋氣的房子，身體是住進去了，靈魂何處安置？

「除舊布新」「不破不立」「破舊立新」這些深入某些人骨髓的觀念對古民居建築來說，實在是種災難。徽州古民居也不是一帆風順過來的。筆者調查中，和義堂的主人汪育眞向筆者描述了和義堂經過的風雨：

1、東北兵的侵犯

據《歙縣志》載：「民國 15 年（1926）10 月，北洋軍閥潰軍第九混戰旅李德銘部、第三師劉寶題部由江西退踞本縣，強佔民房、學校，徵集軍需，時間長達三個月。」這便是鄉親們經常詛咒的「東北兵」。他們進駐鄭村，集中住在外祠，燒、殺、搶、掠，無所不爲，並將和義堂內「門房」、「大廳」、「外五間」、「方廳」、「外東廳」等多處的雙平門抬到外祠，搭成睡覺用的統鋪，有百餘扇之多。待他們撤離後，自己僅抬回一部分，其餘盡數被毀，以致造成今日「門房」、「大廳」、「外五間」、「方廳」等地的平門殘缺不全。

圖 5-4　被剝去鐵皮的和義堂大門

孫海榮：《朴正熙時期新村運動對我國新農村建設的啓示》，《甘肅農業》2006年第 9 期。

趙良慶、寧建華：《韓國新村運動與我國社會主義新農村建設——「面向 21世紀新農村建設中韓學術研討會」述略》，《合肥學院學報》（社會科學版）2007年第 1 期。

南剛志：《韓國「新村運動」對我國新農村建設的啓示》，《理論導報》2008年第 9 期。

2、浮誇風的肆虐

大躍進年代，謊報、虛報屢見不鮮，基層幹部為了應付上司的檢查，為了不至於被扣上「右傾」、「保守」的帽子，他們只好違心地去冒犯百姓，大搞浮誇之風。1958 年的大辦鋼鐵運動，提倡用小鍋爐煉鐵，便是活生生的寫照。記得在一個北風呼嘯的夜晚，氣溫異常地低，一支由公社、大隊、生產隊三級幹部所組成的「三幹」隊伍，打著火把，推著獨輪車，拿著錘鑿，一鼓作氣來到和義堂，他們不問青紅皂白，將堂內所有鐵皮門上的鐵皮、圓頭鐵釘、鐵門環鑿了下來。這些具有歷史價值和藝術美的鐵飾品被他們煉成一堆無用的廢鐵，這就是當政者沒有科學頭腦所帶來的後果。同時也說明光有好的願望，沒有科學的頭腦是辦不成好事的。

3、「四清」運動的創傷

1964 年初，中共徽州地委統一組織力量到農村開展社會主義教育運動（即「四清」）。「四清」工作隊一進村看到和義堂這麼大的房子，便同居住其內的族人劃清界限。並下令摘去高掛在大門口寫有「欽點翰林」的皇匾，運動後期還將門口豎旗杆用的旗杆墩抬到鄭村師山書院做民兵俱樂部內戲臺的柱墩。當今之日，翰林匾已不知何處，門口的旗杆墩在 2004 年村委會將民兵俱樂部改建為農貿市場時運回，倒在原「徘徊亭」的老宅基上。

圖 5-5　和義堂大門門罩上至今還有「偉大的導師、偉大的領袖、偉大的統帥、偉大的舵手毛主席萬歲」的字痕。門兩側的紅框曾繪有領袖的畫像，已斑駁難辨。

4、文化大革命的傷痕

1966 年 5 月，開始了一場「史無前例」地文化大革命，各地造反派相繼成立了造反組織，打著「破四舊」（舊思想、舊文化、舊風俗、舊習慣）的旗號，查抄舊書畫，更改街名、村名，砸爛封、資、修，確實不可一世。大門口門樓上的石雕和大廳門口門樓上的石雕都是那時被砸的。1968年搞個人崇拜，大搞「三忠於」，將大廳布置成生產隊的文化室，設立「寶書」臺，每天要「早請示晚彙報」，其聲勢真是雷霆萬鈞。生產隊並摘下大廳堂前板壁頂上「和義堂」的大匾，改為文化室開會的桌子。「十年浩劫」結束後，文化室也隨之而去，當年用匾改成的桌子被族人抬回大廳。雖然已遭受油漆覆蓋，但字跡還依稀可見，後來由於大廳被眾人長年堆放柴草，桌被柴草所掩，匾於其間，黴爛成碎片。

圖 5-6　和義堂外院入口的大門上方「囍」字下面原是一個「忠」字，已被主人刮掉

5、地方平調

1969 年，鄭村安裝高壓電，需要添置變壓器一臺。在那「票證」年代，變壓器要用數量相當的優質銅或錫作抵後方能購買。村裏便將「目光」投向和義堂內的錫水簷。這對既老實巴交，又有「尾巴」可踩的和義堂人真是無可適從。同意吧，實在太捨不得，這種錫水簷相當耐腐蝕，能用好多代人。堂內的人為了顧全大局，只好忍痛割愛，權作為鄭村的電氣化作些貢獻吧！

　　一幢在災難面前不能躲藏的房子面對接踵而至的天災和人禍，只能任人蹂躪宰割。一塊不能言語的地面，也只能任由有錢有權的人在上面拆了建，建了再拆。

三、零散的思考

上文引了梁思成先生對「中」「西」「古」「新」建築風格好壞優劣的洞見，梁先生對該建設什麼樣的建築來給中國人居住也說過醒世警世的話，可惜沒人聽：

> 歐美建築以前有「古典」及「派別」的約束，現在因科學結構，又成新的姿態，但它們都是西洋系統的嫡裔。這種種建築同各國多數城市環境毫不牴觸。大量移植到中國來。在舊式城市中本來是過份唐突，今後又是否讓其喧賓奪主。使所有中國城市都不留舊觀？這問題可以設法解決，亦可以逃避。到現在為止，中國城市多在無知匠人手中改觀。故一向的趨勢是不顧歷史及藝術的價值。捨去固有風格及固有建築，成了不中不西乃至於滑稽的局面。一個東方老國的城市，在建築上，如果完全失掉自己的藝術特性，在文化表現及觀瞻方面都是大可痛心的。因這事實明顯的代表著我們文化衰落，至於消滅的現象。
>
> 要能提煉舊建築中所包含的中國質素，我們需增加對舊建築結構系統及平面部署的認識。構架的縱橫承托或聯絡，常是有機的組織。附帶著才是輪廓的鈍銳，彩畫雕飾，及門窗細項的分配諸點。這些工程上及美術上措施常表現著中國的智慧及美感，值得我們研究。許多平面部署，大的到一城一市，小的到一宅一園，都是我們生活思想的答案，值得我們重新剖視。我們有傳統習慣和趣味：家庭組織，生活程度，工作，遊息，以及烹飪，縫紉，室內的書畫陳設，室外的庭院花木，都不與西人相同。這一切表現的總表現曾是我們的建築。現在我們不必削足就履，將生活來將就歐美的部署，或張冠李戴，顛倒歐美建築的作用。我們要創造適合於自己的建築。在城市街心如能保存古老堂皇的樓宇，夾道的樹蔭，衙署的前庭，或優美的牌坊，比較用洋灰建造卑小簡陋的外國式噴水池或紀念碑實在合乎中國的身份，壯美得多。且那些仿製的洋式點綴，同歐美大理石富於「雕刻美」的市中心建置相較起來，太像東施效顰，有傷尊嚴。〔註17〕

〔註17〕 梁思成：《為什麼研究中國建築》（1946），《梁思成談建築》，北京：當代世界出版社 2006 年版，第 443 頁。

　　筆者一直以來就在思考除了文化傳統的失落之外，還有沒有別的原因導致我們在建築風格上的崇洋媚外呢？因為拿文化做靶子總顯得目標太虛太大。曾有學者批判到「現實的中國，一些好大喜功的官員、利欲薰心的開發商和弱智的設計師合謀之後對城市進行的破壞，構成了中國過去、現在和未來最大的腐敗和遺憾。」〔註18〕「官員」、「開發商」、「設計師」（專家學者），也就是郎咸平教授所謂的「腐敗鐵三角」，三者的勾結具有超級的穩定性。看看《青年建築師的聲音》〔註19〕，充滿了詩性智慧和文化責任感，可為什麼呈現出來的卻總讓人失望？生存的壓力和藝術的創作在什麼環節上出現了裂痕？

　　我想到過：

1、西式的生活先天優於中國式的居住方式？

　　這個問題的答案應該很清楚，幾乎所有對東西方文化史有所瞭解的人都應該承認在人類漫長的數千年中，中國人不敢說是最懂得生活懂得享受生活的族群的話，那也至少是「最」中之一。就算是西方現代文明比中國優越導致了建築設計者一路歪風吹向西的話，試問，設計西式住宅的人真正清楚西式的精神內涵在哪嗎？作者認為，西式的生活方式很重要的特徵就是活在傳統裏，而不是一天一個樣，今天拆明天建後天再拆。這就是到歐洲看古建和到中國看古建的不同，他們就是個老態龍鍾，我們是找個年輕人喬裝打扮一番出來騙騙人的，反正真懂行的也不多，旅遊開發商總把遊人當白癡。

　　張欽楠先生說，20世紀以來，中國形式的建築傳統正遭受外來文化的強烈衝擊。在這個問題上存在兩種錯誤的觀點。一種是投降觀點。在文化的衝撞中，由於貧富差距，富裕一方往往被認為其文化、其建築藝術也是先進的，貧窮一方只要全盤照抄就可以了，結果必然會喪失自己的民族特性；另一種觀點就是閉關自守，抱住自己的風格不放，也必然會落後於時代的發展。他認為，面對外來建築藝術的衝擊最重要的是認清自身建築藝術的文化根源。每一種建築藝術的形式都會有相應的文化根源。單純的原版照抄外來建築形式只會喪失自己的特色，喪失建築藝術的文化依託，使建築藝術與文化生活剝離，甚至無法立足。〔註20〕

〔註18〕 海默：《中國城市批判》，武漢：長江文藝出版社2005年版。

〔註19〕 楊永生主編：《建築百家言續編——青年建築師的聲音》，北京：中國建築工業出版社，2003年。

〔註20〕 轉引自劉麗梅、封凱棟：《關注建築藝術的未來》，
　　　　http://www.gmw.cn/01ds/2000-04/12/GB/2000^295^0^DS2211.htm。

　　如果我們既不徹底瞭解西方，也不徹底瞭解東方，卻試圖去融合東西方的居住文化是不會有好下場的，弄不好就是東施效顰、邯鄲學步。設計巴黎小鎮和英倫風情的那幫子人，有幾個去過歐陸，即使去過，不過是浮光掠影地走走。

　　人口的膨脹、生存空間的縮小迫使我們不得不改變中國傳統住居的平面佈局，而向天空挺伸索要空間。這是生存的無奈。但是，即使在有限的空間內，還是在抄襲西方，根本不照顧中國人的審美傳統。中國人的心靈是趨於內向的，審美情趣是講究含蓄的，中國傳統造園藝術重要的手法之一是遮蔽，要的是移步換景和羞答答的美麗。戲臺上，大家閨秀總以袖遮面，水袖徐緩落下，驕矜中逗得滿堂春柳桃花開。可如今所謂高檔小區內充斥的是西方造園術，傳統的審美和技巧被取代，同時被改變的是久居其內人的思維和行為。就像看場豔舞表演，總希望女優們快快地坦誠相見。中國園林的水景跟西方也是不一樣的，中國人喜歡相對平靜、自然地流淌，西方人變著法子讓水上噴，即水法（噴泉），而且總有些矯揉造作的花樣。中國的傳統居住環境理念是將住居融入景觀環境，講究的是「自然」「融合」「渾然一體」，而現在只是在密密麻麻的水泥叢林之中施以綠色，稍事點綴而已。這是對傳統住居美學思想的徹底顛覆。

2、農耕文明的衰落消解了傳統的生活方式？

　　到底是農耕文明的衰落還是「農民」地位的衰落導致我們將「農村」一詞幾乎等同於愚昧落後、破敗待興？數千年的重農國家為何在短短百年不到竟把「農」來了個本末倒置？當然，自古就有「勞心者治人，勞力者治於人」之說，或者自古就看不起農民不過因為口糧的關係，國家策略性地「以農為本」？未必吧？

　　消解農耕文明的工業文明要求社會分工，在住宅建築行業裏就是建房人和住房人的兩種角色分離。建築是一種人類心靈的藝術，在建房人和住房人分離之前，建築最大限度地寄託了房主的心靈訴求，最直截了當地體現了房主的對詩意生活的追求。建房人和住房人分離之後，出現了很悲哀的事情，就是自己的房子自己做不了主了。社會角色不斷的細化分散，每個人都陷入了不由自主甚至由別人掌控自己的肉身乃至精神世界的尷尬。徽商既是徽州民居的設計者、建造者也是居住者，因此就會更加用心地投入其中，自己的詩性情感、詩意心靈借助民居的物態表達出來。而且每家每戶都試圖在與整

個村落和諧統一中求得「和而不同」，其中的「不同」即是詩性智慧所在，藝術的價值就體現在「不同」中。現代住宅幾乎全部是同一模板的無限複製，走進一個小區，每家的空間格局都是一樣的，不同之處僅僅在於房間內的點綴，倘若從藝術欣賞的角度來看的話，毫無欣賞的價值。

筆者認為農耕文明的表象在工業文明的衝擊下必然會出現衰落或轉向，大機器生產必然要代替刀耕火種式的手工勞作，但是生產方式不是農耕文明的本質，本質在於從農耕文明的環境中所養成的生活態度、生活智慧和詩性心靈。這就是民俗心理，一旦定型，就會跨越時空超穩定地傳承。百年而已，不至於「禮崩樂壞」到如此不堪。

儘管我們用了百餘年的時間將源自幾千年農耕文明的衣著穿戴、禮節舉止洗脫殆盡，但也應該樂觀以待，因為這些都不是中國人為中國人之根本所在，都是「皮」而不是「裏」。中國人有獨特的思維模式、精神世界和心靈訴求，這些都不是短短百年的西風所能吹破的。文明的發展，尤其是處於弱勢的時候，效尤強勢在所難免，但是一旦轉弱為強那一天到來，深蘊其文化內裏的情感、靈魂的訴求就一定會「沉渣泛起」，在外來文明的陌生環境中，我們的靈魂找不到依存和安全感。中國人的身體只有寄存了中國文化的精魂才算是靈肉合一。

3、科學的大興瓦解了藝術的詩意？

科學是伴隨著工業文明出現的，科學主義以凌厲之勢迅速完成了「大一統」的局面，判斷日常生活是否合乎常理的唯一標準就是「科學與否」？科學主義對人類文明的發展有著積極的推動作用，但與其同時產生的還有「偽科學主義」，二者往往真偽難辨，正是「偽」科學讓人的面孔失去了表情，內心也日益變得荒涼，都成了機械的玩具。[註21]

鄭元者教授說：「在人類的發展史上，藝術與人類的生存現實之間一直發生著本質性的關聯，而藝術在本性上是以意識性的產品顯現於世的，作為過程的時間意識是它的內在要求。藝術品的製作、分析和詮釋都需要較長的時間，所以，在人的意識領域，藝術永遠是一種真理性的人生事件。時至20世紀，科學技術以其特有的威力突入了人的一切常規生活圈，以至成了人的生存現實的一個部分，但是，科技的進步意味著勞動過程的縮短，亦即時間性

〔註21〕可參見吳國盛先生的文章《當代中國的科學主義與科學傳播》
http://blog.sina.com.cn/s/blog_51fdc0620100bi39.html

的壓縮，這對藝術卻構成了前所未有的威脅。比如，在目前環境下，人們在喧囂四起的大眾文化領域中所見到的更多的是愈演愈烈的高技術複製、朝生暮逝的時尚變化以及即時性的情緒宣泄或心理反應，而長時段的精神性磨煉被降格到最低的限度，心靈的玩味和孤獨的冥想幾乎失去了存在的地盤。這無異於把藝術的精魂推向了消亡的邊緣，而人的生活也被急劇地壓縮爲技術化、市場化的東西。換句話說，在高科技時代，藝術的時間意識在人的意識領域的衰退，在很大程度上正是人生的審美過程性的衰退的一種回應，意味著人的生命感受正面對著一場很有可能失去自我提升力量而走向凡庸的精神歷險。」〔註22〕說得鞭闢入裏，入木三分。

馬斯洛曾說過這樣一段話：「對科學的心理學解釋起源於這樣一種敏銳的認識：科學是人類的創造，而不是自主的、非人類的、或者具有自身固有規律的純粹的『事物』。科學產生於人類的動機，它的目標是人類的目標。科學是由人類創造、更新、以及發展的。它的規律、結構以及表達，不僅取決於它所發現的現實的性質，而且還取決於完成這些發現的人類本性的性質。」〔註23〕我們嘗試著將馬斯洛這段話中的「科學」二字全部換成「建築」，就會發現這段關於科學的「敏銳的認識」變成了一段恰如其分的對建築的「敏銳的認識」。科學，這個曾經被認爲是超越人類的「客觀現實」，代表著「永遠進步」的引領人類邁向未來物質天堂的新救世主，在人類經歷了現代化的喜悅和接連兩次人類歷史上最野蠻、最富於技術性的屠殺，以及工業化對生態毀滅性的摧殘而危及人類生存的時候，不得不重新審視其中人類意志的存在。人，才是我們這個世界的意義所在。建築的出發點和歸宿都是人。這才是人本主義建築哲學和建築美學的靈魂。好的建築幫助人成爲完整的人；壞建築則支離破碎人。建築藝術的使命理應表現人的新的主體性；表現人和正在變化的世界；表現人的精神狀態，使原先看不見的精神狀態可以看得見。〔註24〕人之存在的幸福與否、詩意的有否，這才是「科學主義」大行其道之後，我們該冷靜下來思考的問題。這是建築目的的終極所指，更遑論民居建築與人是如此的朝夕不離。

〔註22〕鄭元者：《美學觀禮》，北京：中國發展出版社 2000 年版，第 78 頁。

〔註23〕【美】A.H.馬斯洛：《動機與人格》，許金聲、程朝翔譯，北京：華夏出版社 1987 年版。

〔註24〕趙鑫珊：《人→屋→世界——建築哲學與建築美學·序》，天津：百花文藝出版社 2004 年 7 月版。

科學的出現不是為了讓人活得痛苦，而是為了揭示和幫助人類認識自身文化中存在的「詩意」，並為更加詩意地生活提供可能。中國文化、中國人的居住方式喜歡講究個意境、詩意，這種追求才是我們的根，把根切斷，即使暫時看上去枝繁葉茂，但是因為失去了跟大地的聯繫，終究是走不遠的。

4、「貴族精神」的失落？〔註25〕

筆者在寫作過程中一直在思考，受到劉再復先生在鳳凰衛視《世紀大講堂》有關「貴族精神」的講演的啟發。可能正是近現代史上屢次的「打土豪、分田地」等等運動，將「貴族」這個階層幾乎徹底抹殺。而這個階層自古以來就是傳承文化的主要力量。貴族的消失直接帶來貴族精神的消失，貴族精神失落後詩意的心靈也隨之失落。當然，我們不是在鼓吹「復辟帝制」，否定新中國在人民解放事業上的偉大成就。

國中近些年出現很多號稱的「貴族學校」。竊以為，貴族學校和貴族精神沒有必然的聯繫，貴族精神也不就是有錢人的精神，有時候精神跟錢是沒有太大關係的。許紀霖先生說貴族精神的核心是「自由」，也有人以英國和法國的貴族精神做對比，得出結論「貴族精神的核心絕對不是紳士的風度和高貴的禮儀，而是在國家民族面臨危亡的時候，他們能夠勇敢地衝在戰鬥的最前面。這種深深的社會責任感，才是貴族精神的精髓。」，我認為以上諸家觀點都具有外向性，而缺少了反向內心的精神，我以為真正的貴族精神是時刻保持著詩意的心靈去經營自己的生活，多少需要一點文學的氣質。工人在車間、農民在田間，能活出多少詩意來？有人說，田間多好啊，田園風光，如詩似畫，那是因為說這話的人是去看的，不是幹的，真叫你為了生計面朝黃土背朝天，詩意就全隨著汗水蒸發啦。

當然，貴族精神的物質呈現是必須以錢來做保證的。從徽州民居來看，藝術價值是鋪墊在「黃白」之上的。但是，只有錢也不行，徽商以「賈而好儒」著稱，他們不光有錢，骨子裏也有文化，崇尚風雅精緻的生活，並有足夠的品味支撐住自己的住宅。

〔註25〕「貴族」一詞應是源於西方表達方式的語彙，在中國鄉土社會中相對應的是「縉紳」、「鄉紳」，是對中國民間社會影響至大的群體。費孝通先生在《鄉土中國》、張仲禮先生在《中國紳士：關於其在 19 世紀中國社會中作用的研究》書中都曾對中國的「紳」階層予以關注、考察和分析。

筆者田野考察中，曾對宏村承德堂主人汪全新、居善堂主人余福來、樹人堂主人汪森強及鄭村和義堂主人汪育眞進行詳細的訪談，問過他們同一問題「目前古民居保護最大的問題是什麼？」無一例外的回答是「資金」，沒有資金連最基本的維護都難以做到。四人中除了余福來是買自別家之外，其餘三人都是承繼了祖宗家業，而今他們也只能眼睜睜看著偌大的房子在一天天的損毀潰爛，想來令人扼腕，祖宗的宏大家業如今反而成了他們巨大的負擔。他們顯然已經是落魄的貴族的後代，承擔不起沉重的文化使命。

居善堂主人余福來，宏村最早將民居開發成客棧者

和義堂主人汪育眞，爲保護開發祖宅奔走呼告

文化大環境下，社會群體數典忘祖、趨炎附勢，致使在中西文化較量中龍暫時招架不住上帝了，這才造成華夏遍地小洋樓的扭曲景觀。

第二節　詩意家居　回歸浪漫

前文進行的是並不全面的對傳統民居藝術失落的個人思考，批判的目的在於建設。看出什麼病來，總要開出個藥方來。做學問的人不能老是心憂天下卻事不關己，經世濟民是中國讀書人的本分。

一、如何實現家居的詩意？

歷史已然發展到了今天，過去再好我們也回不去。徽州古民居再如何的精美絕倫充滿詩意我們也不可能拷貝不走樣，那樣又會被批為「重複古人、毫無新意」。

荷爾德林是「詩意的棲居」這個短語的鼻祖，海德格爾用這個短語來呼籲回歸人之本體。就居住方式來講，所謂「詩意地棲居」，就是通過人生藝術化、詩意化，來抵制科學技術所帶來的個性泯滅、生活刻板化和碎片化的危險。「刻板化」指現代技術為了生產和使用的方便，把一切變得千篇一律。「碎片化」指人和自然脫節，感性和理性脫節。人成為被計算使用的物質，成為物化的存在和機械生活整體的一個碎片。〔註26〕

宗白華先生在上世紀四十年代就已在質問「中國文化的美麗精神往哪裏去」，說到：

> 中國民族很早就發現了宇宙旋律及生命節奏的秘密，以和平的音樂的心境愛護現實，美化現實，因而輕視了科學工藝征服自然的權力。這使我們不能解救貧弱的地位，在生存競爭劇烈的時代，受人侵略，受人侮辱，文化的美麗精神也不能長保了，靈魂裏粗鄙了，卑怯了，怯懦了，我們也現實的不近情理了。我們喪盡了生活裏旋律的美（盲動而無秩序）、音樂的境界（人與人之間充滿了猜忌和鬥爭）。一個尊重樂教、最瞭解音樂價值的民族沒有了音樂。這就是說沒有了國魂，沒有了構成生命意義、文化意義的高等價值。中國精神應該往哪裏去？〔註27〕

荷爾德林「詩意的棲居」中的「詩意」和宗白華先生「美麗精神」的「美麗」具有共通的內在指向。發掘中國傳統民居的「詩意」目的就在於營造「美麗」的新民居。那麼，詩意的美麗又從何處來？作者認為只能從中華文化的母體中來。

羅哲文先生說，建築形式根植於文化傳統，建築最能形象地反映一種文化特色。今後建設有中國特色的民族建築，傳統古建築有重要的參考價值。從世界背景來看，全球一體化的趨向使得建築文化也面臨特色危機，

〔註26〕　參閱凌繼堯：《美學十五講》，北京大學出版社 2003 年 8 月版，第 251 頁。
〔註27〕　宗白華：《中國文化的美麗精神往哪裏去》（1946），見《天光雲影》，北京：北京大學出版社 2005 年版，第 32～33 頁。

保持地區的民族的特色越來越受到重視，各具特色的才是一個豐富多彩的世界。中國的建築藝術在世界上是一個獨特的建築體系，中國建築是在根植於自身文化傳統的前提下求得發展的，傳統建築一方面作爲民族的歷史保存下來，另一方面也是發展現代化的依據，也是我們當前進行建築設計的靈感源泉。〔註28〕

那麼中國古代建築的傳統在何處？梁思成先生曾歸納到「在環境思想方面異於其他建築者有四：一，不求原物長存之觀念，安於新陳代謝之理，以自然生滅爲定律；二，建設活動受道德觀念之制裁，尚儉德、詘巧麗營建之風；三，著重布置之規制，政治、宗法、風俗、禮儀、佛道、風水等中國思想精神之寄託於建築平面之分佈上，中國詩畫之意境，與建築藝術顯有密切之關係；四，建築之術，師徒傳授。不重書籍，傳世術書，惟宋清兩朝官刊各一部耳。」〔註29〕梁先生在自己歸納出的中國建築思想傳統的基礎上又認爲：（建築）藝術創造不能完全脫離以往的傳統基礎而獨立。這在注重畫學的中國應該用不著解釋。能發揮新創都是受過傳統薰陶的。即使突然接受一種嶄新的形式，根據外來思想的影響，也仍能表現本國精神。如南北朝的佛教雕刻，或唐宋的寺塔，都起源於印度，非中國本有的觀念。但結果仍以中國風格造成成熟的中國特有藝術，馳名世界。藝術的進境是基於豐富的遺產上，今後的中國建築自亦不能例外。〔註30〕

筆者以爲，中國民居建築傳統的精髓在於對「生命美感」的重視和營建，這在第三章中已經詳細論述。因此，讓民居建築回歸它的本質，讓它不再從屬於權力和財富，而是眞正服務於生命，贊美生命。中國未來的民居應該尊重中國人的生活方式、審美取向和傳統思維，重新回歸「家」的感覺，著意於「家園」氛圍的營造。方如此，才能眞正做到用「美麗的精神」「詩意地棲居」在「家」中。

〔註28〕 轉引自劉麗梅、封凱棟：《關注建築藝術的未來》，
http：//www.gmw.cn/01ds/2000-04/12/GB/2000^295^0^DS2211.htm。

〔註29〕 梁思成：《中國建築史》，天津：百花文藝出版社 2005 年，第 12～14 頁。

〔註30〕 梁思成：《爲什麼研究中國建築》（1946），《梁思成談建築》，北京：當代世界出版社 2006 年版，第 444 頁。

二、詩意家居的嘗試

可能人的天性就是永遠對現狀不滿，所以總有人提醒自己「難得糊塗」。筆者對失落傳統的痛心和洋派十足的痛惡可能有點情緒化和不理智。中國的建築設計工作者也從未停止過對適合中國人居住的住宅的探索。《傳承徽派建築》〔註 31〕一書就是設計工作者的一種探索，我非業內人士不好妄下斷語評論其成功與否，但是要向做這些探索新徽派民居建築的人表示敬意。

就筆者調查結果來看，新徽派建築主要有兩種，一種是徽州當地的「赤腳建築師」自建的新民居，前者在上世紀八十年代剛出現時，就有學者敏銳地發現，這些民居「和老房子差不多，『徽州味』很濃：村溪水街存在，粉牆青瓦馬頭牆存在，堂屋保留著，天井或小院也有。但細看起來，它與舊民居又有很多不同……新舊民居比較起來，既是一種相承，又在變化」。

這一類「新民居」和明清舊民居的不同主要表現在：

圖 5-7　新徽派民居

〔註31〕金乃玲主編：《傳承徽派建築》，合肥：合肥工業大學出版社，2007 年。

　　大家族幾代同堂的家居模式慢慢解體，因此數進的縱深庭院在新民居中已不多見。

　　宗法祭祀等儀式活動已逐漸退出住宅，因此堂屋相對於廂房來說縮小了。

　　建築材料鋼筋混凝土開始出現，木料也比較細。

　　門罩、槅扇等建築局部已不事雕刻，有以平面墨畫代替者，可能反應了主人經濟實力不夠。

　　高牆尤其是一樓的牆上已開窗，改善了採光和通風。〔註32〕

　　另外一種新徽派建築是建築師有意識自覺地以徽派建築傳統特色因子為元素創新之作。其中有社區概念的公寓樓也有酒店、旅遊接待站等公共建築。（如圖 5-8、5-9〔註33〕）驅車在古徽州大地上，仍然可以感覺到新徽派建築在自覺地傳承著屬於徽州特有的建築風格。

　　筆者在與徽州古民居的主人座談時，曾問及他們對所謂新徽派民居的看法，基本都持否定態度，認為這些新民居僅僅是利用了古民居的馬頭牆和粉牆黛瓦而已，沒有繼承傳統徽州民居的精髓，譬如天井、四水歸堂、三雕裝飾等等。而作者認為固然天井、四水歸堂等是古民居的精華特徵所在，但是現代住宅的設計中受建築面積、居住方式和經濟實力等等因素的制約，已不便於將這樣的建築結構原樣照搬。現代人更願意使用空調來調節室內溫度，而不必借助天井。誠然，傳統徽州民居產生於物質文明並不發達的時代，那時候能做出如此設計的徽州先民是具有高超的智慧和技巧的，但是，在當下的生活環境中如何傳承傳統民居的優秀文化因子的確是個值得深思的問題，某種程度上可以說這關係到中國傳統文化的傳承和發展。

　　巴赫金在《藝術與責任》一文中曾寫下一段至今還有警醒意義的話：「生活與藝術，不僅應該相互承擔責任，還要相互承擔過失。詩人必須明白，生活庸俗而平淡，是他的詩之過失；而生活之人則應知道，藝術徒勞無功，過失在於他對生活課題缺乏嚴格的要求和認真的態度。」對此，巴赫金表示，藝術和生活不是一回事，但「應在我身上統一起來，統一於我的統一的責任中」。〔註34〕

〔註32〕單德啟：《村溪、天井、馬頭牆》，《建築史論文集》（第6輯），北京：清華大學出版社1984年，第120～134頁。

〔註33〕兩副設計圖採自金乃玲主編的《傳承徽派建築——設計作品集》一書。

〔註34〕轉引自鄭元者：《美學觀禮》，北京：中國發展出版社2000年版，第80頁。

圖 5-8　黃山香溪國際大酒店設計

圖 5-9　金寨縣某旅遊接待站，具有馬頭牆和白牆等徽派建築元素

圖 5-10　新徽派民居──帶有徽派風格的單元樓

結　語

　　民居如同布滿塵埃的文獻抑或久臥展館的文物，靠近、打開，我們就可以看到先民生活的栩栩畫卷。民居建築無疑是以技術手段支持其功能為目的，但當歷史的塵埃落定，我們看到的是人類生活的一面鏡子。在鏡中，我們找尋著自己存在的意義。再一次重覆文章反覆提及的「人詩意地棲居在大地上」，海德格爾用「詩意」來強調人的意義。而我們踏訪、走進、親吻民居，也正是在搜尋著這種詩意，也是嘗試著在精神上與已逝先民進行對話。

　　透過斑駁的粉牆、鱗次的黛瓦，我們確實摸到了先民曾苦心孤詣經營出的詩意。時光濾去了功利的現世追求，待「舊時王謝堂前燕，飛入尋常百姓家」時，其色黯淡，卻彌加雋永。

　　多年以來，不斷奔走流連於山水之間，這是個人喜好遊玩的興趣，也僅僅是遊玩而已。三年前，開始追隨民俗學，閱讀的深入、專業的需要使我重新踏進田野時，即使是在多次踏訪的故地，竟又發現了新生的秘密。獲得新知固然是欣喜的，但是同時卻又要面對深深的失落，失落於祖先的從容已難覓蹤跡、失落於先民的智慧已黯然無光、失落於古人的詩性浪漫已幾乎全盤翻轉。

　　於是，縱情山水間的時候一直夢想著能找到一個結合點與古人做一次精神的對話。我找到了民居。我不喜歡去已經無人居住，僅供遊人到此一遊的所謂民宅。房子無人居住已經不算是房子，充其量可算作是房子的「化石」，因為已沒了生命和人氣，只剩下冰冷的骨架了。所以，我選擇了尚活著的村落民居，老百姓古今一然地生息繁衍在自己的老房子裏，即使世事輪更，其間的精神氣脈應該不會有太離譜的更易。徽州古村落民居就是這樣成為了本文的研究對象。

　　但是，作者所要嘗試的不是做「徽學」學者們深挖細辨的工作，而是以學者們豐碩的成果爲基礎，試圖跳出浩瀚的資料，站得稍微高一點，去解析出房屋背後、資料內裏的生活氣息。這生活氣息正是傳統中國人特有的民俗的場相、詩性的浪漫、生活的智慧。這流傳千百年的浪漫智慧不會因爲短短百年不到的時間就消散於歷史煙塵。但是，必須要有人去追尋打撈。我就想做那個打撈者。這篇文章只是這項工作的起步，因此難免處處顯得稚嫩，就像三歲稚童的步履蹣跚。

　　作者在田野調查、寫作的時候也清醒地意識到，我所關注的對象是曾經豪門大戶的宅院，殷實的財產讓他們有能力去經營出好的生活。而最最大多數的人則是在蓬門柴戶的尋常人家中生活。那麼這樣的尋常到底算不算是美？

　　茅簷草舍之美在於莊子所說的「自然」，這「自然」關乎人心和態度。半坡時的物質條件應該不會好到哪裏去，但是那時的人們已經懂得開始描畫自己的生活，在有限的空間內經營著心靈的生活。鐘鳴鼎食之家，固有閒情逸致，茅簷草舍之內就沒有美的存在嗎？我以爲雕樑畫棟、朱欄玉砌固然美麗，然而竹籬柴門，「狗吠深巷中，雞鳴桑樹巓」，「斯是陋室，惟吾德馨」，我們生命的一大半的意義不是就在精神、心靈裏嗎？正如巴什拉在《空間的詩學》中所說的「從內心的角度來看，最簡陋的居所不也是最美好的嗎？」〔註1〕

　　中國人的傳統生活是從來不缺閒情雅致的，現代都市生活日漸消弭了這份難得的心境，久居都市的人逢到假日便紛紛走向田間地頭，「農家樂」旅遊方式的興起也算是應運而生。但，詩意的生活是不獨存於鄉野的，只要用詩意的心去經營，何處都是靈魂的故鄉。

　　中國傳統民居當中，不僅僅是徽商巨賈的家鄉是詩意美麗的，遍佈華夏九州廣袤鄉野間的民居都是當地先民的民俗生活場，都有獨到的美感和魅力。倘若有那麼一天，能走近觸摸每一處的屋居，該當是如何的幸事。論文的後續研究作者當奮力爲之。徽州民居僅僅是中國傳統民居苑圍中的一支奇葩，其他的姹紫嫣紅不予聆賞，又怎能得見先民精神氣場的全貌？

　　學術研究除了自得其樂之外，關注當下、心繫現實即使不是全體讀書人的本分，也必須有人來承擔踐行。所以，在面向田野回望古人的同時，必須

〔註1〕　【法】加斯東・巴什拉：《空間的詩學》，張逸婧譯，上海：上海譯文出版社2009年版，第2頁。

留出一隻眼睛來盯住現實面向未來。多年來，作者一直在思索學問的終極關懷在何處？就民居研究和設計來說，其目的又在何處？

記得 2007 年暑期，日本東京大學東洋文化研究所的菅豐教授與我在麗娃河畔小酌，酒酣之際，談及學問到底是為了什麼，我倆幾乎同時喊出「人的幸福！」。是啊，不知道從何時起，我們都太關注自己了。關注自己沒什麼可非議的，雷鋒確實偉大，但正因為難以做成雷鋒，所以才樹為標杆。問題就在「太」，凡事都過猶不及。恩師一直諄諄教導門下弟子，為人之道在於「溫柔敦厚」，為學之道在於「經世濟民」，知識分子合該就要胸懷天下的。

而就住屋來說，走進現代中國人的家裏，我們要認真搜尋才能找到中國傳統文化的影子，而且多數都淪為裝點賞玩，極少與身體直接發生接觸，更不要說靈魂了。殷智賢先生在《我們如何居住》中說到知識分子〔註2〕對中國家居文化的介入越來越少，影響力越來越小，今天的住宅裏幾乎不包括知識分子的思考。有人歸咎於知識分子的清高，但我們應該更清醒得看到這並非源於傳統，中華傳統文化中的知識分子是有「兼濟天下」情懷的，「獨善其身」是窮困潦倒的無奈。但是，今天不知道被什麼逼得來了一個顛倒，我們耽沈於緊鎖書齋孤芳自賞，對心憂天下者嗤之以鼻。關心自己的痰盂夜壺，可以。妄議國是，閉嘴。

就民居而言，居住者的幸福感在於何處？不知西人為何，國人是歷來重視「家」的感覺的。「家」不是一個僅供日常起居的冰冷場所，而是帶有溫情、人情，注入了居住者情感的居所。「家宅庇祐著夢想，家宅保護著夢想者，家宅讓我們能夠在安詳中做夢」，「家宅在自然的風暴和人生的風暴中保衛著人，它既是身體又是靈魂。它是人類最早的世界」。〔註3〕現代化把建房住房分成了兩種角色，使設計房、建房者的文化責任尤重。一個有著文化責任感、道義感的設計者不應該完全被市場左右，甘受金錢的奴役，而應該最大限度地在設計中關注中國人的情感滿足，幫助購房入居者實現對「家」的渴望和夢想。假如有那麼一天，能夠在設計起始就把未來房主的個人情感需求加入，那就是住宅設計的進步了。

〔註2〕知識分子：陳丹青先生說了，現在中國的讀書人總沾沾自喜於自己是「知識分子」，覺得這就高人一等了，其實，「分子」經常依附在「黑五類」（地富反壞右）後面的。

〔註3〕【法】加斯東·巴什拉：《空間的詩學》，張逸婧譯，上海：上海譯文出版社 2009 年版，第 4、5 頁。

　　住宅設計師儘管多出自工科，但是這同樣是需要以藝術和文化作底的，否則設計得再華麗，也僅僅是徒有其表。設計師在城市村鎮擺佈著各式各樣的房屋，這很大程度上左右影響著人們的審美和情趣。所以，必須提供大眾一個良好的審美導向。我們都要懂得只有我們構建了詩意的家居，家居才有可能幫助我們實現詩意的生存。家，不是一個無情的存在。

　　我沒有去建築學系聆聽過老師們的課，也不知道老師們是如何塑造那些未來的設計師的。但是，現實是學院裏出來的設計師毫無靈性地抄襲著自己和別人。〔註4〕「千城一面」的下一步是「千村一面」，我彷彿看到了這種悲哀。其實，設計師也有點冤枉，因為設計歸他管，而建設卻幾乎與他無關。因此他們能做的也只是偌大環節中的小小的一節。這是殘酷無奈的現實。

　　儘管如此，「人的幸福」應該是盞長明燈，不管是做學理性探索還是做應用性研究。有人總喜歡把這兩種研究用「形而上」和「形而下」來框界和定性，一上一下貌似就有了格調的高低，我卻以為，學問只有內容旨趣差異，無所謂格調高低。

　　這話說出來應該會被批為「唱高調」，高調就高調吧，總比荒腔走板「不著調」要好。

　　是為本文結語。

〔註4〕作者在考察新徽州民居的時候，發現眾多小區外觀的設計創意都來自貝聿銘設計的蘇州博物館，偶有一二倣仿倒也無妨，群起倣仿就毫無創意可言了，根本看不出設計者自己的藝術氣質。

附錄 1：中國民居及徽州民居研究論文舉要[*]

中國民居（不含徽州民居）研究類

1. 樊海彬、謝寧寧、魏卓、陳宇：《從長城一線民居調研談新農村建設生態設計觀》，《科技創新導報》2009 年 04 期。

2. 王豔飛：《中國傳統民居爲當代建築師提供的節能新理念》，《山西建築》2009 年 04 期。

3. 謝浩：《傳統民居生態觀於現代建築中的體現》，《建築裝飾材料世界》2009 年 03 期

4. 姚美康：《中國傳統民居大門裝飾中的民俗文化》，《傢具與室內裝飾》2009 年 03 期。

5. 陳淩廣、陳淩峰：《綺麗的浙西三門源古民居婺劇磚雕》，《文藝研究》2009 年 02 期。

6. 牛瑋妮、時匡：《與自然共生：傳統民居建築與村寨佈局規劃的新審視》，《小城鎮建設》2009 年 02 期。

7. 楊玲、張明春：《江南民居中的廳堂環境與書齋環境》，《室內設計》2009 年 01 期。

8. 李堯、王玉棟、陳峰：《傳統民居庭院空間初探》，《建築設計管理》2009 年 01 期。

9. 陸琦、郭煥宇：《新時期民居建築研究的繼承與發展——第十六屆中國民居學術會議綜述》《華中建築》，2009 年 01 期。

10. 郭琳琳：《傳統民居的生態適應性與現代居住建築設計》，《中州大學學報》2009 年 01 期。

---

[*] 此目錄中含行文中參考過的論文文獻，不再在參考文獻一項中列出。

11. 鍾麗穎、李芬：《中國民居建築藝術與人的生活文化情趣》《美術界》，2009年01期。

12. 沈鈞、沈昌乙：《自然與人文的交融智慧與造化的結晶：江南傳統民居解讀》，《建築創作》2009年01期。

13. 倪蕾、胡振宇：《弘揚民居傳統文化 創造特色時代住宅》，《中國勘察設計》2009年01期。

14. 李東鋒、郭立源：《傳統商業街區與民居街巷的探析》，《山西建築》2009年01期。

15. 范靜、楊大禹：《傳統民居鄉土材料創作中的視覺思維》，《鞍山師範學院學報》2008年06期。

16. 徐雷、程燕：《從民俗文化看中國傳統民居的裝飾》，《東南大學學報（哲學社會科學版）》2008年S2期。

17. 李明龍：《景區民居客棧管理體系比較研究——以同里、烏鎮、西塘、宏村古鎮為例》，《浙江旅遊職業學院學報》2008年01期。

18. 李連璞、曹明明、劉連興：《中國傳統民居：困境分析與可持續路徑》，《西北大學學報（自然科學版）》2008年01期。

19. 鄧智勇、王俊東：《對我國民居分類問題的幾點思考》，《建築師》2008年02期。

20. 張萍、李春雨：《中國傳統民居的生態設計觀》，《山西建築》2008年13期。

21. 劉原平、羅豔霞：《傳統民居建築與人類社會》，《山西建築》2008年08期。

22. 馬金柱：《植物及水體在民居中的調溫作用》，《山西建築》2008年06期。

23. 郭晶、柯茂松：《從生態的角度談傳統民居的建造》，《福建建設科技》2008年01期。

24. 周玉明、魏向東：《傳統民居隱性環境特徵的延續》，《南京藝術學院學報（美術與設計版）》2008年02期。

25. 李聞茹：《淺析傳統民居與現代高層住宅的居住心理》，《美術大觀》2008年06期。

26. 楊黎：《試論我國本土民居與環境觀的傳統價值回歸》，《安徽農業科學》2008年28期。

27. 方向新、邱玉函：《時空變幻下古民居的人文影響——基於空間—文化—居民互動的角度》，《湘潮（下半月）》（理論）2008年12期。

28. 李晶：《新農村民居設計的探索》，《江西建材》2008年04期。

29. 徐怡芳、王健：《傳統民居空間與現代設計創新》，《華中建築》2008年12期。

30. 何海霞、張三明：《中國傳統民居院落與氣候淺析》，《華中建築》2008 年 12 期。

31. 劉春香：《從中國傳統民居到生態建築》，《遼寧工業大學學報（社會科學版）》2008 年 06 期。

32. 孫亞峰：《中國傳統民居春節門飾民俗探析》，《美術大觀》2008 年 12 期。

33. 梁昭華、高國珍、李永輪：《明清民居木雕裝飾圖案造型的多樣性》，《美術大觀》2008 年 11 期。

34. 劉李峰、馮新剛、牛大剛：《傳統民居建築理念、特徵及其當代傳承問題研究》，《小城鎮建設》2008 年 11 期。

35. 王素芳：《傳統民居中的文化意識》，《科技信息（學術研究）》2007 年第 24 期。

36. 焦雷、高成全：《地理要素對中國傳統民居建築形制的影響》，《山西建築》2007 年第 20 期。

37. 李婷、陳力、關瑞明：《傳統民居中的生態適應性——兼論哈桑‧法斯的類設計實踐》，《福建建築》2007 年第 9 期。

38. 楊春蓉：《保護城市現代化進程中的傳統民居》，《經濟導刊》2007 年 7 月。

39. 董宏：《傳統民居對建築節能設計的啟示》，《建設科技》2007 年 7 月。

40. 周雷：《打上環境烙印的我國傳統民居》，《中學政史地（八年級）》2007 年第 4 期。

41. 李婷婷：《傳統民居演變過程中防災作用的初步研究——以梅州客家傳統民居爲例》，《重慶建築大學學報》2007 年第 3 期。

42. 張建鋒、周穎：《傳統民居與現代綠色建築體系》，《中國集體經濟（下半月）》2007 年第 3 期。

43. 劉飛：《風水文化對傳統民居的影響》，《科技促進發展》2007 年第 3 期。

44. 韋麗軍、宋乃平：《從環境看我國西北回族傳統民居文化》，《寧夏工程技術》2007 年第 2 期。

45. 楊玲：《傳統民居——蘇州歷史文化的「活化石」》，《傢具與室內裝飾》2007 年 2 月

46. 劉俊：《對湘西傳統民居建築裝飾文化的思考》，《裝飾》2007 年第 2 期。

47. 周慧：《貴州傳統民居建築的環境自然生態觀》，《貴州民族研究》2007 年第 3 期。

48. 蔣慧、黃芳：《傳統民居進行旅遊開發的理性思考》，《經濟地理》2007 年第 2 期。

49. 秦楊：《濟南傳統民居及其環境特色評析》，《科技信息（學術研究）》2007 年第 8 期。

50. 賈松林、邵影軍：《對我國傳統民居生態思想的初探》，《四川建築》2007年第 S1 期。

51. 麥朗、羅蔚：《論傳統民居文化與現代住宅設計》，《佛山科學技術學院學報（社會科學版）》2007 年第 4 期。

52. 南喜濤：《論天水傳統民居建築的「生殖崇拜」意識──天水傳統民居心態文化研究之二》，《天水師範學院學報》2007 年第 3 期。

53. 孫紅哲、郝赤彪、劉海翔：《解析中國傳統民居的人性化設計》，《小城鎮建設》2007 年第 2 期。

54. 黃烏燕：《淺析閩南傳統民居建築》，《山西建築》2007 年第 25 期。

55. 王崇恩：《淺析山西傳統民居理念的可持續發展》，《山西建築》2007 年第 15 期。

56. 傅璟：《淺談自然與人文生態同構中國傳統民居生態環境》，《美術大觀》2007 年第 7 期。

57. 胡哲、曾忠忠：《試析傳統民居建築中的身體觀》，《華中建築》2007 年第 10 期。

58. 孫冬、解旭東、劉海翔：《人居環境審美探源──淺談中國傳統民居形態之「三美」觀》，《青島理工大學學報》2007 年第 2 期。

59. 蔣露瑤、杜長海：《蘇北傳統民居的門窗藝術》，《徐州建築職業技術學院學報》2007 年第 1 期。

60. 張亞池、何燕麗：《皖南傳統民居與傢具》，《傢具與室內裝飾》2007 年第 6 期。

61. 潘波、王旭東：《四川傳統民居簡析》，《黑龍江科技信息》2007 年第 5 期。

62. 王向波、武雲霞：《在繼承中發展──關於傳統民居的現代化嘗試》，《華中建築》2007 年第 5 期。

63. 謝浩：《我國傳統民居氣候設計的啟示》，《住宅科技》2007 年第 6 期。

64. 葉玲玲：《生態建築與傳統民居》，《福建建設科技》2007 年第 5 期。

65. 王海雲：《中國傳統民居的創作方法借鑒》，《山西建築》2007 年第 22 期。

66. 張淑肖、郭曉蘭、張萬良：《鄉村傳統民居的出路──以河北定州翟城村的示範屋爲例》，《小城鎮建設》2007 年第 2 期。

67. 趙愛輝：《中國傳統民居的保護與創新》，《安徽文學（下半月）》2007 年第 2 期。

68. 劉星顯、李亞光：《中國傳統民居建築形式要素研究》，《山西建築》2007 年第 20 期。

69. 樓慶西：《中國古村落：困境與生機──鄉土建築的價值及其保護》，《中國文化遺產》2007 年第 2 期。

70. 廖少華：《〈周易〉古文化對傳統民居的深遠影響》，《美術》2007 年第 6 期。

71. 賈寧：《中國傳統民居中的虛與實》，《山西建築》2006 年第 24 期。

72. 于會歌：《中國傳統民居中的家文化偏向》，《遼寧師範大學學報（社會科學版）》2006 年第 6 期。

73. 向嵐麟：《中國傳統民居中的眞善美探析》，《西南交通大學學報（社會科學版）》2006 年第 4 期。

74. 趙青、喬飛：《中國北方傳統民居裝飾藝術與特徵》，《山西建築》2006 年第 10 期。

75. 胡賽強：《中國傳統民居聚落的生態意象》，《藝術・生活》2006 年第 6 期。

76. 王玉靖：《浙東寧波地區傳統民居的建築風格》，《城鄉建設》2006 年第 5 期。黃豔麗：《中國傳統民居 de 審美》，《湖南林業》2006 年第 2 期。

77. 周鳴鳴：《中國傳統民居建築裝飾的文化表達》，《南方建築》2006 年第 2 期。

78. 席暉：《現代建築對傳統民居的借鑒與昇華》，《建築》2006 年第 1 期。

79. 張軼群：《新世紀、新視野中的傳統民居再研究》，《華中建築》2006 年第 11 期。

80. 闕龍開、毛中華：《西藏傳統民居建築概要》，《四川建築》2006 年第 9 期。

81. 楊立峰、莫天偉：《儀式在中國傳統民居營造中的意義——以滇南「一顆印」民居營造儀式爲例》，《建築師》2006 年第 6 期。

82. 樓慶西：《一個人的執著——梁思成的古建之路》，《中國文化遺產》2006 年第 2 期。

83. 阮儀三：《天人合一的中國傳統民居》，《上海房地》2006 年第 1 期。

84. 李章：《淺析山西傳統民居建築文化内涵》，《山西建築》2006 年第 21 期。

85. 賈寧：《體味空間意境——中國傳統民居建築空間研究》，《安徽建築》2006 年第 6 期。

86. 顧蓓蓓：《蘇州傳統民居門楣辟邪物》，《江蘇地方志》2006 年第 5 期。

87. 劉福智、劉加：《山地傳統民居的保護及可持續發展》，《青島理工大學學報》2006 年第 1 期。

88. 王建華：《論中國傳統民居的生態特性》，《華中建築》2006 年第 11 期。

89. 王周：《馬來傳統民居及其室内陳設》，《傢具與室内裝飾》2006 年第 3 期。

90. 王勁韜：《論傳統民居的磚雕藝術》，《裝飾》2006 年第 2 期。

91. 張軼群：《傳統民居與城市地域文化》，《建築與文化》2006 年第 28 期。

92. 何峰、寧紹強：《東西方自然美學觀的交流在壯族傳統民居變遷中的映像》，《美術觀察》2006 年第 12 期。

93. 劉婷：《傳統民居文化中的意象》，《安徽文學》2006 年第 12 期。

94. 雷雪梅：《從傳統民居看文化思想對建築藝術的影響》，《美術大觀》2006 年第 12 期。

95. 陳正平：《傳統民居與居住民俗的文化內涵》，《達縣師範高等專科學校學報》2006 年第 3 期。

96. 王春雷、謝海琴：《傳統民居的灰空間》，《徐州建築職業技術學院學報》2006 年第 4 期。

97. 崔惜琳：《傳統民居的地域性特色及其啓發性》，《建築知識》2006 年第 3 期。

98. 董梅、黃鶴徵：《地域人文建築！中國傳統民居》，《煤礦現代化》2006 年第 1 期。

99. 孟穎：《地域文化對傳統民居的影響——以西南民居與西北民居的對比爲例》，《安徽建築》2006 年第 1 期。

100. 李婷婷：《關於傳統民居普查的研究》，《四川建築科學研究》2006 年第 4 期。

101. 楊木林：《建設新農村與傳統民居的命運》，《美術觀察》2006 年第 4 期。

102. 潘瑩、施瑛：《簡析明清時期。江西傳統民居形成的原因》，《農業考古》2006 年第 3 期。

103. 藍瀅：《江南傳統民居中的生態思想》，《山西建築》2006 年第 1 期。

104. 李政、曾堅：《膠東傳統民居與海上絲綢之路——文化生態學視野下的沿海聚落文化生成機理研究》，《建築師》2005 年第 3 期。

105. 李政、李賀楠：《膠東傳統民居裝飾的海文化特徵》，《裝飾》2005 年第 5 期。

106. 屈仁斗：《建築生態觀在傳統民居中的應用》，《重慶建築》2005 年第 9 期。

107. 王芳：《對晉中南傳統民居外簷裝修的研究》，《山西建築》2005 年第 20 期。

108. 譚良斌、周偉、劉加平：《傳統民居聚落的生態再生和規劃研究》，《規劃師》2005 年第 10 期。

109. 黃彬、譚剛毅：《第六屆海峽兩岸傳統民居學術研討會綜述》，《新建組》2005 年第 6 期。

110. 徐淑娟：《從黃龍溪民風民俗看川西傳統民居特色》，《西南交通大學學報（社會科學版）》2005 年第 5 期。

111. 石鐵矛、徐偉：《傳統民居中「原生態」思想與現代生態居住建築設計》，《南方建築》2005 年第 5 期。

112. 張玉瑜：《大木怕安──傳統大木作上架技藝》，《建築師》2005 年第 3 期。

113. 陸元鼎：《從傳統民居建築形成的規律探索民居研究的方法》，《建築師》2005 年第 3 期。

114. 郭敏帆、姜佳蘊《傳統民居磚裝飾的區域文化特徵》，《低溫建築技術》2005 年第 3 期。

115. 夏爲、陸豔偉：《對於中國傳統民居環境的研究》，《低溫建築技術》2005 年第 1 期。

116. 李敏：《荊楚地區傳統民居的象徵文化初探》，《山西建築》2005 年第 17 期。

117. 南喜濤：《論天水傳統民居的宇宙意識──天水傳統民居心態文化研究之一》，《天水師範學院學報》2005 年第 6 期。

118. 李婷婷：《梅州傳統民居裝飾對現代室內設計的啓示》，《裝飾》2005 年第 5 期。

119. 蔡凌：《建築-村落-建築文化區──中國傳統民居研究的層次與架構探討》，《新建築》2005 年第 4 期。

120. 佟裕哲：《居住文化精華的繼承和延續》，《建築學報》2005 年第 4 期。

121. 李東、許鐵鉞：《空間、制度、文化與歷史敘述──新人文視野下傳統聚落與民居建築研究》，《建築師》2005 年第 3 期。

122. 徐偉、石鐵矛：《淺談中國傳統民居中的理想景觀模式》，《山西建築》2005 年第 18 期。

123. 康峰、曹如姬：《山西傳統民居公共空間佈局形態分析》，《山西建築》2005 年第 11 期。

124. 聶兆徵：《談我國歷史遺留建築的保護》，《山西建築》2005 年第 11 期。

125. 于會歌：《淺析中國傳統民居所反映出的家文化偏向》，《遼寧稅務高等專科學校學報》2005 年第 6 期。

126. 李欣、李兵營、趙永梅：《淺談傳統民居中的天井》，《青島理工大學學報》2005 年第 6 期。

127. 李俐：《泉州傳統民居紅磚文化探議》，《裝飾》2005 年第 5 期。

128. 王建華：《山西傳統民居門飾藝術的代表──門環與鋪首》，《文物世界》2005 年第 2 期。

129. 黃豔麗、葉菡：《中國傳統民居的審美》，《傢具與室內裝飾》2005 年第 12 期。

130. 鄧泰：《中國傳統民居的審美特徵》，《中國科技信息》2005 年第 8 期。

131. 陳晶、單德啓：《土著的前衛——大地藝術視野中的鄉土聚落》，《建築師》2005 年第 3 期。

132. 劉菲菲：《中國傳統民居形式對當代人居環境的啓示》，《飾》2005 年第 3 期。

133. 劉凱：《中國傳統民居防衛性研究》，《華中建築》2005 年第 2 期。

134. 雷平、王向陽：《中國傳統民居的中庭建築空間》，《南昌大學學報（人文社會科學版）》2005 年第 1 期。

135. 郭立源、葛紅旺、饒小軍：《中國傳統民居村落空間之「消極性」》，《南方建築》2005 年第 1 期。

136. 王金平、張強：《中國傳統民居文化的保護與更新思潮淺析》，《太原理工大學學報》2005 年第 S1 期。

137. 趙群、周偉、劉加平：《中國傳統民居中的生態建築經驗芻議》，《新建築》2005 年第 4 期。

138. 魏雪琰：《中國傳統民居中的「門」文化》，《四川建築》2005 年第 4 期。

139. 熊燕：《中國傳統民居在電影中的情感演繹》，《山西建築》2004 年第 6 期。

140. 李華珍：《中國傳統民居的自然環境觀及其文化淵源》，《福建工程學院學報》2004 年第 1 期。

141. 王金平、白佩芳：《淺談傳統思想在中國民居中的運用》，《山西建築》2004 年第 13 期。

142. 李青、張琪：《淺析傳統民居中的人居環境》，《國外建材科技》2004 年第 3 期。

143. 童輝：《淺析傳統民居的中軸精神——雷暢故居中軸空間分析》，《四川建築》2004 年第 4 期。

144. 李連璞、劉連興、趙榮：《「天人合一」思想與中國傳統民居可持續發展》，《西北大學學報（自然科學版）》2004 年第 1 期。

145. 李紅光、劉宇清：《建築文化發展與傳統民居研究》，《山西建築》2004 年第 21 期。

146. 王湘昀：《論傳統民居對現代居住建築文化的啓示》，《南方建築》2004 年第 6 期。

147. 孟聰齡、王偉：《論天人合一思想在中國傳統建築中的體現》，《山西建築》2004 年第 5 期。

148. 肖承光、金曉潤：《客家傳統民居的主要類型及其文化淵源》，《贛南師範學院學報》2004 年第 4 期。

149. 王振復：《建築色彩》，《出版參考》2004 年第 32 期。

150. 孫彩玉、蘇海東：《從中國傳統民居建築看人與自然》，《西南民族大學學報（人文社科版）》2004 年第 10 期。

151. 江嵐：《鄂東南傳統民居現狀及保護》，《長江建設》2004 年第 2 期。

152. 徐震：《風水理論與行為心理》，《合肥工業大學學報（社會科學版）》2004 年第 2 期。

153. 盧醒秋：《傳統民居的院落空間》，《長江建設》2004 年 2 月

154. 張汀、張玉坤、王丙辰：《古希臘與古羅馬傳統民居建築中的庭院探析》，《山東建築工程學院學報》2004 年第 1 期。

155. 陸元鼎、廖志：《廣東傳統村鎮民居的生態環境及其可持續發展》，《福建工程學院學報》2004 年第 1 期。

156. 黃旭曦：《簡論中國古代民居設計》，《南平師專學報》2004 年第 1 期。

157. 龍濤江：《淺析傳統民居中的鄰里空間體系》，《重慶建築》2004 年第 S1 期。

158. 王朝霞：《四川盆地傳統民居地域特質與形成》，《重慶建築》2004 年第 S1 期。

159. 唐孝祥：《試析中國傳統民居建築的文化精神》，《城市建築》2004 年第 2 期。

160. 劉森林：《中國傳統民居裝飾中的整體意匠》，《傢具與室內裝飾》2004 年第 4 期。

161. 賈尚宏：《中國庭院的時空意識與構成特徵》，《安徽建築工業學院學報（自然科學版）》2004 年第 2 期。

162. 陸元鼎：《中國傳統民居研究二十年》，《古建園林技術》2003 年第 4 期。

163. 樓慶西：《中國建築文化一瞥（一）宮廷建築》，《中國書畫》2003 年第 3 期。

164. 樓慶西：《中國建築文化一瞥（四）鄉土山水情》，《中國書畫》2003 年第 6 期。

165. 樓慶西：《中國建築文化一瞥（十）生態畫卷》，《中國書畫》2003 年第 12 期。

166. 樓慶西：《中國建築文化一瞥（三）蘇州園林》，《中國書畫》2003 年第 5 期。

167. 樓慶西：《中國建築文化一瞥（七）徽州建築》，《中國書畫》2003 年第 9 期。

168. 樓慶西：《中國建築文化一瞥（九）頑石之美》，《中國書畫》2003 年第 11 期。

169. 樓慶西：《中國建築文化一瞥（二）皇家園林》，《中國書畫》2003 年第 4
期。

170. 樓慶西：《中國建築文化一瞥（八）門頭文化》，《中國書畫》2003 年第
10 期。

171. 張振：《中國建築文化之根基——儒、道、佛（釋）與中國建築文化》，《華
中建築》2003 年第 2 期。

172. 羊恂：《中國建築文化中反映的象徵性》，《華中建築》2003 年第 2 期。

173. 阮昕：《文化人類學視野中的傳統民居及意義》，《建築師》2003 年第 3 期。

174. 華穎潔：《我國傳統民居的地域差異》，《地理教育》2003 年第 2 期。

175. 江金波、司徒尚紀：《以文化生態學解讀圍龍屋建築的風水觀——兼議中
國傳統民居的旅遊文化發掘》，《福建地理》2003 年第 2 期。

176. 孫世勝：《傳統民居與可持續性的生態建築戰略》，《蕪湖職業技術學院學
報》2003 年第 4 期。

177. 關瑞明、陳力、朱懌、王珊：《傳統民居的類設計模式建構》，《華僑大學
學報（自然科學版）》2003 年第 2 期。

178. 趙群、劉加平：《地域建築文化的延續和發展——簡析傳統民居的可持續
發展》，《新建築》2003 年第 2 期。

179. 高玉達、吳馨萍：《淺析傳統民居的衛生習俗——以蘇州市吳中區西山鎮
爲例》，《東南文化》2003 年第 11 期。

180. 吳承華：《談舟山傳統民居建築》，《浙江海洋學院學報（人文科學版）》
2003 年第 4 期。

181. 袁豐：《中國傳統民居建築中模糊空間所體現的功能性》，《華中建築》2003
年第 5 期。

182. 孔宇航、韓宇星：《中國傳統民居院落的分析與繼承》，《大連理工大學學
報（社會科學版）》2003 年第 4 期。

183. 張傑、張偉：《中國傳統民居——四合院的營造環境與裝飾文化》，《株洲
工學院學報》2002 年第 9 期。

184. 劉毓頡：《中國傳統民居》，《住宅科技》2002 年第 10 期。

185. 朱向東、馬軍鵬：《中國傳統民居的平面佈局及其型制初探》，《山西建築》
2002 年第 1 期。

186. 楊平、顏紀臣：《山西傳統民居探析》，《文物世界》2002 年第 3 期。

187. 王崇恩、陸鳳華：《山西傳統民居美學思想初探》，《太原理工大學學報（社
會科學版）》2002 年第 1 期。

188. 黃芳：《傳統民居研究的過去、現在和未來》，《學術論壇》2002 年第 10
期。

189. 黃芳：《傳統民居旅遊開發中居民參與問題思考》，《旅遊學刊》2002 年第 5 期。

190. 胡詩仙：《傳統民居特徵在新建築中的借鑒與運用》，《小城鎮建設》2002 年 5 月

191. 陳國俊、方志凌：《從「征服」走向「融合」》，《包裝工程》2002 年第 4 期。

192. 陳家駒：《保護歷史街區名鎮名村和傳統民居已刻不容緩》，《城鄉建設》2002 年第 3 期。

193. 潘安、彭德循：《從化傳統民居特徵探討》，《小城鎮建設》2002 年第 2 期。

194. 施維琳：《傳統民居與未來居住建築的取向》，《新建築》2002 年第 2 期。

195. 吳文捷、劉霄峰：《簡談傳統民居的佈局與室內裝飾》，《煤炭工程》2002 年第 2 期。

196. 辛克靖：《風格獨具的莊窠式傳統民居》，《長江建設》2002 年第 1 期。

197. 孫大章：《傳統民居建築美學特徵試探》，《中國勘察設計》2002 年第 10 期。

198. 王景慧：《論歷史文化遺產保護的層次》，《規劃師》2002 年第 6 期。

199. 湯梓軍：《論中國古代民居建築思想及其在房地產開發中的應用》，《西南民族學院學報（哲學社會科學版）》2002 年第 S2 期。

200. 黃芳：《傳統民居旅遊的開發模式》，《經濟論壇》2002 年 1 月

201. 薛佳薇：《以物爲法巧因氣候——析泉州傳統民居「灰」空間的生態美學》，《福建建築》2002 年第 4 期。

202. 舒淨：《西南地區傳統民居色彩文化特徵》，《中國勘察設計》2002 年第 10 期。

203. 崔苉：《鄉土建築的色彩——黃陂「民俗村」傳統民居建築群觀感》，《長江建設》2001 年第 2 期。

204. 單德啓：《莘莘學子的觀察與思考》，《小城鎮建設》2001 年第 3 期。

205. 趙義湘：《千姿百態的傳統民居建築》，《建築工人》2001 年第 11 期。

206. 賴德劭、黃中和：《傳統民居裝飾與儒家文化》，《小城鎮建設》2001 年第 9 期。

207. 楊大禹：《從過去發現未來，從未來發現過去——雲南傳統民居及其文化的研究與保護》，《華中建築》2001 年第 6 期。

208. 吳利君：《風水——傳統建築之魂》，《中外建築》2001 年第 5 期。

209. 陸元鼎：《中國民居研究十年回顧》，《小城鎮建設》2000 年第 8 期。

210. 侯蟾秋：《從明清兩代看上海傳統民居》，《城建檔案》2000 年第 5 期。

211. 楊昌鳴、李湘桔：《傳統的含義——〈建築中的傳統〉譯後》，《建築學報》2000 年 11 月

212. 范曉冬：《傳統居民的地域特色》，《福建建築》2000 年第 4 期。

213. 朱昌廉、李淑琴，《傳統民居之借鑒》，《重慶建築大學學報（社科版）》2000 年第 3 期。

214. 楊崴：《傳統民居與當代建築結合點的探求——中國新型地域性建築創作研究》，《新建築》2000 第 2 月

215. 戴志堅：《地域文化與福建傳統民居分類法》，《新建築》2000 年第 2 期。

216. 王炎松、龐輝：《試論傳統民居的審美意境》，《武漢城市建設學院學報》2000 年第 3 期。

217. 房志勇：《傳統民居聚落的自然生態適應研究及啓示》，《北京建築工程學院學報》2000 年第 1 期。

218. 劉彥才：《廣西傳統民居杆欄建築文化內涵的剖析》，《南方建築》2000 年第 3 期。

219. 唐鳴鏑：《關於傳統民居與風景建築的思考》，《北京第二外國語學院學報》2000 年第 1 期。

220. 龐偉、黃微微：《民居其居 人居相依——從傳統民居到「後民居」》，《小城鎮建設》2000 年第 11 期。

221. 《「強化傳統民居研究」呼籲書》，《小城鎮建設》2000 年第 10 期。

222. 王育林：《民房規劃中要保護傳統民居》，《規劃師》2000 年第 6 期。

223. 唐孝祥、李曉峰：《民居建築的承傳與創新——第三屆海峽兩岸傳統民居理論（青年）學術研討會綜述》，《新建築》2000 年第 1 期。

224. 王希富：《中國傳統民居室內裝飾陳設（之三）》，《傢具與環境》2000 年第 3 期。

225. 王希富：《中國傳統民居室內裝飾陳設》，《傢具與環境》2000 年第 1 期。

226. 王計平、馬義娟：《山西傳統民居的地域分化及其發展趨勢》，《山西大學學報（哲學社會科學版）》2000 年第 3 期。

227. 蔡鎮鈺：《倡導傳統民居生態精神營造跨世紀的人居環境》，《城市開發與建設》1999 年第 9 期。

228. 馬新：《民居保護中社會活力的維持》，《規劃師》1999 年第 4 期。

229. 湖北省建設廳村鎮處：《傳統民居風格現代功能內涵——村鎮住宅設計參考》，《長江建設》1999 年總第 26 期。

230. 羅漢田：《圖騰，遺存在傳統民居建築上》，《民族文學研究》1999 年第 2 期。

231. 楊春風、萬奕邑：《西藏傳統民居建築環境色彩與美學》，《中外建築》1999 年第 5 期。

232. 龍彬：《三臺古城傳統民居特色及其保護更新研究》，《華中建築》1999年第 4 期。

233. 賈倍思：《傳統民居保護的困境與出路——新加坡和香港的經驗比較》，《華中建築》1999 年第 1 期。

234. 張禾、丑國珍：《傳統民居中的審美意識》，《四川建築》1999 年第 1 期。

235. 單德啓：《關於建築教育和學術研究的思考和建議》，《華中建築》1999年第 1 期。

236. 何俊萍：《循先輩足跡，不斷拓展傳統民居研究的新視野——劉致平先生學術精神學習感思》，《華中建築》1999 年第 3 期。

237. 林振德：《中國傳統民居與環境關係淺析》，《華東理工大學學報（社會科學版）》1999 年第 3 期。

238. 李湞：《住文化的自然流變與傳統民居的發展》，《新建築》1999 年第 2 期。

239. 鄭光復：《中西傳統民居及其宅園比較》，《華中建築》1998 年第 3 期。

240. 施維琳：《推動中國傳統民居及其理論研究的廣泛深入——97 海峽兩岸傳統民居理論（青年）學術研討會綜述》，《華中建築》1998 年第 2 期。

241. 戴志中、戴文斌：《現代住宅與傳統聚居文化》，《華中建築》1998 年第 3 期。

242. 周霞、楊春：《從「天人合一」的理想看我國傳統民居的可持續發展》，《華中建築》1998 年第 4 期。

243. 金甌卜：《對傳統民居建築研究的回顧和建議》，《建築學報》1998 年第 4 期。

244. 劉彥才：《建築創作的源泉——傳統民居》，《中外建築》1998 年第 5 期。

245. 姜波：《山東民居概述》，《華中建築》1998 年第 2 期。

246. 陸琦：《傳統民居裝飾的文化內涵》，《華中建築》1998 年第 2 期。

247. 馬光蓓、鄭光復：《美國傳統民居》，《新建築》1998 年第 3 期。

248. 胡正凡：《正值含苞欲放時——1997 海峽兩岸傳統民居理論（青年）學術討論會散記》，《新建築》1998 年第 1 期。

249. 沙潤：《中國傳統民居建築文化的自然地理背景》，《地理科學》1998 年第 1 期。

250. 劉紅紅：《傳統民居的空間觀念》，《中外建築》1998 年第 6 期。

251. 張軍：《略議傳統民居與可持續發展》，《南方建築》1998 年第 1 期。

252. 李俐：《傳統民居的形態與環境》，《規劃師》1997 年第 3 期。

253. 梁雪：《中國地域文化與建築的地方性》，《天津大學學報》1997 年第 5 期。

254. 陸元鼎：《中國民居研究的現狀與展望》,《長江建設》1997 年第 1 期。

255. 陸元鼎：《中國民居研究現狀》,《南方建築》1997 年第 1 期。

256. 李迪恫：《中國傳統文化在傳統民居建築中表現出的空間概念》,《華中建築》1996 年第沙潤：《中國傳統民居建築文化的自然觀及其淵源》,《人文地理》1997 年第 3 期。

257. 張炳文：《傳統民居對現代住宅設計的啓示》,《裝飾》1997 年第 4 期。

258. 劉婉容：《中國傳統民居邁向 21 世紀的發展——福建圓樓改造》,《華中建築》1997 年第 4 期。

259. 王其鈞：《傳統民居的人界觀念》,《華中建築》1997 年第 2 期。

260. 姚紅梅：《從地區角度看傳統民居集落的保護與更新》,《規劃師》1997 年第 1 期。

261. 周凝粹：《中國傳統民居對於發展現代建築文化的啓示》,《南方建築》1997 年第 4 期。

262. 楊大禹：《中國傳統民居的技術骨架》,《華中建築》1997 年第 1 期。

263. 《建國以來中國傳統民居研究專著成果略覽》,《南方建築》1997 年第 3 期。

264. 《海峽兩岸傳統民居理論（青年）學術研討會紀要》《南方建築》1996 年第 2 期。

265. 劉定坤、劉業：《增進民居研究的活力走向民居研究的希望——』95 海峽兩岸傳統民居理論（青年）學術研討會綜述》,《華中建築》1996 年第 2 期。

266. 余英、陸元鼎：《東南傳統聚落研究——人類聚落學的架構》,《華中建築》1996 年第 4 期。

267. 潘安：《廣州城市傳統民居考》,《華中建築》1996 年第 4 期。

268. 楊新平：《蘭溪傳統民居的構成序列》,《華中建築》1996 年第 4 期。

269. 陸元鼎：《搶救民居遺產、加強理論研究、深入發掘傳統民居的價值》,《華中建築》1996 年第 4 期。

270. 張敏龍：《中國傳統民居研究之我見》,《華中建築》1996 年第 4 期。

271. 曾堅、曹磊：《建築美學的教學體系與教學方法的探索》,《新建築》1996 年 4 月。

272. 秦永章：《土族傳統民居建築文化芻議》,《青海民族研究（社會科學版）》1996 年第 1 期。

273. 王其鈞：《傳統民居的廳堂禁忌》,《南方建築》1996 年第 2 期。

274. 張良皐：《傳統民居語言闡釋》,《新建築》1996 年第 4 期。

275. 殷永達：《傳統民居的保護與更新》,《規劃師》1995 年第 2 期。

276. 朱良文：《傳統民居的價值分類與繼承》，《規劃師》1995 年第 2 期。

277. 陸元鼎：《廣州陳家祠及其嶺南建築特色》，《南方建築》1995 年第 4 期。

278. 趙曉徵、溝口正人：《新安江流域民居調查表》，《民俗研究》1995 年第 3 期。

279. 姜波：《我和山東的民居調查》，《民俗研究》1995 年第 3 期。

280. 李玖玲：《傳統民居室內空間虛實相生的有機構成》，《裝飾》1995 年第 3 期。

281. 張甘：《從傳統民居的「開發」與「保護」說開去》，《華中建築》1995 年第 2 期。

282. 鍾敬文：《中國民居漫話》，《民俗研究》1995 年第 1 期。

283. 張潤武：《濰坊傳統民居拾零》，《山東建築工程學院學報》1995 年第 1 期。

284. 單德啓：《鄉土民居和「野性思維」——關於〈中國民居〉學術研究的思考》，《建築學報》1995 年第 3 期。

285. 馬建民：《中國傳統民居的裝飾風格與文化心態》，《室內設計與裝修》1995 年第 5 期。

286. 樓慶西：《中國古代建築裝飾的起源及特徵》，《尋根》1995 年第 3 期。

287. 羅漢軍：《中國建築空間意識的形成與發展》，《華中建築》1995 年第 2 期。

288. 王振復：《中國建築文化的易理闡釋》，《時代建築》1994 年第 1 期。

289. 王文卿、陳燁：《中國傳統民居的人文背景區劃探討》，《建築學報》1994 年第 7 期。

290. 單德啓：《鄉土民居一瞥》，《知識就是力量》1994 年第 11 期。

291. 樓慶西：《雲南・南傳佛教建築剪影》，《佛教文化》1994 年第 6 期。

292. 翟輔東：《論民居文化的區域性——民居文化地理研究之二》，《湖南師範大學社會科學學報》1994 年第 5 期。

293. 馬建民：《中國傳統民居「向心性」空間》，《東方藝術》1994 年第 5 期。

294. 翟輔東：《論民居文化的區域性因素——民居文化地理研究之一》，《湖南師範大學社會科學學報》1994 年第 4 期。

295. 李小靜：《傳統民居與環境藝術》，《西北建築工程學院學報》1994 年第 4 期。

296. 余卓群：《民居隱形「六緣」探析》，《規劃師》1994 年第 2 期。

297. 賴雨桐：《略談客傢具有防禦功能的傳統民居》，《嶺南文史》1994 年第 1 期。

298. 汪之力：《中國傳統民居概論（下）》，《建築學報》1994 年第 12 期。

299. 汪之力：《中國傳統民居概論（上）》，《建築學報》1994 年第 11 期。

300. 吳慶洲：《中國民居建築藝術的象徵主義》，《華中建築》1994 年第 4 期。

301. 單啓德：《中國鄉土民居述要》，《科技導報》1994 年第 11 期。

徽州民居研究類：

1. 許傑青、徐璐璐：《徽州古民居的生態模式在新農居建設中的應用》，《山西建築》2009 年 06 期。

2. 吳敏：《徽州民居局部裝飾特徵分析及其啓示》，《安徽建築工業學院學報（自然科學版）》2009 年 01 期。

3. 周安、孫潔、楊勇：《基於抽樣調查的安徽農村民居震害預測與減災對策》，《地震學報》2009 年 01 期。

4. 朱文元：《徽州民居建築中傳統文化特徵》，《山西建築》2008 年第 31 期。

5. 王璿、石田、侯方：《徽州民居景觀價值初探》，《山西建築》2008 年第 14 期。

6. 賀曉娟：《徽州古民居廳堂環境的構建》，《傢具與室內裝飾》2008 年第 12 期。

7. 淩徽濤：《徽州古民居建築空間遺響》，《安徽文學》2008 年第 5 期。

8. 楊有廣：《從徽州古民居保護看地域建築文化的傳承與創新》，《合肥工業大學學報（自然科學版）》2008 年第 5 期。

9. 盛學峰、陳安生：《徽州民居與漢文化圈典型民居比較》，《華中建築》2008 年第 4 期。

10. 董靜：《淺談明、清徽州民居的類型特徵》，《藝術與設計（理論)》，2008 年 04 期。

11. 劉典典、申曉輝：《宏村傳統民居屋檐排水方式的分析與啓示》，《福建建築》，2008 年 06 期。

12. 程君、蘇繼會：《從西遞古民居看地域文化對建築的影響》，《安徽建築》，2008 年 04 期。

13. 畢迎春、張丹：《外適內和——徽州古民居聚落「適居性」研究》，《華中建築》，2008 年 12 期。

14. 曹偉、葉喜：《從審美情趣淺談徽州傳統民居的木雕裝飾》，《內蒙古林業調查設計》2008 年第 3 期。

15. 陳雪傑：《皖南西遞古民居建築環境探究》，《住宅科技》，2008 年 03 期。

16. 彭茜、程銳：《類型學下的傳統徽州民居解析》，《安徽建築》2008 年第 2 期。

17. 王兆祥：《徽州民居的建築之美》，《住宅文化》2008 年第 2 期。

18. 徐震、顧大治：《徽州民居中的教化場所分析》，《合肥工業大學學報（社會科學版）》2008 年第 1 期。

19. 韓銳：《淺談我國南北典型民居形式美的異同——「四合院」與「一顆印」形式美異同比較》，《美術大觀》，2008 年 01 期。

20. 鄭秋陽：《徽州古建彩畫及對現代徽州民居建築的思考》，《工程建設與設計》，2008 年第 7 期。

21. 程君、蘇繼會、余磊《徽州古民居的地域性解析》，《建築裝飾材料世界》，2008 年第 7 期。

22. 于新穎：《徽州民居建築光環境的水墨意境》，《裝飾》，2008 年第 2 期。

23. 程曉玲、顧春華：《淺析徽州傳統民居的特色》，《美與時代（下半月）》，2008 年第 5 期。

24. 倪琪、張毅、菊地成朋：《中國徽州地區農村傳統民居「住」空間構造的變化——關於黃山市黟縣清代村落盧氏住宅構成的研究》，《城市建築》，2008 年第 8 期。

25. 江勇、丁峰：《徽州民居與江南民居藝術特點的比較》，《科技信息（學術研究）》，2007 年第 30 期。

26. 李淑：《淺談徽州古民居庭院佈局與室內裝飾的特點》，《消費導刊》2007 年第 11 期。

27. 高發、王繼平、徐大路、盧國新《徽派民居建築的繼承與創新探索——以舟島莊園住宅小區概念規劃設計爲例》，《建築科學》2007 年第 8 期。

28. 陳建紅：《園林景觀在徽州民居庭院中的應用》，《華中建築》2007 年第 8 期。

29. 賀爲才：《徽州民居水園之理與趣》，《華中建築》2007 年第 6 期。

30. 徐震、顧大治：《徽州民居空間的行爲心理學分析》，《安徽建築》2007 年第 5 期。

31. 何水：《徽州民居中女性空間淺析》，《安徽建築工業學院學報（自然科學版）》2007 年第 5 期。

32. 陸峰：《徽州古民居設計的藝術特徵及其成因》，《美術大觀》2007 年第 4 期。

33. 陸峰：《徽州古民居藝術特徵形成原因分析》，《裝飾》2007 年第 6 期。

34. 沈頌遠、姜皖東：《淺析徽州古民居滅火技術》，《現代商貿工業》2007 年第 5 期。

35. 葉雲：《反映在徽州傳統民居建築中的民俗隱喻》，《科協論壇》2007 年第 5 期。（下）

36. 孫輝：《論徽州傳統民居的意境美》，《科協論壇》2007 年第 5 期。（下）

37. 陳濤、呂曉娟：《和而不同：客家圍屋建築與徽派民居建築文化內涵之比較》，《文教資料》2007 年中旬刊

38. 姚桃：《徽派民居的人性關懷研究》，《湛江師範學院學報》2007 年第 4 期。

39. 方筠、大山：《徽州古民居特性淺識》，《黃山學院學報》2007 年第 4 期。

40. 傅培凱：《作爲系統的文化保護——以徽州民居的保護爲例》，《重慶職業技術學院學報》2007 年第 4 期。

41. 高英強、李映彤：《淺析徽州古民居建築的佈局特徵》，《技術與市場》2007 年第 3 期。

42. 許明：《徽州古民居之美》，《裝飾》2007 年第 2 期。

43. 周亞琦、周均清：《徽州民居的建築類型學研究》，《四川建築》2007 年第 2 期。

44. 譚富微：《徽州傳統民居建築空間分析》，《科協論壇》2007 年第 1 期。

45. 張洪玲、徐天興：《略論徽州古民居所蘊含的文化特色》，《遵義師範學院學報》2007 年第 1 期。

46. 白寧：《樂山樂水古民居——徽州民居巡禮》，《國土資源》2006 年總第 58 期。

47. 陳建紅、李茹冰：《徽州民居室內空間的視線設計》，《華中建築》2006 年第 11 期。

48. 周燕芳：《淺談徽州民居的成因及特點》，《華中建築》2006 年第 11 期。

49. 朱生東：《徽州古村落民居建築的文化心理解析》，《建築》2006 年第 9 期。

50. 陳建紅、李茹冰：《文化因素對建築空間環境的影響——以徽州民居爲例》，《華中建築》2006 年第 8 期。

51. 張亮：《從徽州民居看現代住宅的生態節能設計》，《安徽建築工業學院學報（自然科學版）》2006 年第 6 期。

52. 侯曙芳、李道先：《徽派古民居建築的地域文化特徵》，《重慶建築大學學報》2006 年第 6 期。

53. 江峰：《徽州明清民居瓦作工藝技術（下）》，《古建園林技術》，2006 年第 4 期。

54. 倪琪、王玉：《建國後徽州地區農村傳統民居「住」空間構造變化》，《城市建築》，2006 年第 6 期。

55. 劉文海：《徽州古民居防火體系》，《家居與室內裝飾》，2006 年第 5 期。

56. 汪潤南：《徽州古民居淺談》，《建築工人》，2006 年第 4 期。

57. 章斌全：《徽州民居——現代人嚮往的精神寓所》，《南方建築》，2006 年第 1 期。

58. 韓君：《由徽州古民居建築裝飾引發的思考》，《裝飾》2005 年總第 143 期。

59. 劉華：《徽州古民居建築美之意境》，《工程設計與研究》2005 年第 6 期。

60. 詹學軍：《論室內陳設藝術在徽州古民居中的意義》，《巢湖學院學報》2006 年第 5 期。

61. 歐陽樺、歐陽剛：《古徽州民居庭園中的水景藝術》，《建築》2006 年第 5 期。

62. 宋左：《從道家學說角度看徽州民居的審美價值》，《西安建築科技大學學報（社會科學版）》2006 年第 4 期。

63. 羅來平：《徽州民居身世源於東陽民居嗎？》，《合肥學院學報（社會科學版）》2006 年第 4 期。

64. 吳小中：《徽州傳統民俗文化的經典圖式──探尋古民居雕刻裝飾的「味」與「道」》，《新建築》2006 年第 4 期。

65. 宋左：《徽州民居的審美價值》，《濟寧師範專科學校學報》2006 年第 4 期。

66. 臧麗娜：《明清徽州民居風格形成之民俗背景淺析》，《民俗研究》2006 年第 3 期。

67. 王川進：《徽州文化的積澱──安徽黟縣南屏民居鑒賞》，《滄州師範專科學校學報》2006 年第 3 期。

68. 朱國興：《徽州古民居旅遊發展路徑及其保護研究》，《皖西學院學報》2006 年第 3 期。

69. 王海濤：《淺談徽州古民居的建築裝飾藝術與文化觀念》，《揚州職業大學學報》2006 年第 2 期。

70. 徐庚陽、汪炳璋：《試論徽州古民居彩畫的藝術功能》，《安徽建築工業學院學報（自然科學版）》2006 年第 1 期。

71. 程相占：《審美文化視野中的徽州古民居》，《江海學刊》2006 年第 1 期。

72. 喬飛：《徽州民居建築裝飾藝術及造型的象徵意義》，《山西建築》2006 年第 1 期。

73. 黃凱：《徽州民居文化元素在現代室內設計中的運用》，《裝飾》2005 年總第 147 期。

74. 臧麗娜：《論徽州民居裝飾的審美特徵》，《裝飾》2005 年總第 146 期。

75. 鄒礪諧：《中國民居象徵文化淺析──平遙民居與徽州民居之比較》，《華中建築》2005 年第 6 期。

76. 胡穎：《從民俗學角度看徽州古民居的主要特點》，《黃山學院學報》2005 年第 4 期。

77. 于新穎：《試論徽州民居中天井的文化內涵》，《裝飾》2005 年第 3 期。

78. 賀爲才：《徽州傳統村落民居門樓的審美意蘊》，《華南理工大學學報（社會科學版）》2005 年第 2 期。

79. 林朝陽：《徽州古民居雕刻藝術古爲今用探析》，《上海應用技術學院學報》，2005 年第 1 期。

80. 洪志成、姚光鈺：《徽州古民居防火措施探討》，《工程建設與檔案》2005 年第 1 期。

81. 錢江林：《建築視覺與空間塑造——從徽州民居天井的視線分析談起》，《建築設計》2005 年第 1 期。

82. 劉華：《徽州古民居建築空間美淺析》，《傢具與室內裝飾》2005 年第 1 期。

83. 胡天璿：《徽州民居中的「自然」構成》，《裝飾》2004 年總第 130 期。

84. 朱濤、朱麗穎：《拾掇民居精華——考察古徽州民居札記》，《小城鎮建設》2004 年第 9 期。

85. 張德文：《徽州民居——東方古代建築藝術瑰寶》，《中國房地信息月刊》2004 年第 6 期。

86. 孫丹：《徽州民居的象徵文化》，《中外建築》，2004 年第 4 期。

87. 賈莉莉：《徽州民居村落聚居形態的有機更新》，《安徽建築工業學院學報（自然科學版）》2004 年第 6 期。

88. 潘國泰：《來自徽州民居的啟發》，《住宅科技》2004 年第 5 期。

89. 陳芬：《徽州傳統民居的象徵文化探源》，《武漢理工大學學報（社會科學版）》2004 年第 5 期。

90. 王春燕：《徽州古民居雕刻裝飾探幽》，《裝飾》2004 年第 4 期。

91. 王曉丹：《談徽州民居的美學特徵》，《湖北社會科學》2004 年第 4 期。

92. 丁劍：《徽州古民居建築的美學價值》，《淮北煤炭師範學院學報（哲學社會科學版）》2004 年第 4 期。

93. 張倩：《徽州民居空間藝術初探》，《室內設計》2004 年第 2 期。

94. 黃薇薇、沈非：《寓心於居——徽州民居中徽人若干精神文化特徵淺析》，《宿州師專學報》2004 年第 1 期。

95. 姜曉櫻、張萌：《特定環境孕育特色建築——透視徽州民居》，《裝飾》2003 年總第 127 期。

96. 莊一兵：《徽州古民居建築中的人文精神》，《鹽城師範學院學報（人文社會科學版）》2003 年第 4 期。

97. 江峰：《徽州明清民居瓦作工藝技術（上）》，《古建園林技術》，2003 年第 4 期。

98. 吳波：《論徽州民居的環境預防犯罪功能》，《犯罪研究》2003 年第 3 期。

99. 卞海濤、董珂《徽州民居建築雕飾藝術管窺》，《小城鎮建設》2003 年第 1 期。

100. 吳永發：《徽州民居美學特徵的探討》，《合肥工業大學學報（社會科學版）》2003 年第 1 期。

101. 許晉：《關於建築文化及其社會心理》，《四川建築》2002 年第 2 期。

102. 張通、徐勁：《徽派民居考察體驗》，《小城鎮建設》2002 年第 8 期。

103. 胡雲：《徽州傳統民居特徵略探》，《建築》，2002 年第 8 期。

104. 黃道梓、朱永春：《徽州與浙南民居風格比較》，《小城鎮建設》，2002 年第 5 期。

105. 李傳璽：《徽州古民居的倫理文化》，《前進論壇》2002 年第 1 期。

106. 張國梅：《淺談徽州傳統民居的環境佈局及建築特色》，《安徽建築》2002 年第 1 期。

107. 梁珂：《論清末民國徽州民居的變異》，《小城鎮建設》2001 年第 9 期。

108. 陳偉：《徽州鄉土建築演變的內在機制與啟示》，《小城鎮建設》2001 年第 5 期。

109. 陳志精：《略論徽州古民居建築學審美意蘊》，《池州師專學報》2001 年第 4 期。

110. 郭文銘：《走進徽州——關於徽州傳統民居環境的探討》，《小城鎮建設》2001 年第 4 期。

111. 程極悅、程碩：《徽州傳統民居概述》，《安徽建築》2001 年第 3 期。

112. 呂紅：《徽州明清時期。民居建築的藝術特色及其成因》，《山東科技大學學報（社會科學版）》2001 年第 2 期。

113. 歐陽文：《徽州民居合院空間結構特徵研究》，《北京建築工程學院學報》2001 年第 1 期。

114. 李昂：《徽州西遞古民居門扇木雕紋飾藝術》，《藝術設計雙月刊》2000 年總第 94 期。

115. 劉彥順：《水口：徽州民居的擇址觀念》，《文史知識》2000 年第 6 期。

116. 陳偉：《徽州古民居（村落）的風水觀》，《東南文化》2000 年第 5 期。

117. 胡華令：《徽州古民居村落（下）》，《室內設計與裝修》2000 年第 5 期。

118. 胡華令：《徽州古民居村落（上）》，《室內設計與裝修》2000 年第 4 期。

119. 汪寒秋：《徽州民居的庭園空間處理剖析》，《安徽建築工業學院學報（自然科學版）》2000 年第 4 期。

120. 韓玲、吳朝輝：《淺述徽州民居的特殊空間——天井》，《安徽建築》2000 年第 4 期。

121. 陳偉：《徽州鄉土建築和傳統聚落的形成、發展與演變》，《華中建築》2000
年第 3 期。

122. 林川：《晉中、徽州傳統民居聚落公共空間組成與佈局比較研究》，《北京
建築工程學院學報》2000 年第 1 期。

123. 陳偉：《徽州古民居（村落）與可持續發展的人居探索》，《華中建築》1999
年第 3 期。

124. 鄔明海：《淺析徽州古民居營建模式》，《當代建設》1999 年第 6 期。

125. 羅林、周建中：《古代美學思想在徽州民居天井空間的積澱》，《中外建
築》，1999 年第 2 期。

126. 尹文：《徽州古民居庭院的理水與空間形態》，《東南文化》1998 年第 4
期。

127. 吳永發：《徽州民居文化的現代詮釋》，《安徽建築》1998 年第 5 期。

128. 汪正章：《建築與時尚——由安徽建築想到的》，《安徽建築》1998 年第 1
期。

129. 彭守仁：《「徽州古民居之奧秘」——論古建築形式與功能關係》，《安徽
建築》1996 年第 3～4 期。

130. 王光明：《淺談徽州民居》，《建築學報》1996 年第 1 期。

131. 傅強：《皖古遺韻——論徽派民居建築藝術和特色》，《當代建設》，1995
年第 6 期。

132. 謝斐：《明式徽派的民居建築和傢具見聞》，《傢具》1994 年第 3 期。

133. 黃成林：《試論徽州地理環境對徽商和徽派民居建築的影響》，《人文地理》
1993 年第 4 期。

134. 周廣揚：《徽州民居建築的探討和啟示》，《建築學報》，1988 年第 6 期。

135. 何紅雨：《徽州民居形態發展研究》，《民俗研究》1987 年總第 4 期。

136. 金德慈：《對徽州民居的保護與借鑒》，《小城鎮建設》，1987 年第 3 期。

中國民居研究學位論文*

論文題目	作者 （碩/博）	導師	畢業院校及專業	完成 時間
徽州古代民居建築雕飾藝術及成因的探索研究	王海濤	廖軍	蘇州大學； 設計藝術學	2009
徽州古民居建築雕刻藝術的研究與應用	高山	徐百佳	蘇州大學； 設計藝術學	2009
基於氣候條件的江南傳統民居應變研究	王建華 （博）	王竹、 沈傑	浙江大學； 建築設計及其理論	2008
通過傳統民居沿革看中國古代建築文化的影響與傳承	劉傳波	崔大庸	山東大學； 考古學及博物館學	2008
中國傳統民居建築形式的現代演繹	李君傑	王軍	西安建築科技大學； 建築設計及其理論	2008
中國傳統民居——劉家橋與朱家角居住空間分析	石長華	蔣中秋	武漢理工大學； 設計藝術學	2008
民俗文化（非物質文化遺產）在建築空間中的存在方式、存在價值研究	閆飛	楊豪中	西安建築科技大學； 設計藝術學	2008
中國傳統民居室內陳設理念在當代居室陳設中的應用研究	劉豔	黃纓	西安建築科技大學； 設計藝術學	2008
區域規劃中古民居旅遊開發研究	陳晨	蔣中秋	武漢理工大學； 設計藝術學	2008
竹文化在室內環境設計中的應用	陳留月	張乘風	南京林業大學； 設計藝術學	2008
民居文化生態解析	曹婷婷	董波	華東師範大學； 人文地理	2008
對中國傳統民居建築生態價值的溯源開思	郭秋月	王鐵軍	東北師範大學； 設計藝術學	2008
蘇州傳統民居的庭院空間研究	周玉鳳	馬路	蘇州大學； 設計藝術學	2008
文化人格的立體展演	孫琦	陳勤建	華東師範大學； 民俗學	2008

---

* 論文級別若無注明「博」，皆為碩士論文。

匾額文化與傳統民居環境	羅冠林	陳飛虎	湖南大學； 設計藝術學	2008
地形特徵與傳統民居形式對自然通風的影響	王科	張泉、張國強	湖南大學； 供熱、供燃氣、通風及空調工程	2008
交往空間——徽州傳統聚落空間研究	許勇	張青萍	南京林業大學； 城市規劃與設計	2008
明清以來徽州民間信仰研究	陶明選 （博）	王振忠	復旦大學； 中國古代史	2007
匠作‧匠場‧手風	楊立峰 （博）	莫天偉	同濟大學； 建築設計及其理論	2007
清代蘇州地區傳統民居「門」與「窗」的研究	顧蓓蓓 （博）	鄭時齡、盧永毅	同濟大學； 建築歷史及理論	2007
徽州古村落人居環境空間研究	胡敏嫻	李雄	北京林業大學； 城市規劃與設計	2007
中國傳統民居元素在現代城市住宅中的應用研究	楊婷婷	胡文薈	大連理工大學； 建築設計及其理論	2007
徽州傳統民居構件在現代室內設計中的運用	陳蓓	陳新生	合肥工業大學； 設計藝術學	2007
氣候與徽州民居	劉俊	饒永	合肥工業大學； 建築設計及其理論	2007
傳統民居院落空間的再演繹	張曉謙	唐洪流	廈門大學； 建築設計及其理論	2007
當代「中式住宅」設計對傳統民居空間的轉譯	王文俊	何俊萍	昆明理工大學； 建築設計及其理論	2007
徽州古民居傢具雕刻與裝飾研究	潘順仙	張亞池	北京林業大學： 木材科學與技術	2007
徽州新農村民居規劃與設計研究	劉穎	潘國泰	合肥工業大學； 建築學	2007
皖南民居水環境藝術的成因及其價值研究	李學義	鮑詩度	東華大學； 設計藝術學	2007
中國傳統庭院式民居空間對當代住宅空間的影響	余劍峰	張綺曼	中央美術學院； 設計藝術學	2007
徽州傳統建築美學特徵研究	楊勤芳	潘國泰、石建和	合肥工業大學； 建築設計及其理論	2007
社會學視角下的徽州古村落保護與更新對策——以黃田村爲例	程坤	吳永發	合肥工業大學； 建築設計及其理論	2007

人地關係與聚落形態變遷的規律性研究——以徽州聚落爲例	孫靜	吳永發	合肥工業大學；建築設計及其理論	2007
徽州古村落空間的類型化初探	李微微	吳永發	合肥工業大學；建築設計及其理論	2007
徽州傳統聚落生成環境研究	王韡（博）	莫天偉	同濟大學；建築設計及其理論	2006
明清徽州宗族關係文書研究	劉道勝（博）	欒成顯	安徽大學；漢語言文字學	2006
當下徽派民居的應用性研究	羅欣	萬徵	四川大學；設計藝術學	2006
中國古民居保護與旅遊開發應用模式研究	俞世海	喻學才	東南大學；旅遊管理	2006
明清時期徽州黟縣民居建築裝飾風格研究	宮強	宋昆、王春堂	天津大學；建築學	2006
徽文化與皖南民居的建築藝術特徵	李萍	劉宗超	河北大學；藝術學	2006
徽州文化旅遊深度開發與對策研究	吳麗蓉	周秉根	安徽師範大學；自然地理學	2006
徽州傳統聚落對安徽地區新農村住宅設計的啓示	徐璐璐	蘇繼會	合肥工業大學；建築設計及其理論	2006
徽州古村落建築的文化特徵	金乃玲	潘國泰	合肥工業大學；建築設計及其理論	2006
明清徽州建築藝術特點與審美特徵研究	臧麗娜（博）	劉鳳君	山東大學；考古學及博物館學	2005
徽州傳統學術文化地理研究	周曉光（博）	鄒逸麟	復旦大學；歷史人文地理	2005
傳統民居生態建築經驗及其模式語言研究	趙群（博）	劉加平	西安建築科技大學；建築設計及其理論	2005
建築空間解析及傳統民居的再生研究	周偉（博）	劉加平	西安建築科技大學；建築設計及其理論	2005
徽州地區傳統聚落外部空間的研究與借鑒	陳晶	單德啓	清華大學；建築學	2005
皖南新民居研究——以黟縣、歙縣爲例	張峰	李曉峰	華中科技大學；建築設計及其理論	2005
可持續發展觀下徽州傳統民居技術語言更新的整體思考	顧大治	吳永發	合肥工業大學；建築設計及其理論	2005

徽州傳統聚落生態因素研究	許凡	班瓊	合肥工業大學；建築設計及其理論	2005
徽州旅遊文化溯源與開發研究	汪靜	王慶軍	合肥工業大學；管理科學與工程	2005
回歸精神家園——中國傳統民居環境之特徵空間的再創造	韓宇星	孔宇航	大連理工大學；建築設計及其理論	2004
徽州傳統聚落空間影響因素研究——以明清西遞爲例	張曉冬	段進	東南大學；建築設計及理論	2004
皖南徽州民居室內空間環境探析	陳建紅	吳葉紅	重慶大學；建築歷史與理論	2003
論影響明清徽州民居的社會文化因素及表徵——以黟縣宏村、西遞爲中心的考察	姜昧茗	李曉明	華中師範大學；歷史文獻學	2003
徽州文化與地域環境藝術研究	汪玥	武星寬	武漢理工大學；設計藝術學	2003
徽州傳統民居群落文化生態環境要素的分析及發展思考	喻琴	朱明健	武漢理工大學；藝術設計學	2002
未來的村落——皖南民居人居環境的承繼	汪喆	許傳華	合肥工業大學；建築設計及其理論	2002

附錄2：徽州文化研究資料選

1、詠古徽州詩詞選

【詠黃山詩詞】

送溫處士歸黃山白鵝峰舊居　李白

　　　黃山四千仞，三十二蓮峰。丹崖夾石柱，菡萏金芙蓉。
　　　伊昔升絕頂，俯瞰天目松。偃人煉玉處，羽化留遺蹤。
　　　亦聞溫伯雪，獨往今相逢。採秀辭五嶽，攀岩歷萬重。
　　　歸休白鵝嶺，渴飲丹砂井。風吹我時來，雲車爾當整。
　　　去去陵陽東，行行芳桂叢。回溪十六渡，碧嶂勁晴空。
　　　他日還相訪，乘橋躡彩虹。

沁園春・掛黃山圖十二軸恰滿一室　汪莘

　　　家在柳塘，榜掛方壺？圖掛黃山。覺仙峰六六，滿堂峭峻，仙溪六六，
繞屋潺湲。行到水窮，坐看雲起，只在吾居尋丈間。非人世，但鶴飛深谷，
猿嘯高岩。

　　　如今雙足蹣跚，向畫裏嬉遊臥裏看。甚花開花落，情無人見；山南山北，
誰似餘閒？住個庵兒，了些活計，月白風清人倚欄。山中友，類先秦氣象，
後晉衣冠。

答友人　湯顯祖

吳序憐予乏絕，勸作黃山白嶽之遊，不果。欲識金銀氣，多從黃白遊。一生癡絕處，無夢到徽州。

雨不止題壁　錢謙益

憑仗鞋尖與杖頭，浮生腐骨總悠悠。天公盡放狂風雨，不到天都死不休！

題黃山遊記　陶行知

少年生長黃山邊，足跡未到黃山前。黃山之神如有靈，應已記過萬萬千。

我身未到黃山巔，我心已見黃山之尊嚴。三十六峰似曾到，峰峰與結夢中緣。

泰岱匡廬雖奇異，比我夢中黃山遠不及。人生為一大事來，丈夫志在探新地。

屈指三萬六千場，歸老黃山終有日。此日終須到，此約今日立。

黃山與我願毋違，看取方子之書助相憶

1926 年 10 月題於泰山下

蓮花峰　汪採白

蓮蕊何年結？蓮花天上開。只疑成佛座，故作泛楂來。

登天都　豐子愷

結伴遊黃山，良辰值暮春。美景層層出，眼界日日新。

奇峰高萬丈，飛瀑瀉千尋。雲海腳下流，蒼松石上生。

人山雖甚深，世事依然聞。息足聽廣播，都城傳好音。

國際乒乓賽，中國得冠軍。飛船繞地球，勇哉加加林。

客中逢雙喜，遊興忽然增。掀髯上天都，不讓少年人。

題虹廬　林散之

吾師乃是黃山老，天海蓮花第一峰。長別九年人換世，相期百代性靈同。

瓊官瑰怪曾尋跡，古墨斑斕為寫蹤。衣缽可憐辜負了，名山事業誤匆匆。

望江南‧遊黃山　丁寧

黃山好，風景世間稀。到處松雲皆入畫，當前泉石自神奇。遊跡試重提。

黃山好，飛閣枕桃溪。十里落英霏絳雨，一川亂石布仙棋。俯檻翠微低。
黃山好，微妙是溫泉。濯足濯纓無往相，宜冬宜夏總天然。塵垢一時蠲。
黃山好，林壑勝桃源。幾疊雲巒分遠市，一宵秋雨漲山泉。依石聽鳴弦。
黃山好，幽境隔紅塵。絕壑穿岩難辨影，奇峰夾徑欲凌雲。策杖過天門。
黃山好，日出湧金輪。七寶光涵雲燦爛，萬山霞映氣氳氳。彩虹繡天閣。
黃山好，雲起勢如潮。轉眼群峰迷雪浪，拂衣輕霧散冰綃。瓊海望迢迢。
黃山好，到處盡奇松。勁質傲霜還傲雪，虯枝疑鳳復疑龍。振翮待天風。
黃山好，怪石奪天公。疊嶂排空青菡萏，孤峰削玉碧玲瓏。回首白雲封。
黃山好，清影細尋搜。最是文殊臺上夜，一丸涼月萬山秋。何日賦重遊。

憶江南‧詠黃山二十首　　汪世清

黃山好，三十二蓮峰。山以海名山作島，海因雲著海成空。勝景說無窮。
雲門好，雙刃剪青天。百里遙看雲外秀，一峰近失霧中妍。欲見反無緣。
湯泉好，客至洗征塵。泉蘊朱砂溫欲沸，室騰雲霧暖如春。浴罷倍精神。
桃源好，狖浪杳難尋。猶見清溪流白石，但聽猿嘯伴龍吟。潭響古今音。
鳴弦好，泉溜有清音。萬籟無聞山靜寂，一泓猶奏夜深沉。美勝爨桐琴。
天都好，大乙與同尊。仰接三星如咫尺，俯看千嶂盡兒孫。找欲探天門。
蓮花好，蓮蕊比肩妍。蕊結千年何日放？花開萬古幾時全？舉首問青天。
蒲團好，松古不知午。喜看虯枝盤佛座，遊人打坐不談禪。衍妙歎天然。
光明好，絕頂望猶寬。兩海雲峰齊眼底，一江秋水映眉端。心暖不知寒。
平天好，豇互與天平。俯首松濤天海闊，回眸雲際數峰青。石柱望崢嶸。
獅林好，獅子像奇峰。北海樽開遊客止，散花塢放萬年紅。百世仰雄風。
清涼好，臺聳萬峰間。日出紅雲山海豔，霞明青嶂石松妍。絢爛接遙天。
青蓮好，夢筆喜生花。且以煉丹為几案，潑將飛雨灑雲霞。妙繪滿中華。
排雲好，亭外海西橫。雲出罅時天海接，雲開頃刻萬峰明。倏忽使人驚。
豇名好，石筍列煙嵐。百態渾如尊者相，三奇不是海天談。佳麗說江南。
琴臺好，始信此峰奇。逸士雙江陳跡緲，風姿獨秀到方知。更讀草堂詩。
皮蓬好，雲舫美名傳。織葉為蓬雲作海，畫仙時泛米家船，遺韻想當年。
禪林好，雲海最幽深。缽擲如來鐘磬杳，源尋丞相水煙沈。無語對遙岑。
幽亭好，百丈看飛泉。迎面清潭疑水庫，回眸陡壩掛珠簾。隔澗聽潺溪。
桃花好，峰映紫雲青，歲歲花開屏簇錦，年年水漲帶浮英。何似武陵行。

【詠白嶽詩詞】

雲岩　朱升

呼童扶杖屨，特向此中游。福地紅塵遠，函關紫氣浮。

閒雲歸洞口，曉日出山頭。試弄桓尹笛，涼風碧樹秋。

齊雲山縱目　唐寅

搖落郊園九月餘，秋山今日始登初。霜林著色皆成畫，雁字排空半草書。

麴蘗才交情誼厚，孔方兄與往來疏，塞翁得失渾無累，胸次悠然覺靜虛。

齊雲岩二首　郁達夫

（一）

萬曆崇禎跡留新，斷碑無數紀明臣。珍珠簾外桃花雨，日落空山獨愴神。

（二）

白嶽雄峰朵朵奇，方岩無比臣靈姿。道家七二神仙府，第一清虛境在斯。

詠齊雲山詩三首　黃賓虹

白嶽紀遊

靈窟天蒼潤，奇峰地鬱盤。四時霖雨足，萬里水雲寬。

五老峰

浴日不知寒，餐露點可飽。青青天外觀，萬古此徑老。

三姑峰

煙雲窈窕姿，蘭蕙芳菲意。石爛海水枯，屏頂總蔥翠。

賴少其齊雲吟四首

齊雲

有石如天柱，其名曰齊雲；天塌能扶起，卓爾稱自尊。

小壺天

小壺天地廣，黃山列樽前。溪橋藏洞府，漁亭炊晚煙。

珍珠簾

躲在珍簾裏，疑是美猴王。還帶青獅子，白象馱經忙。

五老

五老天爲壽，不知有古今。潭深魚龍躍，月缺掛疏林。

戊寅立夏前三日遊齊雲山三首　鮑弘德

坐纜車登山口占

緩緩凌空過碧溪，晴巒回瞰漸低迷。不求羽化登仙去，一覽摩崖劫後機。

過一天門有感

童子曾探方臘寨，臨耄策杖入天門。霧消日上千峰亮，難禁滄桑百感紛。

書新修大殿中所見

重茸殿臺促旅遊，山林蓊鬱幾春秋？香煙繚繞今何世，仕女摩登拜不休！

【詠歙縣詩詞】

新安江　（唐）沈約

眷言訪客舟，茲川信可珍。洞澈隨深淺，皎鏡無多春。
千仞寫喬樹，百丈見遊鱗。滄浪有時濁，清濟涸無津。
豈若乘斯去，俯映石磷磷。紛吾隔囂滓，寧假濯衣巾。
願以潺湲水，沾君纓上塵。

新安江　（唐）李白

聞說金華渡，東連五百灘。他年一攜手，搖艇入新安。

龍尾石寄子遠　（宋）蘇軾

皎皎穿雲月，青青出水荷。文章工點黝，忠義老研墨。

龍尾硯歌並引　（宋）蘇軾

余舊作《鳳味石硯銘》，其略云：「蘇子一見名鳳味，坐令危尾羞牛後」。已而求硯於歙，歙人云：「子自有鳳味，何以爲此？」蓋不能平也。奉議郎方君彥德有龍尾大硯，奇甚，謂余若能作詩，少解前語者，當奉餉，乃作此詩。

黃琮白璧天不惜，顧恐貪夫死懷璧。君看龍尾寶石材，玉德金聲寓於石。
與天作石來幾時，與人作硯初不辭。詩成鮑謝石何與，筆落鍾王硯不知。

錦茵玉匣俱塵垢，搗練支床亦何有。況瞋蘇子鳳咮銘，戲語相嘲作牛後。
碧天照水風吹雲，明窗淨几清無塵。我生天地一閒物，蘇子亦是支離人。
粗言細語都不擇，春蚓秋蛇隨意畫。願從蘇子老東坡，仁者不用生平別。

徐虞部以龍尾石硯為余品第 （宋）蔡襄

玉質純蒼理致精，鋒芒都盡墨無聲。相如聞道還持去，肯要秦人十五城。

硯石 （宋）米芾

金星宋硯，其質堅麗。呵氣生雲，貯水不涸。
墨水於紙，鮮豔奪目。數十年後，光澤如初。

題問政山歲寒亭 （宋）蘇轍

檻外甘棠錦繡屏，長松何者擅亭名。浮花過眼無多日，勁節凌寒盡此生。
暗長茯苓根自大，旋收金粉氣猶清。長官不用求琴譜，但聽風吹作汎聲。

次韻知郡安撫九日徽州府南樓宴 （宋）范成大

斯民鄒魯更豐年，雅道淒涼見此賢。萬隴登禾新霽色，千村鳴柝舊寒煙。
鏤金絕世詩情妙，倚劍凌空隸墨鮮。珍重北窗山六六，使君名與汝俱傳。

沙溪百二巷 （明）朱升

滄海桑田未忍言，富家古巷久無存。烏衣燕去墟王宅，金谷花殘失石園。
一帶平疇眠瘦犢，兩溪寒月嘯孤猿。兒童百二今何在，舉目清清粳稻繁。

春日北園文會即事 （明）許國

明光佳媚景誰鋪，恰似唐人金碧圖。倚檻卻憐梅額減，隔牆應愛柳眉舒。
凍魚就日遊人懶，啼鳥嬌春語漸粗。方羨遠山明麗甚，東風吹雨有模糊。

萬年橋 （明）汪道昆

使君遺澤五溪東，驪石橋成利涉功。地踞金湯三輔郡，石迴砥柱萬年同。
參差石勢疑烏鵲，飄渺江流見白虹。亭上至今留醉處，蓮花面面似山公。

玉屏山 （明）汪道昆

高帝旌旗擁玉屏，何來杖履傍金城。函崤氣色青牛駕，豐沛風塵白馬盟。
雲鳥陳連秦閣道，石鯨甲動漢昆明。布衣十日挦招飲，敢向期門避姓名。

西溪南梅溪書屋　（明）祝允明

君子高居澗水潯，小齋還築傍瓊林。看花忽見乾坤理，玩易正求天地心。
香臘浮浮誰共味，寒流汩汩自成音。重重床上書連屋，莫道前人不遺金。

西溪南吳氏祖祠喬木　（明）祝允明

煌煌青廟奠崇崗，靈樹擎天拔地強。天子報功惟社稷，雲孫追遠許燕嘗。
千尋古色武侯柏，十畝清明召伯棠。今日孫枝正蓄秀，願移材幹獻明堂。

篁墩湖　（明）程敏政

青草湖陰路，神人跡尚留。雕翎方出殼，蜃氣不成樓。
亂石灘聲急，連村樹色稠。英魂知不散，時向此中游。

深渡　（清）凌廷堪

客子溪頭晚放船，緩搖雙槳下長川。一灣流水清見底，兩岸亂峰高刺天。
餉婦攜筐迴舊袖，村翁賽社斂青錢。香醪莫惜頻沽滿，今夜蓬窗趁醉眠。

閱微草堂歙硯銘　（清）紀曉嵐

勿曰羅紋，處為端紫。我視魏徵，嫵媚如此。

歙西七里頭大廟題壁　李烈鈞

大江南北寄遊蹤，秦樹燕山路幾重。茅舍多情留獨醉，蘭臺有約願相逢。
頻年漂泊愁戎馬，三徑荒涼憶菊松。回首綺窗春訊好，馬蹄歸去亂離中。

徽墨　老舍

徽墨精晶久名揚，代代雲煙流異香。高舉紅旗今勝昔，圖畫作字倍芬芳。

三潭枇杷　流沙河

潯陽琵琶三彈，歙縣三潭枇杷；琵琶三彈湧清波，三潭枇杷掛金霞。
琵琶、枇杷，留連難還，主人忘歸客不發。

【詠婺源詩詞】

對月思故山夜景　（宋）朱熹

沉沉新秋夜，涼月滿荊扉。露泫凝餘彩，川明澄素暉。
中林竹樹映，疏星河漢稀。此夕情無限，故園何日歸。

舟泊山溪 （宋）朱熹

郁郁層巒夾岸青，春溪流水去無聲。煙波一棹知何處，鷓鳩兩山相對鳴。

題龍尾硯 劉海粟

鸞刀夜割黑龍尾，碾著端溪蒼玉子。花雕鐵面一尺方，紫霞紅光墨花飛。

題龍尾硯 啓功

硯務千年久，良材此日多。案頭增利器，筆底發謳歌。
膚理牛毛細，雕鐫楮葉過。手摩一片石，盤礴想山阿。

望江南六首 王世襄

婺源好，喬木見人文。一畝偃柯低覆地，十尋直幹聳凌雲，樹以晦翁尊。
婺源好，靈洞說涵虛。高下七層仙侶窟，琳琅千載古人書，蘆笛愧難如。
婺源好，故宅與崇祠。磚石門楣雕舞鳳，樟楠梁棟琢蟠螭，心仰魯班師。
婺源好，博物有新樓。面水依山形地美，左瓷右硯思情幽，妙品不勝收。
婺源好，龍尾硯珍奇。星燦金銀繁若夜，紋呈羅縠細如絲，供我學臨池。
婺源好，風物喜清新。郜炭泥爐烹綠茗，吳鹽瓷缽薦朱鱗，願作紫陽人。

嘉會新開婺水頭 史樹青

嘉會新開婺水頭，輪蹄驛路正中秋。少時曾拜朱元晦，老生難忘江愼修。
靈洞環山留寶墨，藏珍面水起重樓。赤鱗綠茗齊豐產，眞見龍光射斗牛。

【詠績溪詩詞】

蘇轍績溪詩作選

初到績溪視事三日出城南謁二祠遊石照偶成呈諸同官

梓潼廟

行年五十治丘民，初學催科愧廟神。無限青山不容隱，卻看黃卷自憐貧。
雨餘嶺上雲披絮，石淺溪頭水蹙鱗。指點縣城如手大，門前五柳正搖春。

汪王廟

石門南出眾山巔，沃壤清溪自一川。老令舊諳田事樂，春耕正及雨晴天。
可憐鞭撻終無補，早向叢祠乞有年。歸告仇梅省文字，麥苗含穗欲矗眠。

石照二首

（一）

行盡清溪到碧峰，陰崖翠碧盡杉松。故留石照邀行客，上徹青山最後重。

（二）

雨開石照正新磨，鳥度猿攀野客過。忽見塵容應笑我，年來底事白鬚多？

辭靈惠廟歸過新興院書其屋壁

來時稻葉針鋒細，去日黃花黍粒粗。久病終慚多敝政，豐年猶喜慰耕夫。

青山片片添紅葉，綠水星星照白鬚。東觀校讎非老事，眼昏那復競鉛朱。

翠眉山

誰安雙嶺曲灣灣，眉勢低臨戶牖間。斜擁千畦鋪綠水，稍分八字放遙山。

愁霑細雨峰巒濕，笑卷晴雲草木閒。忽憶故鄉銀色界，舉頭千里見蒼顏。

次韻汪法曹山間小酌

高情不耐簿書圍，行挹青山肯見隨。綠野逢花將盡日，清樽迨我正閒時。

簷間雙燕欲生子，葉底新梅初滿枝。笑殺華陽窮縣令，床頭酒盡只蹙眉。

豁然亭

南看城市北看山，每到令人意豁然。碧瓦千家新過雨，青松萬壑正生煙。

經秋臥病聞斤響，此日登臨負酒船。徑請諸君作佳句，壁間題我此詩先。

靖康初過華陽鎮宿胡殿中東麓書院與咸公話別　　岳飛

杲杲日初出，浮雲已半空。梳頭促鞍馬，不覺東窗紅。

別酒灑行淚，揮戈敢立功。聞公侍御子，奮臂折奸雄。

新安江水自績溪發源　　楊萬里

金陵江水只鹹腥，敢望新安江水清。皺底玻璃還解動，瑩然醽醁卻消醒。

泉從山骨無泥氣，玉漱花汀作佩聲。水記茶經都未識，謫仙句裏萬年名。

過叢山關　　（明）程敏政

江南江北路迢迢，馬上朱顏覺漸凋。今日故鄉初入眼，從山關下巧溪橋。

石屋山　　（明）汪道昆

石壁高無際，懸崖有小居。煙霞迷曲磴，風雨避精廬。

野老從分席，山靈侍著書。楚宮遙一望，賦客近何如？

大屏山 （明）胡宗憲

　　春晴五日不登山，曲徑崎嶇費躋攀。馥馥岩花迎我笑，欣欣壁草爲誰顏？
金山半出青霄上，乳水中流白石間。落日半煙清興杳，沉吟次地不知還！

楚茹詩草

還鄉二首

　　卅載歸來髮半焦，溪邊清水覓魚苗。山頭石碎無剩樹，少年鄉夢已迢遙。
　　身居異地思華陽，四十年來幾斷腸。前年重見親人面，是悲是喜轉迷惘。

憶

　　一別京畿忽三年，思親憶戚意惘然。槐蔭缺處嬋娟月，追思竟夕怎成眠？

思鄉

　　野草淒淒綠，山花點點紅。秧苗成井字，非我故鄉春。

歸來

　　溪水東來向南流，寒露幾度溪水陂。垂髫常來檢枯木，黃髮重臨日已西。

木樨

　　晚宿油桐山莊桂花路，花香陣陣引動千里鄉夢，詩以誌焉。
　　木樨花香濃，千里一般同。故鄉桂花樹，只合夢裏尋！

一叢花・綠楊橋上目遊　程中一

　　下車伊始挹秋光，橋古字「綠楊」。佇立迴環花老眼，慨滄桑。附廓村莊，
廣廈連雲，通衢似支，熙攘往來忙。
　　此番歸自浙之杭，久客總思鄉。縱有西湖風色，不如我，故土生香。歲
月增新，山河轉彩，荒邑變天堂。

滿江紅・城南風物　程中一

　　古鎮華陽，今何在，難尋蹤跡。曾記得，牌坊十數，跨街聳立。氣熱豪
門炫後世，達官顯宦名鐫石。此由來，封建制驅人，分階級。
　　除腐舊，憑誰力，翻天地，農奴戟。看當前物，已非疇昔。黍稷饒原民
食足，漁樵結市無虛日。入城來，左右笑呼聲，逢相識。

金縷曲・答縣志編輯諸鄉親同志 　程良駿

　　志也春秋碣。我華陽，新安古水，地靈人傑。歷代文豪名將傳，此日雙胡並列。豈白話，平倭英烈。千古求全人不得，但須憑，愛國高風節，功與過，且分說。

　　昨宵有夢胡家月。憶兒時，婆心苦愛，此情猶熱。救國讀書行萬里，竹影樓頭映雪。漫步上，英倫宮闕。相敬相超盛世事，有文章，國際相磋切。爲四化，定長策。

2、古黟詩詞楹聯

釣臺 　（唐）李白

　　磨盡石嶺墨，潯陽釣赤魚。靄峰尖似筆，堪畫不堪書。

入黟吟 　（南唐）許堅

　　黟縣小桃源，煙霞百里寬。地多靈草木，人尙古衣冠。
　　市向晡時散，山經夜後寒。吏閒民訟簡，秋菊露溥溥。

詠西遞 　（清）曹文埴

　　青山雲外深，白屋煙中出。雙溪左右環，群木高下密。
　　曲徑如彎弓，連牆若比櫛。自入桃源來，墟落此第一。

古黟楹聯

　　讀書在涵養，涉事無停滯。
　　陶公容膝樂天命，劉子作銘惟德馨。
　　硯以靜方壽，詩乃心之聲。
　　讓人上人抑我益我，有酒吃酒讀詩學詩。
　　讀書好營商好效好便好，創業難守成難知難不難。
　　快樂每自辛苦得，便宜多自吃虧來。
　　漫研竹露裁唐句，細嚼梅花讀漢書。
　　世事讓三分天寬地闊，心田存一點子種孫耕。
　　事業從五倫做起，文章本六經得來。
　　二字箴言惟勤惟儉，兩條正路曰讀曰耕。

孝悌傳家根本，讀書經世文章。

幾百年人家無非積善，第一等好事只是讀書。

過如秋草艾難盡，學似春冰積不高。

敦孝悌此樂何極，嚼詩書其味無窮。

微雨新晴六合清朗，雜花生樹群鶯亂飛。

有恒產立身至寶，無放心處世要言。

一溪煙水明如畫，十畝桑田誰並耕。

3、古徽州行政區劃沿革

本府地《禹貢》揚州之域。春秋時屬吳。吳亡屬越。戰國時屬楚。秦置黟、歙二縣，屬鄣郡。漢元封中改鄣郡曰丹陽，而使都尉分治於歙。鴻嘉二年以黟為廣德王國，尋廢。元始二年復為廣德王國，廢於王莽，改黟於醹虜。東漢復為黟。三國吳定黟歙，分歙為始新、新定、黎陽、休陽並黟、歙為六縣，遂割於丹陽置新都郡。後避嗣主孫休之諱，改休陽為海陽。晉太康元年，以廣德故國為廣德縣，隸宣城郡。改新都郡曰新安，治始新縣，改新定縣曰遂安，改海陽曰海寧。劉宋大明八年，省黎陽，併入海寧，止領縣五。孝建元年分揚州之會稽、東陽、新安、永嘉、臨海五郡為東揚州。梁武帝普通三年割吳郡之壽昌來屬，復為六縣。自秦漢以後皆隸揚州。大同中析歙置良安縣。承聖中復置黎陽縣，並分海寧、黟、歙三縣共四縣。置新寧郡與新安並正屬揚州。陳省新寧郡及黎陽縣，而新安復屬東揚州。隋開皇九年廢郡，省黟、歙，併入海寧，復置歙州，治於黟，改始新縣曰新安，又並遂安及梁所割吳郡壽昌來屬者皆入新安縣，以隸婺州。仁壽三年取婺州之新安，並復立遂安，以隸睦州，今嚴州府之淳安、遂安是也。大業初，改海寧縣曰休寧，屬婺州，尋復屬歙州，仍改為新安郡。末年天下亂，州人汪華起兵據郡，遷治於休寧之萬安山，兼有宣、杭、睦、饒之地，稱吳王。義寧中，遷治於歙之烏聊山。唐武德四年，籍兵民納款，復置歙州，以華為總管，封越國公，使持節總管歙、宣、杭、睦、婺、饒六州諸軍事。未幾，改命王雄誕為使，總管歙、睦、衢三州。七年例改都督府，尋罷，良安縣亦廢。永徽五年，析歙置北野縣。開元二十八年，析休寧地，置婺源縣。天寶初，改新安郡。乾元初，復為歙州，屬浙西節度或隸宣歙觀察。永泰元年，盜方清陷州，州民保休寧之山險。二年，賊平，因又析置歸德縣，又析黟縣及饒州之浮樑置祁

門縣，又以宣州旌德寇王萬敵平，析歙華陽鎭置績溪縣。大曆五年，省北野
入歙，省歸德縣入休寧，於是州復領縣六。元和六年升上州，自罷督府後或
隸揚、潤二州，或屬浙江西道節度及宣歙觀察團練使。天祐二年刺史陶雅以
楊行密承制拜歙、婺、衢、睦四州都團練觀察處置等使。唐亡，楊氏國號吳
及南唐李氏相繼有其地。宋開寶八年，南唐平，隸江南東路，爲望郡。宣和
三年睦寇方臘既平，改歙回徽，爲上州。部使者遷其城於溪北三里，因民不
便，仍治舊城，今民間猶號新城爲新州。德祐二年，實元世祖至元二十三年，
李銓以州歸附。十四年升爲上路，例置總管府隸江浙行省領錄事司一、縣六。
元貞元年，升婺源縣爲州，仍隸本路。國初改興安府，吳元年改徽州府，屬
浙江，後改直隸京師。洪武二年降婺源州爲縣，餘皆如舊。

（選自弘治《徽州府志》卷 11）

4、和義堂的結構及設計特點 〔註 1〕

和義堂位於原西溪西部，今日鄭村之東北角，西同鄭村小學（原西溪汪
氏里祠所在地）相隔一條巷道，東毗鄰善繼堂（三房）。大門口東、西兩大門
前有用莊元石鋪成的石板坦，坦面積 176 平方米。西大門（正門）前兩邊石
坦上各有一個高 120 釐米、直徑 80 釐米的八角棱形旗杆礅，舊時族中人如果
博得皇封，便可在家門口樹旗光宗耀祖。正門門樓上高掛欽點翰林直匾額一
塊。後門有一水塘（被塡）和水井一口。

和義堂坐北朝南，略偏東。長 42.5 米，寬 33.8 米，佔地面積爲 1436.5 平
方米，連石板坦整體面積 1612.3 平方米（未計二層），用地 2.42 畝。整個結
構爲九宮全封閉式，除具有濃厚的徽派建築民宅的一般特色外，在造型和用
料上還沿用了明清時期祠堂建築的流派，既高大雄偉，又豪華大方，其氣派
榜列西溪四大建築之首。從西至東可分爲三大列，每列又分前、中、後多進，
佈局合理，無一雷同，十分壯觀。（見圖示（一）「和義堂平面示意圖」）

〔註 1〕 選自歙縣汪氏九十三世汪濟仁策劃，其侄汪育眞整編的《徽州名居和義堂》，香
港：香港心源美術出版社 2008 年版。「和義堂平面示意圖」引自該書第 3 頁。
感謝吾兄贊華岳丈呂國樑、岳母許瑗兩位長輩慷慨贈書。許之大姨媽王淑如於
解放前自上海跟汪濟仁長兄濟時私奔至徽州，後從夫姓，改名汪琪，終生未歸。

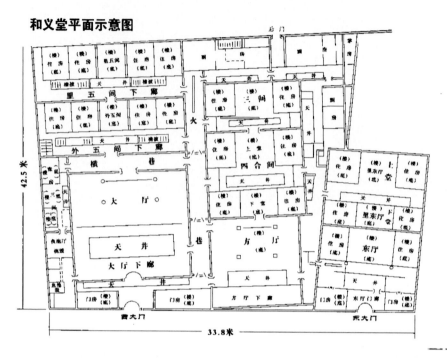

和义堂平面示意图

　　入西大門（正門），先是門房、天井。門房舊時是轎夫、僕人們居住的場所和擱置轎子的庫房。緊接天井的是一個寬 10.5 米、深 16.3 米的大廳。大廳那黟縣青門框上方罩著一個比大門口還考究的石雕門樓，顯得主人十分大方好客。廳內四周用一色的黟縣青條石做低腳圍石。二十四個用黟縣青做成的棱鼓形石墩上挺立著二十四根用銅鑲低箍的圓形銀杏柱子，柱子上垂直交叉支撐著大小不等的「冬瓜」樑，其中天井前的一根通樑就有 12 米長、2 米圍粗，堪稱「天下第一樑」。更爲精心的是，該大廳不設樓層，如若設樓，樓上勢必有人行走，那就會給賓客帶來不禮貌的感覺，可見當初主人封建色彩之濃厚，用心之良苦。樑上還釘有八個銅鉤，每到張燈結綵時便掛上五彩繽紛的楠木燈。大廳堂前照壁上方橫掛著一塊長 2.7 米、寬 1.2 米的巨匾，上書「和義堂」三個剛勁有力的大字（該匾在文革期間被生產隊卸下改做成文化室開社員大會用的桌子，一圈能坐三四十人。小孩還將其用做乒乓球桌臺用）。大廳的水簷全都是錫鑄而成，氣派十足。另外，門房和大廳的下堂都分別設有雙平門和格子門（該門 1860 年被太平天國官兵毀壞），站在門外根本無法看到堂前。據長輩說大廳是用來接待官方來客、族內操辦紅白喜事、春節團拜等大事的。官方來人或操辦婚喪嫁娶時，則必須從內至外大開中門，略表主人方寸之心。

　　大廳照壁之後中門外有一橫巷，是通往大廳、外五間、裏五間、賬房和魚池廳的通道，同時也是官方來人時給局外人用作迴避的通道。橫巷上方蓋有屋瓦，即便是雨雪天也不至於走雨路。大廳的西側是昔時的賬房，即當今的「財經所」，是賬房先生辦公、起居之地，乃本機要之所。與之毗連的是魚池廳，魚池廳內除有石凳、石桌外，還建有魚池，內養各色各樣的金魚。主人除注重其諧音「金餘」外，還供家人遊賞玩樂之用，可謂別具心裁。

　　橫巷之後是外五間，外五間之後是裏五間。這兩進乃是客房和年輕人的居室。同樣都是堂前兩邊各有兩間套房。所不同的是外五間下廊寬敞，上樓的樓梯便是直接斜坡而上。而裏五間下廊較窄，上樓的樓梯只好採用「之」字形轉彎而上。據說在樓梯走向上還必須強調從東到西或從南到北，否則視為「反水」而犯衝族人。裏、外五間除各有中門經橫巷通往大廳外，還各有邊門直通火巷，以便隨時進出。

　　西列同中列相隔一巷，巷在大廳的東面。巷內又分上、中、下三巷，階梯狀，地面依次升高，其中有門相隔。巷兩旁高牆上頂，並蓋有瓦。下巷有門通大廳，中巷有門通橫巷。此巷除用作通道外，主要用作防火，故稱「火巷」，不會因屋內一處起火而禍及全局。順理成章的命名同時也加深了人們對防火重要性的意識，告誡眾人要時刻小心火燭。

　　中列分四進，依次是方廳、四合、三間，最後是廚房。何謂方廳？顧名思義，乃屋內的一切木頭結構都是呈方狀，甚至連柱礎、水簷都是方的。這是一個銀杏廳，全部用料都是銀杏。廳下堂裝有精工製作的格子門窗，門窗上的「萬」字形花樣的每一個拐和固定點全部都是用榫頭拼揍後構成一個整體，而不是用鋸鑿鏤空的。門窗上鑲嵌著用絲綢畫寫的名人字畫，這便是書房。方廳上堂則用來接待本房親戚中的男客。方廳設有樓上，但從後進四合上樓。樓上擱堂上首設有神龕，供奉著本房許多代老祖宗的畫像，後人每逢初一、十五、清明、冬至都要跪拜祭祀，專人看管，終年香火不斷。樓上兩側廂房存放著蠟燭、香紙、錫箔、供品和祭文。中列第二進是四合，上下對廊，四合院格式。樓梯在東（與方廳共用），南北走向上樓。樓上、樓下共有住房八部，是長輩們的居所。第三進是三間，三間也是住房的一種格式，即一個堂前和兩邊各一廂房，樓梯則設在照壁之後，由東向西走向上樓。此進用作本房閨秀們的閨房。該三進除照壁後各有中門相通外，另有大門從火巷直接出入。而方廳和四合又還有側門通往東列。第四進是廚房，從火巷巷尾

進門，也有樓上，只是樓上用來存放糧、油、醬、醋、鹽之類日常必須品。靠東有門通往後門和東列，同時也作爲東西貫通的通道。

中列和東列之間也有一條貫通前後的通道，與中列和西列相串通。不同於火巷的是該通道受屋基走向的影響，呈梯形狀，前小後大，其間偶而還有小天井，同樣也起防火的作用。

東列從東大門出入，也是一列四進。第一進是外東廳，它坐落在東邊外進，因而得名。廳呈半四合形，上下對廊，上堂有樓，樓梯卻設在西邊的通道里。下堂無樓，所以光線尤爲充足。若靠在堂前椅上，天井上一尺來寬的青天便會耀人眼簾，使人悠閒自得，心曠神怡。這裡女眷們娛樂、會客的天地和孩童習書作業之所。裏東廳坐落在外東廳之裏，相隔一層平門，故稱裏東廳，也是四合形佈局，上下對廊，樓梯設在堂前照壁後，由東向西走向上樓。這裡是前來本府求學的弟子們習書、就寢之地。國共合作期間，曾經設過國民黨的一個連隊指揮所。階沿兩端的壁牆上至今仍保存有當初畫的 1：1800000 的「中華民國全圖」和 1：150000 的「浙、蘇、皖邊區圖」。兩幅地圖的上首分別書有「軍事第一，勝利第一」、「國家至上，民族至上」的字樣，至今仍然清晰可見。該室清涼、幽靜，冬暖夏涼，是辦公、避暑的上等處所。再往後又是一列廚房，共有五間，只是朝向改成坐東朝西，略偏南。第四進是茅房，茅房另有小門通向屋外，專供處理糞便、垃圾等污穢之物，方言稱「東司門」。

後門供取水、漿洗出入，也有門樓，只是低小些。後門進門後，在中列和東列的最後還有一進三間起樓的柴房，專門用來堆放柴草和衛生用具等雜物。

據不完全統計，和義堂內共有大小廳堂 15 座，天井 17 個，住房 46 間，偏房 30 間，門（不含樓梯門和房門）41 道。猶如迷宮一樣，四通八達，路路皆通。

另外，各進命名也恰到好處。凡是以「廳」命名的處所均用作會客、遊樂、習書之地，一般樓下都不爲就寢所用，現在所看到的住房都是後人重新改裝的。以「間」或「合」命名的處所則是族人及至親往來居住的地方。「三間」和「四合」是整幢房子的核心，家庭內的一切大小事務都在這裡商議，然後定奪。

更值得稱絕的是，和義堂在結構上特別講究防震、防盜、防火、防水。該屋採用磚木結構，牆護柱、柱支牆，牆上有「丁」字鐵固定到柱子上，一

直到頂，牆柱儼然一體。牆體是用糯米粥拌桐油石灰壘砌而成，雙牆重疊，堅實無比。除防震外，又起防盜的作用，要想在牆上打個洞並非易事。大門、後門和側門均有雙重門，小門之內又緊貼一用栗樹製作的大門，整個大門用大頭鐵釘鑲上厚厚的鐵皮（1958 年大辦鋼鐵，被當地政府平調，強行撬去煉鐵，勞民傷財）。大門後除有大鐵閂外，還有一根碗口粗的長大木閂，木閂兩端插入牆上的鐵框裏。任賊人火攻也好，撞擊也妙，都無法破門而入。即便躲進賊人，只要關上賊人所在範圍的門，便會像電影《地道戰》上消滅鬼子一樣，關門打狗，賊人即刻束手就擒。火災必須防範於未燃，故此主人破天荒地採用樓板上也同地面一樣，鋪上厚厚的方磚，既防火，又乾淨、舒適。再者各進都自成單元（裏、外東廳除外），馬頭牆、屏風牆超脊，萬一發生火警，大火絕對不至於蔓延。再說防水，更爲引人入勝。既要保證四水歸名堂，湢水不能外流（徽商封建習俗），又要達到排水暢通的目的，在設計上就必須巧奪天工。前半部分瓦上的水流經天井上落沿邊的水簷，再注入直水簷後流到天井下暗溝裏。後半部分瓦上的水則流入北落沿下夾牆上的暗簷，再注入牆體上預置好的暗簷直流下暗溝。這些暗溝，前低後高，縱橫交錯，進進都有，早在奠基時就按部就班逐一砌好，並按地理位置的不同，在不同的方位恰到好處地設置好 17 處一米多深的沉澱池，用蓋蓋好，以供後人清淤之用。哪怕是下再大的雨，上、下堂前絕對不會積水。倘若黃梅季節山洪暴發漲大水，那麼水也是從暗溝中來，從暗溝中去，來無影去無蹤。至今幾百年了，還是暢通無阻。樓房全高 10 米，一樓 4.3 米，二樓 5.7 米（至屋脊），每進有天井。夏天打開門窗，通過大小巷道的拉風，熱空氣從天井上升，冷空氣則從巷道源源不斷地補充進來，涼絲絲的，舒服極了。冬天緊閉門窗，保溫性能也相當好（指房間內）。加上樓層跨度高，室外溫差對室內影響不大這一絕對優勢，所以無須空調，照樣也會給人以冬暖夏涼的感覺，此乃休閒度假的上等處所。

另附「和義堂」簡介：和義堂，宅居名。位於歙縣鄭村西溪。1612.3 平方米，呈正方形封閉式，結構佈局爲九宮格形，寬深各三個單元。碩大的白果木材，巨型青條石，巷弄交通，分隔有致。有大小廳堂 20 座，居房近 50 間，天井 16 個，廚房 11 間，地上鋪地面磚，以錫作簷水溜，銅爲柱底箍。正面東西側各設一大門，西大門內正面是大廳。大廳門樓共五層：頂層是突兀前挺的重瓦飛簷，二、三層各爲深鏤花紋與四座並列空鏤麒麟圖，四、五層

爲鑲框花邊，兩側各有一幅大公垂釣圖，姜子牙神情悠然，鬢髯一絲不亂，杆線鈎簍空臨其上，令人歎爲觀止。大廳樑柱碩壯圓渾，橫貫大廳的棟樑圍達 180 釐米。枋斗雕鏤花草禽獸，生動傳神。大廳爲禮儀往來的場所。大廳西側有書房、魚池廳和一座三間賬房。後面是兩進五間樓房。方廳柱、樑、枋均爲方體，含方正廉明之義。方廳是男子活動的地方。西單元與中單元之間隔著一條火巷，火巷東側是方廳。方廳下廊原係書房，臨天井是一排高大的花窗。中進是四合式樓房，後進是三間樓房，往後是廚房、過道。中單元與東單元之間也有一條貫通前後的深巷。東大門內是外東廳，裝鑲著 24 扇精工細製的花格門，廳前有一天井。這裡是女眷和孩童習書的地方。裡東廳是三間樓房，後進是廚房。整座民宅脊頂縱橫，馬頭牆參差生姿，宏偉壯觀，有「翰林院」之稱。（參考維基百科）

附錄 3：1～6 批全國文物保護單位中的古民居古村鎮及中國歷史文化名村名錄

古民居		古村鎮	
第一批 1961 年公布			
孔府	山東曲阜（明清）		
第二批 1982 年公布			
恭王府花園	北京市（清）		
網師園（附住宅）	江蘇蘇州（清）		
第三批 1988 年公布			
大屯土司花園	貴州畢節（清、民國）	平遙城牆	山西平遙（明）
孟府	山東鄒縣（明）	崇武城牆	福建惠安（明）
龍川胡氏宗祠	安徽績溪（明、清）	興城城牆	遼寧興城（明、清）
陳家祠	廣東廣州（清）	卓克基土司官寨	四川馬爾康（清）
泰寧尚書第	福建泰寧（明）		
潛口民宅	安徽歙縣（明）	丁村民宅	山西襄汾（明、清）
東陽盧宅	浙江東陽（明、清）		
祥集弄民宅	江西景德鎮（明）		
崇禮住宅	北京市（清）		
车式花園	山東棲霞（清、民國）		

古民居		古村鎮	
第四批 1996 年公布			
姬氏民居	山西高平（元）	諸葛村、長樂村	浙江蘭溪（明、清）
彩衣堂	江蘇常熟（明）	蒲壯所城	浙江蒼南（明）
棠樾石牌坊	安徽歙縣（明、清）		
老屋閣及綠繞亭	安徽歙縣（明）		
羅東舒祠	安徽歙縣（明）		
許駙馬府	廣東潮州（明）		
靖江王府	廣西桂林（明）		
邱濬故居	海南瓊山（明）		
二宜樓	福建華安（清）		
劉氏花園（劉文采）	四川大邑（清、民國）		
魏氏花園	山東惠民（清）		
丁氏故宅	山東龍口（清）		
滿堂圍	廣東始興（清）		
夕佳山民居	四川江安（明、清）		
第五批 2001 年公布			
可園（附住宅）	北京市東城（清）	雞鳴驛城	河北懷來（明）
孚王府	北京市朝陽區（清）	俞源村	浙江武義（元-清）
腰山王氏莊園	河北省順平（清）	桃渚城	浙江臨海（明、清）
喬家大院	山西祁縣（清）	永昌堡	浙江溫州（明）
喀喇沁親王府及家廟	內蒙古喀喇沁旗（清）	白崖寨	安徽宿松（元-清）
和碩恪靖公主府	內蒙古呼和浩特（清）	呈坎村	安徽歙縣（明、清）
徐霞客故居	江蘇江陰（清）	漁梁壩（鎮）	安徽歙縣（清）
黃山八面廳	浙江義烏（清）	宏村	安徽歙縣（明、清）
南閣牌樓群	浙江樂清（清）	西遞村	安徽歙縣（明、清）
呂府	浙江紹興（清）	查濟村	安徽涇縣（元-清）
鄭義門	浙江浦江（清）	安貞堡	福建永安（清）
斯氏古民居建築群	浙江諸暨（清）	趙家堡（附詒安堡）	福建漳浦（明、清）
小蓮莊	浙江湖州南潯（清）	流坑村	江西樂安（明、清）
程氏三宅	安徽屯溪（清）	荊紫關	河南淅川（清）
蔡氏古建築群	福建南安（清）	張古英村	湖南嶽陽（明、清）
關西新圍、燕冀圍	江西龍南（清）	芋頭侗寨	湖南通道（明、清）
康百萬莊園	河南鞏義（清）	東華里	廣東佛山（清、民國）

古民居		古村鎮	
大水井古建築群	湖北利川（清）	大鵬所城	廣東深圳龍崗（明、清）
東莞可園	廣東東莞（清）	雲山屯	貴州安順（明）
岜團橋（岜團村）	廣西三江（清）	朗德上寨	貴州雷山（明、清）
直波碉樓（村）	四川馬爾康（清）	海龍吞	貴州遵義（宋-明）
朗色林莊園	西藏紮囊（清）	喜洲村	雲南大理（明、清）
胡氏古民居	甘肅天水（明、清）	黨家村	陝西韓城（明、清）
		開平碉樓	廣東開平（近代）
		福建土樓	福建永定（清、近代）
			南靖、平和

第六批 2006 年公布

醇親王府	北京西城（清）	爨底下村古建築群	北京市門頭溝（清）
石家大院	天津西青（清）	西古堡	河北蔚縣（明、清）
汾城古建築群	山西襄汾（金-清）	永年城	河北永年（明）
夏禹神祠	山西平順（元-清）	萬全右衛城	河北完全（明）
磧口古建築群	山西臨縣（明、清）	張壁古堡	山西介休（宋-清）
水神堂	山西廣靈（明、清）	砥洎城	山西陽城（明）
柳氏民居	山西沁水（明、清）	廣武城	山西山陰（明）
郭壁村古建築群	山西沁水（明、清）	綏遠城牆和將軍衙署	內蒙古呼和浩特（清）
寶莊古建築群	山西沁水（明、清）	中前所城	遼寧綏中（明、清）
王家大院	山西靈石（明、清）	廣寧城	遼寧北寧（明）
郭峪村古建築群	山西陽城（明、清）	牡丹江邊牆	黑龍江牡丹江、寧安（唐-金）
曹家大院	山西太古（明、清）	衢州城牆	浙江衢州（明、清）
渠家大院	山西祁縣（清）	安城城牆	浙江安吉（明、清）
師家溝古建築群	山西汾西（清）	魚木寨	湖北利川（明、清）
諾爾古建築群	內蒙古多倫（清）	鳳凰古城堡	湖南鳳凰（清）
僧格林沁王府	內蒙古科爾沁（清）	寶山石頭城	雲南玉龍（元）
惠山鎮祠堂	江蘇無錫（南北朝-民國）	吳堡石城	陝西吳堡（明、清）
戶部山古建築群	江蘇徐州（明-民國）	榆林衛城	陝西榆林（明、清）
瞻園	江蘇南京（明、清）		
昭嗣堂	江蘇無錫（明、清）		
趙用賢宅	江蘇常熟（明）		
張溥宅第	江蘇太倉（明）		

古民居		古村鎮
東山民居	江蘇蘇州（明）	
師儉堂	江蘇吳江（清）	
吳氏宅第	江蘇揚州（清）	
小盤谷	江蘇揚州（清）	
甘熙宅第	江蘇南京（清）	
芝堰村建築群	浙江蘭溪（明-民國）	
芙蓉村古建築群	浙江永嘉（明、清）	
慈城古建築群	浙江寧波（明、清）	
崇仁村建築群	浙江嵊州（清）	
順溪古建築群	浙江平陽（清）	
莫氏莊園	浙江平湖（清）	
許村古建築群	安徽歙縣（明-民國）	
南屏村古建築群	安徽黟縣（明、清）	
江村古建築群	安徽旌德（明、清）	
溪頭三槐堂	安徽休寧（明）	
鄭氏宗祠	安徽歙縣（明）	
黃田村古建築群	安徽涇縣（清）	
世太史第	安徽安慶（清）	
三坊七巷和朱紫坊建築群	福建福州（明-民國）	
培田村古建築群	福建連城（明、清）	
漳州林氏宗祠	福建漳州（明）	
陳埭丁氏宗祠	福建晉江（明）	
德遠堂	福建南靖（清）	
林氏義莊	福建龍海（清）	
婺源宗祠	江西婺源（明、清）	
理坑村民居	江西婺源（明、清）	
顏文姜祠	山東淄博（元-清）	
蒲松齡故宅	山東淄博（清）	
兩程故里	河南嵩縣（宋-明）	
陳元光祖祠	河南固始（清）	
鳳凰山古建築群	湖北秭歸（清）	
米公祠	湖北襄樊（清）	
陡山吳氏祠	湖北紅安（清）	

古民居		古村鎮
上甘棠村古建築群	湖南江永（明、清）	
高椅村古建築群	湖南會同（明、清）	
桃花源古建築群	湖南桃源（明、清）	
洪江古建築群	湖南懷化（明-民國）	
蔡侯祠	湖南耒陽（清）	
廣裕祠	廣東從化（明、清）	
南社村和塘尾村古建築群	廣東東莞（明、清）	
韓文公祠	廣東潮州（明、清）	
從熙公祠	廣東潮安（清）	
陳芳家宅	廣東珠海（清）	
江頭村和長崗嶺村古建築群	廣西靈川（明-民國）	
恭城古建築群	廣西恭城（明、清）	
丹巴古碉群	四川丹巴（唐-清）	
日斯滿巴碉房	四川壤塘（元-明）	
松格嘛呢石經城和巴格嘛呢石經牆	四川石渠（明、清）	
望江樓古建築群	四川成都（清）	
春秋祠	四川敘永（清）	
三蘇祠	四川眉山（清）	
寶箴塞	四川武勝（清、民國）	
織金古建築群	貴州織金（元-清）	
馬頭寨古建築群	貴州開陽（元-清）	
東山古建築群	貴州銅仁（明、清）	
陽明洞和陽明祠	貴州修文、貴陽（明、清）	
寨英村古建築群	貴州松桃（明、清）	
思唐古建築群	貴州思南（明、清）	
飛雲崖古建築群	貴州黃平（明、清）	
舊州古建築群	貴州黃平（明、清）	
秀山古建築群	雲南通海（元-民國）	
西門街古建築群	雲南劍川（明）	
盤龍山古建築群	陝西米脂（明）	
姜氏莊園	陝西米脂（清）	
董府	寧夏吳忠（清）	

中國歷史文化名村（1～3 批）名單

第一批

1、北京市門頭溝區齋堂鎮爨底下村
2、山西省臨縣磧口鎮西灣村
3、浙江省武義縣俞源鄉俞源村
4、浙江省武義縣武陽鎮郭洞村
5、安徽省黟縣西遞鎮西遞村
6、安徽省黟縣宏村鎮宏村
7、江西省樂安縣牛田鎮流坑村
8、福建省南靖縣書洋鎮田螺坑村
9、湖南省岳陽縣張谷英鎮張谷英村
10、廣東省佛山市三水區樂平鎮大旗頭村
11、廣東省深圳市龍崗區大鵬鎮鵬城村
12、陝西省韓城市西莊鎮黨家村

第二批

1、北京市門頭溝區齋堂鎮靈水村
2、河北省懷來縣雞鳴驛鄉雞鳴驛村
3、山西省陽城縣北留鎮皇城村
4、山西省介休市龍鳳鎮張壁村
5、山西省沁水縣土沃鄉西文興村
6、內蒙古土默特右旗美岱召鎮美岱召村
7、安徽省歙縣徽城鎮漁梁村
8、安徽省旌德縣白地鎮江村
9、福建省連城縣宣和鄉培田村
10、福建省武夷山市武夷鄉下梅村
11、江西省吉安市青原區文陂鄉渼陂村
12、江西省婺源縣沱川鄉理坑村
13、山東省章丘市官莊鄉朱家峪村
14、河南省平頂山市郟縣堂街鎮臨灃寨（村）
15、湖北省武漢市黃陂區木蘭鄉大餘灣村

16、廣東省東莞市茶山鎮南社村

17、廣東省開平市塘口鎮自力村

18、廣東省佛山市順德區北滘鎮碧江村

19、四川省丹巴縣梭坡鄉莫洛村

20、四川省攀枝花市仁和區平地鎮迆沙拉村

21、貴州省安順市西秀區七眼橋鎮雲山屯村

22、雲南省會澤縣娜姑鎮白霧村

23、陝西省米脂縣楊家溝鎮楊家溝村

24、新疆鄯善縣吐峪溝鄉麻紮村

第三批

1. 北京市門頭溝區龍泉鎮琉璃渠村

2. 河北省井陘縣於家鄉於家村

3. 河北省清苑縣冉莊鎮冉莊村

4. 河北省邢臺縣路羅鎮英談村

5. 山西省平遙縣岳壁鄉梁村

6. 山西省高平市原村鄉良戶村

7. 山西省陽城縣北留鎮郭峪村

8. 山西省陽泉市郊區義井鎮小河村

9. 內蒙古自治區包頭市石拐區五當召鎮五當召村

10. 江蘇省蘇州市吳中區東山鎮陸巷村

11. 江蘇省蘇州市吳中區西山鎮明月灣村

12. 浙江省桐廬縣江南鎮深澳村

13. 浙江省永康市前倉鎮厚吳村

14. 安徽省黃山市徽州區潛口鎮唐模村

15. 安徽省歙縣鄭村鎮棠樾村

16. 安徽省黟縣宏村鎮屏山村

17. 福建省晉江市金井鎮福全村

18. 福建省武夷山市興田鎮城村

19. 福建省尤溪縣洋中鎮桂峰村

20. 江西省高安市新街鎮賈家村

21. 江西省吉水縣金灘鎮燕坊村
22. 江西省婺源縣江灣鎮汪口村
23. 山東省榮成市寧津街道辦事處東楮島村
24. 湖北省恩施市崔家壩鎮滾龍壩村
25. 湖南省江永縣夏層鋪鎮上甘棠村
26. 湖南省會同縣高椅鄉高椅村
27. 湖南省永州市零陵區富家橋鎮幹岩頭村
28. 廣東省廣州市番禺區石樓鎮大嶺村
29. 廣東省東莞市石排鎮塘尾村
30. 廣東省中山市南朗鎮翠亨村
31. 廣西壯族自治區靈山縣佛子鎮大蘆村
32. 廣西壯族自治區玉林市玉州區城北街道辦事處高山村
33. 貴州省錦屏縣隆里鄉隆里村
34. 貴州省黎平縣肇興鄉肇興寨村
35. 雲南省雲龍縣諾鄧鎮諾鄧村
36. 青海省同仁縣年都乎鄉郭麻日村

（資料來源：中華人民共和國文物局）

附錄 4：中國各民族住宅結構及風格表[*]

1、阿昌族

建築結構：磚瓦、土、木石結構的四合院。

建築特色：數十戶人家同居一村，依山勢而建，錯落有致，房屋建築「面東背西」，石鋪路和泥路，大多為「一正兩廂房」，瓦頂雙斜面，正房有三間，中間一間由門廳、「屋門」和堂屋組成。

空間劃分：正屋住人，樓上堆放糧食和其他生活資料，樓下關牲口。有的也把廚房設在廂房下面。

神聖物品：堂屋設神龕、燭臺、長桌和火塘。

建房儀式：「看風水擇房基」，「動土奠基」、「立柱成屋」三大程序。根據主人生辰八字和「天干地支」、「陰陽五行」推算出破土動工的吉日。

建房禁忌：忌諱水日和火日動工，用工多是相互幫忙，須在一年內蓋成，否則認為不吉利。

2、白族

建築結構：多為二層樓房，三開間，筒板瓦蓋頂，前伸重簷，呈前出廊格局。照壁與正房和兩側樓房構成三房一照壁的格局。此外，更高級的四合五天井、六合同春等套院建築，其木雕、石刻、粉畫就更為集中突出。

建築特色：牆腳、門頭、窗頭、飛簷等部位用刻有幾何線條和麻點花紋的石塊（條），牆壁常用天然鵝卵石砌築。牆面石灰粉刷，白牆青瓦，尤耀人眼目。山牆屋角習用水墨圖案裝飾，典雅大方。木雕藝術也廣泛用於格子門、橫披、板裾、耍頭、弔柱、走廊欄杆等，尤以格子門木雕最為顯眼。大理喜

---

* 本表資料來源於網絡及李斌著《共有的住房習俗》。

州、海東一帶有的民居建築還有泥塑，造塑多爲龍鳳、古瓶、花卉。照壁即瓦頂飛簷的粉牆，是建築中藝術裝點最集中的地方，多用凸花青磚組合成豐富多彩的立體圖案，各組中心再作粉畫，或鑲嵌自然山水圖案的大理石。有的在兩邊塑魚，以示穩固。照壁腳下常砌花壇。

神聖物品：二樓設神龕。

3、保安族

建築結構：土木結構的低矮平房。

4、布朗族

建築結構：竹木結構，上下兩層。

建築特色：樓下地板用龍竹剖開壓成寬竹板鋪墊而成；臥室與待客之處鋪以篾席，進屋必須脫鞋。樓上客廳有一方形大火塘，一家人生活在火塘旁邊。屋內所有傢具幾乎全是竹材做成的，一般竹樓可住 20 年，每隔兩年就要用茅草翻蓋屋頂。

空間劃分：人住樓上，牲畜關在樓下。

5、布依族

建築結構：多爲干闌式樓房或半邊樓（前半部正面看是樓，後半部背面看是平房）式的石板房。

建築特色：依山傍水聚族而居：因地制宜，就地取材，用石料修造出一幢幢頗具民族特色的石板房。石板房以石條或石塊砌牆，牆可壘至 5～6 米高；以石板蓋頂，風雨不透。總之，除檁條、椽子是木料外，其餘全是石料，甚至家庭日常用的桌、凳、竈、鉢都是石頭鑿的。一切都樸實厚重，固若金湯。冬暖夏涼，防潮防火，只是採光較差。

空間劃分：底層飼養牲畜，中層住人，上層存放東西。

神聖物品：「掛壁式」或「香案式」的神龕，仿照漢族的「天地君親師」神位和祖家牌位。

6、朝鮮族

建築結構：過去牆外多刷白色，住房結構形式如「厰」，由堂屋、廂房、竈房和眞誠廊等組成，一般稱爲直角房。還因組成部分的多少和位置而分爲單排房、雙排房和四合房。房門從上到下都是細木格子門。窗格用紙糊，室內光線充足，冬暖夏涼。

建築特色：屋頂是由四個斜面構成的，屋內用磚或石板鋪成炕，客人來訪時，要脫鞋進屋，坐在炕上。

建房禁忌：講究禮節，注意衛生，尤忌隨地吐痰。

7、達斡爾族

建築結構：一般爲只有門沒有窗戶的「柱克查」，類似於鄂倫春族的「撮羅子」。現大多住滿族式的脊草木房。

建築特色：一般有正房二至三間，也有三五間的，以松木做骨架，屋頂以柳條、葦子和草鋪成，草上再壓木架，以防暴風雨，牆用有草皮的土塊砌成，外面抹泥。

空間劃分：朝南、西面和南面開窗，以西屋爲貴，屋內設南、北、西三炕。西面上屋的牆上有的供佛像。長輩住西屋南炕，晚輩住北炕。西炕接待親友客人。吃飯時則在炕上擺炕桌。屋前東西有糧倉，西面有碾房，大門旁掘井。

8、傣族

建築結構：傣族住房分爲干闌建築、地面建築、土掌房三種。三種住房的村寨環境幾乎都是相同的。傣族干闌式住房都是單幢建立，各家自成院落，各宅院落有小徑相通。

建築特色：傳說遠古時候，天神和龍王以及各種飛禽走獸都來幫助傣族蓋房子，當時傣族的祖先不會做樓梯，兩條大龍和七條小龍就相互盤結起來，做成梯子的樣式給大家看，所以傣族人家的樓梯一般都做成九級。竹樓裏面的房間分爲內間和外間，外間是客廳，內間是臥室。進門寬大的堂屋就是客廳，堂屋乾淨整潔，再往裏走，就是用木板或竹篾隔成的臥室，分老人房和晚輩房。老人選用黑布做蚊帳，因爲在傣族人的心目中，黑色是吉祥的象徵。

空間劃分：干闌式建築分上下兩層，上住人，下棲牲畜家禽，織布紡線，堆放糧食、柴禾。各家竹樓以竹籬圍住。下層高約兩公尺，四無遮欄。

9、德昂族

建築結構：德昂族的竹樓依山而建，坐西向東。主要有正方形和長方形兩種形式。比較典型的是以德宏地區爲代表的一戶一院式的正方形竹樓。這種竹樓分主樓和附房兩部分。附房多建在主樓的一側，用做堆放柴草及安置春米的腳碓。這種樓形外形別致，美觀大方。

建築特色：德昂族民居多爲干闌式竹樓。這種竹樓多用木料做主要的框架，其他部分，例如：椽子、樓板、曬臺、圍壁、門、樓梯等均用竹子爲原料，房頂則覆蓋茅草、

空間劃分：主樓呈正方形，樓上住人，分爲臥室和客廳，供全家人起居、會客和存放糧食、雜物之用；樓下圈養牲畜。

10、侗族

建築特色：侗寨鼓樓的建築，因山勢而異。崇山峻嶺中的村寨鼓樓，多建成寶塔式鼓樓，另闢一岩板坪，便於「哆耶」。山勢平緩地帶的鼓樓，多建成廳堂式，如縣境中西、北部均屬此類。廳堂式鼓樓，分左右兩廂，便於本團寨姑娘與外寨青年對歌，男占左廂，女占右廂。

空間劃分：侗族住房建築有南北之分。南部的干闌式弔腳樓舍分三層。底層爲豬牛養牲的雜屋；中層住人，有走廊，備有長短凳，作休息會客之用，另有堂屋、臥室，火爐房；上層有倉房、織機房，有寬敞的晾樓，可晾衣、晾物。北部住屋，多爲三間兩層木樓，沒有弔腳樓，有偏廈或後拖，備有一排大竈。

11、東鄉族

建築結構：多爲土木結構的四合院。一般是一家一院，坐北向南。

建築特色：東鄉族居住的院落被稱爲「莊廓」，屋外是 3 米多高的土牆，內有空地。院子裏多爲兩面房，也有三面、四面的。房屋除了門窗及樑檁（檁：建造房屋時用的橫木）、椽外，都由泥土製成。

空間劃分：其中最好的「上房」給老人住。廚房是分開的除做飯外，還要作爲洗「大淨」的浴室。

12、獨龍族

建築結構：多爲矮樓房。

建築特色：多爲木房或竹房，竹房與木房結構形狀相同，只是用料以木或以竹爲主。房間內設有兩個以上火塘，火塘有設在房內兩邊對稱排列的，也有設在房內四角的。家長的火塘設於上方，一個火塘相當於一個小家庭。住房從不加鎖；糧倉門上僅橫豎插上幾根樹枝作記號，從不擔心被盜。

空間劃分：由於一個火塘象徵著一個小家庭，故子女結婚後就要在房內新設火塘。已婚子女只是圍著自己的火塘而睡，並不分家。如再有子女結婚，原來房子不夠居住時，子女才可另蓋新房，但新房必須與父房緊連。

13、鄂倫春族

建築結構：一般為「僊人柱」，也有木結構的正方形房屋。

建築特色：僊人柱為鄂倫春族住房。以三十多根木杆搭成形同半張開的兩傘的架子，上蓋樺皮圍子或麃皮圍子即可。室內三面是炕床，一面是門，當中有一火坑，坑上弔一口帶耳子的小鐵鍋，供煮肉用。

空間劃分：以圓木壘牆，上蓋樺皮，一面是門，三面用木杆搭成炕床，炕不生火，上鋪樺樹皮，一角設鍋臺做飯。進門正面的席位，是男人和男客席位，稱「瑪路」。兩側的「奧路」才是家族席位。仙人柱後是供神之所，禁止婦女經過。婦女生育兒女須在原居仙人柱東南方另搭一個小僊人柱中進行，男人不得入內。

14、俄羅斯族

建築結構：多為土木結構的房屋。

建築特色：室內擺有各種裝飾品。褥子、毛毯，被子、枕頭等臥具不放在床上，另置他處，到晚上睡覺時才拿出來。室外有院落，種植樹木花草。

空間劃分：屋頂用麥稭覆蓋，分臥室、廳堂和貯藏室。

15、鄂溫克族

建築結構：一般住一種非常簡單的帳篷——「撮羅子」，鄂溫克語稱作「僊人柱」。

建築特色：高約一丈，直徑一丈二尺左右，用 25～30 根落葉松杆搭起呈傘形，夏天以樺皮作蓋，冬天用麋鹿皮包圍，適於遷徙。格拉巴鄂溫克族倉房一般架於四棵松樹之間，離地 15 米高，頂、壁、底和門全部用削掉枝丫的細松木精工拼成，縱三米，闊、高各兩米，有門無窗，近乎長方形大木箱。斜依倉房一側的鑿凹槽的單柱木，作上下階梯，故歡稱「空中倉房」。可防野獸襲擊。

16、高山族

建築結構：多為木結構的草房。

建築特色：木板圍牆，土蓋茅草。一般屋內要凹下一二尺、環牆擺設床鋪。屋分正門、後門或左右旁門。窗僅一二尺見方。也有用長板石做屋頂的石頭房屋。屋內多用長板石鋪地，用長板石架床。沿海房屋用厚木板做內牆，外牆則用卵石砌成。屋內用卵石墊地，上鋪木板；地面多凹下二三米，故屋檐離地面僅一米左右，可防風暴襲擊。

17、仡佬族

建築結構：通常有土築房、篾織房或石砌房三種，俗稱「塌塌房」（簷下有矮小牆壁）或「千腳房」（呈三角形，屋簷觸地）。

建築特色：富戶住「穿斗房」，又叫高架房，用大木柱和厚木板建成，田瓦或薄石板蓋頂。

空間劃分：一般分爲三間，中間爲堂屋，不住人，西邊爲臥室或廚房。也有分爲兩間，一間做臥室，一間做廚房。

18、哈尼族

建築結構：類似彝族，以土木結構的「土掌房」爲多見，也有類似壯族的「干闌」式竹木結構的樓房。空間劃分：樓下堆放農具雜物，樓上住人，一般分前後兩間，男子住前屋，女子住後屋，接待賓客均在男屋。

19、哈薩克族

建築結構：一般住氈房。少數住瓦房。

建築特色：氈房內鋪毛毯，頂開天窗。右邊設老人睡臥床，其他人不得坐臥。地上另設子女臥鋪。結婚子女在左邊另設一床，用布帳圍起，客人入房，如遇布帳已經放下，不可揭看。

20、漢族

建築結構：磚瓦、土、木石結構的三、四合院或單座房子。

建築特色：聚落居住，坐北朝南，強調中軸線、吉祥物，鎮宅之寶。

空間劃分：按照輩分安排居住空間，神聖和世俗空間區分嚴格。

神聖物品：堂屋設神龕，屋簷、竈臺、牲口圈門等爲神聖物。

21、赫哲族

建築結構：常見的有「胡如布」（小型地窨子）、「希日兔克」（大型地窨子）、「撮羅昂庫」、「闊恩布如昂庫」、「博蘇昂庫」（各種形式的窩鋪）、「溫特合」和「卓」（平房）等樣。

建築特色：胡如布：赫哲族的住房。向地下挖進約三尺深的坑，大小依住多少人而定。坑頂用一兩根粗壯大木斗作樑，搭上檩子、椽子，支起楔形架子，上鋪箔條或蓋樹枝，頂蓋培上五六寸厚的土，再苫草，也有不苫草的。南面開門，旁有小窗，早年用鯰魚皮糊門窗，內搭火炕，也有搭板鋪。另有一種大型地窨子稱「希日兔克」。

闊恩布如昂庫：赫哲族住房．用直徑約一寸的樹條，烤成彎鈎形，然後按一定距離，一根一根埋入地裏，矗立起來，連在一起，形成門樣，再順著綁紮上五到九根帳子，前後兩端也綁紮十字形帳子，使其穩固不動。在架子周圍，從下往上層層苫草。一般長約丈餘，寬七八尺，高五六尺。小的長約六七尺，寬四五尺，高四五尺。

撮羅昂庫：赫哲族住房。用高約一丈，直徑約兩三寸的杆子，少則十幾根，多至幾十根，支撐起架子來，每根杆子相隔一尺多的距離，綁上橫條，使其固定，然後從其底部用茅草一層壓一層地連接好，再用樹枝捆紮在橫條上，形同蓑衣，也有用樺樹皮圍在四周的。窩鋪內東、西、北三面搭鋪，上面墊有茅草，樹枝、獸皮。北面為上位，是老年人睡處和坐處。東，西兩側是青壯年坐、臥的地方。夏季在露天燒篝火煮食。風雨天在窩鋪內燒篝火，支弔鍋煮食。一般有用樺樹皮搭成的窩鋪「塔爾空昂庫」，用布搭成的窩鋪「保斯昂庫」，用獸皮圍成的「那斯昂庫」、用茅草搭成的「敖鹿合特昂庫」等。窩鋪便於搭蓋和拆除，適於遊動漁獵時居住。

溫特合：赫哲族住房。以多根直徑約六七寸，高七尺餘的楊樹，劈成板片，搭蓋成圓錐形住處：頂尖留二尺餘寬的出煙、通風孔。向陽一面有小門，周圍培四五尺高的土或雪。也有用皮圍的。

卓：赫哲族住房。造法如一般平房。但山牆向南背北，南牆開門，門兩側各有一扇窗子。房內東、西兩邊搭火炕，廚竈設在火炕南端。早年房內搭南北相對兩鋪火炕，西炕稱「萬字炕」，連接南北炕。舊俗以「西方為貴」，西炕只擺設箱櫃，懸掛祖先、神靈，不可隨便住人。煙囱用空心木或「拉哈」辮壘在東西房山牆兩側，也有壘在房門兩側屋檐下。

22、回族

建築結構：傳統住房多為平房。

建築特色：坐南朝北，一門兩窗，土坯牆，木構架的平頂屋和坡頂屋。現在不少回族都住上了樓房，條件有了較大改善。

23、基諾族

建築結構：一般為竹結構的草房。

建築特色：一個大房子可容納一個姓氏的數代人，少則幾十人，大則一百三十餘人。

空間劃分：分兩種：一種是一個父系家庭居住的竹樓，樓下堆放農具雜物和飼養家畜，樓上住人。進屋為住房外間，供飲食、待客之用。裏屋則數代人分隔居住。一種是由一個父系大家庭成員集體居住的「大房子」。為一長形大竹樓，約八至十米寬，三四十米長。進屋有一個象徵大家庭的總火塘，屋中是一條通道，通道上等距離排列著各個小家庭的小火塘，通道兩側是各個小家庭的等面積住房。

24、京族

建築結構：大多為磚瓦房。京族人住在海島上，傳統的民居建築一般為竹木結構。

建築特色：為防海風，建築較為堅固。頂呈「人」字形，上覆以茅草或小瓦，並壓石頭或磚頭，以防大風吹刮；四壁門窗以茅草或竹籬編織成簾塊遮攔；屋中四角各立有一柱，每柱下方皆用石頭墊離地面五寸餘；地板由竹條密排編成，上鋪草席。凡入屋者須於門口脫鞋，飲食起居盡在其中。現在京族的住房多為磚木結構的二層或三層樓，室內設施非常整齊、美觀，房屋周圍種植果樹、劍麻、僊人掌等。

空間劃分：地板層高出地面 20 釐米左右，人居其上，雞鴨禽類棲其下。

神聖物品：正中的一間就是「正廳」，俗稱「堂屋」；其正壁上安置著神龕，俗謂「公棚」。

25、景頗族

建築結構：多為竹結構草房。

建築特色：多為長廊形，房門一般都開在一端，進門即有一條較長的過道間。每家的過道間裏照例都有一棵木柱，大小粗細不一，根據每家人口、勞動力和房子大小而異，是財產和勢力的標誌。舊時，有的大山官家的柱子，直徑達二三尺。另在過道間裏放置杵臼和腳碓，用以舂米。住房分兩三間或十多間不等，各間均有門無窗。屋內根據人口多少設置若干個火塘，周圍鋪篾席作寢榻。

空間劃分：分上下兩層，樓下飼養豬、雞，大牲畜則另建廄欄。

26、柯爾克孜族

建築特色：一般住氈做的帳篷，稱為「勃孜吾」。夏季多住涼爽的高山地帶，入多則遷居溫暖的山谷。

空間劃分：今已定居，一般為新建土平房，分東、西屋，晚輩住東屋，長輩住西屋。屋內有圈炕。一般設南北炕和西炕。也有不設西炕和北炕的。

27、拉祜族

建築結構：竹木結構的樁上房屋。掌樓——拉祜族住房。一般用三十三棵柱子、七根或九根橫樑、若干棵椽子和竹笆片穿接、串聯、鋪搭而成。樓身成正方形，頂用藤子，竹片夾山茅草鋪蓋。分上、下兩層，上層用木板、竹笆將四壁柵嚴。

建築特色：樓上由三部分組成，即「阿扣」、「插馬底格」和「古塔」。「阿扣」是住人的寢室，「插馬底格」是放置舂碓的地方，「古塔」是曬臺。「阿扣」內部的左邊又隔成四個「懷」，也就是寢室中的小房間。每個「懷」前設有一個火塘，並可住一個成員。火塘周圍是吃飯和休息之所，夜晚則是睡覺的地方。火塘上弔有竹子做成的烤板，用來烘乾糧食。「懷」的前面，習慣放置糧食、豬食和水。火塘與堆物之間形成自然過道，往往當作睡處。

空間劃分：樓上供人居住，樓下一般作關養牲口和堆放木柴之用。掌樓分隔為寢室和客房，寢室再按班輩、人數隔為若干小間。客房中央有個用木頭圍成、泥土墊底和壁的火塘，終年不熄，以煮飯燒水，取暖待客。下層不築圍牆，用作堆放柴禾雜物，拴牛養雞。上、下層間搭有一根砍出臺坎的粗栗樹，作樓梯用。樓外設小臺，晾曬穀物，或作納涼用。

28、黎族

建築結構：多為竹木結構的草房。

建築特色：金字形屋頂，上蓋茅草，用竹條或樹枝紮成牆架，再以泥糊。屋內間隔成廳房。舊式住房為「船形屋」。船形屋是用竹木紮架構成輪廓，狀如船篷，蓋以茅草，成半圓筒形。屋內一般間隔，以藤條或竹片編成地板，分平房和雙層兩種，平房離地約半公尺。

空間劃分：雙層離地約兩公尺，上層住人，下層養畜。

29、傈僳族

建築結構：多為竹木結構的小樓。

建築特色：建築時，先在地基上打入數十根木樁為基柱，以幾棵高大的木樁作為整個房間支柱，其餘則在上面鋪以樓板，屋頂上用茅草覆蓋，或用一尺見方的木片作瓦片一樣鋪設，以籬笆作牆壁。俗稱「千腳落地」房。也

有的地方是木結構的樓房，四周用長約一二丈的方木料疊成，上面覆蓋木板，形似木匣。一般是上面住人，用竹籬笆隔為兩格，兩間屋中央都設一火塘，作煮飯烤火用。晚上則全家圍火塘而臥，火塘終年不滅。

空間劃分：樓下一般作養牛、豬等牲口用。四周辟為菜地。

30、珞巴族

建築結構：舊時住簡陋竹木茅舍。

建築特色：圍火塘過夜。民主改革後，始從深山密林出來，重建新家園。

31、滿族

建築結構：多為土木結構，一般是三間或五間，中間開門，兩旁為窗。

建築特色：以土築牆，「章茅」鋪頂，然後以草繩或灰泥固定。屋脊多用草編成。西炕供神供祖，來客不能坐西炕。長輩睡南炕，晚輩睡北炕。

空間劃分：通常坐北朝南。室內裏間北、西、南三面圍炕。

32、毛南族

建築結構：多為木石結構的房屋。

建築特色：以石塊築成牆基，以木做棟樑，造地板和樓壁。周圍以石塊砌成圍牆。房屋式樣各家不完全一致。

空間劃分：樓房上層住人，下層養牲畜。除住屋外，一般另在屋前建有一間穀倉。

神聖物品：堂屋中央供有祖先神位。

33、門巴族

建築結構：一般是石結構。

建築特色：人字形木頂或竹頂的兩層小樓。夜晚在地板上鋪粗毛毯或獸皮和衣而睡。

空間劃分：上層住人，下層圈牲畜。

34、蒙古族

建築結構：蒙古包。

建築特色：易於裝拆搬遷，一座蒙古包只需要兩峰駱駝一輛牛車就可運走。兩三個小時就可以搭蓋起來。蒙古包內使用面積大，空氣能很好地流通，採光好，冬暖夏涼，遮風擋雨，適合游牧民族。

35、苗族

建築結構：以弔腳樓最具特色。

建築特色：一般建築在斜坡地段，有兩三層階梯的坡地上。分兩層或三層。其餘多為平房，一般以竹編泥糊作壁，以草作頂。空間劃分：最上層很矮，只放糧食不住人。樓下堆放雜物或作牲口圈。

36、仫佬族

建築結構：一般為泥牆瓦頂，茅房不多見。富者亦有樓房，並築有堅固碉堡。

空間劃分：牛、豬欄設在堂屋東邊，西邊住人。廁所和「灰房」均設屋外。以炒罐煮食、煮飯、煮飼料。

37、納西族

建築結構：一般為木結構的「三坊一照壁」、「四合五天井」。有的門窗上雕飾花鳥龍鳳，兩側山牆各有一條寫實的魚形圖案「垂魚」。有的由三四幢組成一個院落，中央住人（一幢），二三幢客房為男女阿注（伴侶、配偶）偶居的地方，第四幢是經房，為念經或休息處所。

建築特色：牆壁下半截用磚石或土壘基，上半截約三分之一用木板，略呈梯形，房頂稍大，主要為保護木質部分不受雨淋。木楞房——納西族住房，一般用圓木架起，成四方形，頂蓋木板，房門低矮，進入須低頭彎腰，為之「見木低頭」（意為見木土司低頭）。傳說木土司為了顯示自己威嚴，只許窮人蓋矮房，永遠不能挺身抬頭。中央設火塘，供煮飯燒水用。冬暖夏涼，異常舒適。

空間劃分：多為兩層樓，上面儲糧，下面住人。

38、怒族

建築結構：長方形木結構板房。

空間劃分：分內外兩間。外間待客，設一至數個火塘，火塘上有鐵三腳架或石三腳架，用作煮飯做菜。內間為主人臥室兼糧倉，不許外人進入。一般均為兩層，樓上住人，樓下關牲畜，並用許多木樁架在斜坡地上，再以木板或竹篾席鋪在木樁架上。另有較矮小竹篾房，也分內外兩間，也有一間的。

39、普米族

建築結構：以「木楞房」為主。一般長兩丈，寬一丈，四角立有大柱，中央立一方柱。

空間劃分：房屋分爲上下兩層，樓上住人，樓下關牲口。正門朝東開，進門爲正房，靠門右方爲鍋莊（火塘），係由木架圍成的土臺。火塘上立鐵三腳架，火塘周圍設臥鋪，左爲男鋪，右爲女鋪，互不逾越。平時則在火塘上煮飯、做菜、烤火，爲全家活動中心。室內不設窗戶。正房左邊是竈房，供煮豬食用。竈房後面隔成若干小間，作貯藏室用，又兼作婦女產房。

神聖物品：中央立一方柱，稱爲擎天柱，是神靈所在的地方。火塘後方設神龕，又是宗教活動和接待客人的地方。室外掛牛羊頭骨，以示財富。

40、羌族

建築結構：多爲石結構的方形、平頂屋。

建築特色：用亂石碎片砌成，石塊之間不用石灰，只用泥土黏連，砌得平直整齊。一般分三層（也有兩層），用獨木截成鋸形的樓梯上下。高可達十餘丈。一般是四角形、六角形、八角形，下寬上窄，呈梯形，下牆厚一米左右，頂部蓋瓦或木板，有六七層以至十三四層高。上細下粗，四壁築有槍眼。多數村寨有一個至幾個，一般建於交通要道、山樑或村落中心。這是歷史上防禦外來侵略和內部械鬥的遺留物。

空間劃分：中層住人，除臥室、貯藏室外還有火塘鍋莊。上層貯物，下層圈養牲畜、堆放柴草、漚糞。屋頂搭木架存放玉米，又作曬臺，作脫粒和曬糧食之用。兩層的房屋，樓下住人，樓上貯糧及堆雜物，牲圈另設置於屋外。室內僅有木床、桌，凳等。

神聖物品：設神龕供白玉神。家內活動多在住宅中心的火塘鍋莊周圍。鍋莊上方供奉祖先靈位。客至，即讓坐於鍋莊之旁。鍋莊亦嚴禁觸動。此外仍有依舊俗壘石建碉樓而住的。

41、撒拉族

建築結構：房屋建築形式是木泥結構平頂式建築。

建築特色：住宅十分講究，庭院建設別致。住房四周以土牆圍成「莊廓」。屋內牆壁上張貼著阿拉伯文「庫法體」書法，顯得素雅、莊重、潔淨。在院牆四角頂上，放置著白石頭，這與當地藏族習俗相同。

42、佘族

建築結構：多爲茅草房和木結構瓦房。

建築特色：蓋房往往是先立柱、上樑、蓋瓦，然後再築牆和整修室內。

空間劃分：一般都有廳堂和左右廂房。

43、水族

建築結構：以木結構為主，屋頂用瓦、杉皮或茅草覆蓋，接合處不用鐵定。

建築特色：一般分平房和樓房兩種。

空間劃分：平房通常是三間，中間一間作堂屋，兩側作臥室。樓房下層關牲畜，上層住人，一般分為五間。

44、塔吉克族

建築結構：多為土木結構的正方平頂房屋。

建築特色：牆壁用石塊、草皮砌成，頂部架樹枝，抹上拌有麥草稭的泥土。東向開門，一般靠近牆角。頂部中央開天窗，通風透光。

空間劃分：四周築土炕，長輩、客人和晚輩分側而居，土炕上鋪毛氈以供坐臥。爐竈在大門對側，竈後另有小儲藏室，存放油、肉、乾果、糧食等物。在院牆內最大住屋稱「賽然衣」，另有牲畜圈和廚房，有的還有客房和庫房。牧民上山放牧則住氈房或築土屋。

45、塔塔爾族

建築結構：一般是平頂土房。

建築特色：室內有鐵皮壁爐供取暖用。

46、土族

建築結構：土族的村莊大都依山傍水，有十幾戶或幾十戶組成。每一戶都有一個佔地約 7 到 8 分地的方形院落，叫莊廓。四周是主房、次房、倉房等。莊廓四周的牆使用土夯而成，高約 4 米。傳統土家的大門方向依山勢而定，方向選擇正前方最高大、最雄偉的大山。

空間劃分：傳統土族人家的佈局是一進三開，正對門的中間的房間稱為堂屋，擺放著米櫃、面 櫃等居家主要用品。旁邊的兩間用來會客、休息、吃飯等。在四方形的院子中，以朝東的房子為正屋，住著家裏的長者或主人。家境好的人家不僅蓋一個莊廓，還要將幾個莊廓連接起來，用兩條長廊相連，一般是 3 座院落。院落的房檐高度依次遞增，高度是 30 公分。土族傳統民宅的牆壁用土夯成，看誰家的牆壁光滑，便可判斷出家境的好壞，因此在這裡有「漢人有錢蓋房，土人有錢磨牆」的俗諺。

建築特色：大量使用木雕木刻藝術和崇尚數字 3 是土族民居建築的一個重要特色。土族民宅大量使用木材和木工。在門板、窗棱、隔扇、桌櫃等上

面均要雕刻上精美的圖案，有花鳥蟲魚、各種動物和植物等。此外，因爲土族信奉藏傳佛教，因此大量的宗教元素也被融入到他們的生活雕刻中。

47、土家族

建築結構：多爲磚木結構，一般是一正兩廂，廂房做成弔腳樓。

空間劃分：正屋的中間爲堂屋，作祭祖和待客之用。一側爲火坑屋，或叫火鋪堂。屋中有火坑，供取暖、煮飯之用。坑內置三腳架，坑上懸一木架，作炕柴、炕臘肉用。

48、佤族

建築結構：以木、竹和茅草爲主要建築材料，一般是四壁著地的草木房，也有土壁草房和少量瓦房。有的地區與傣族的架空「樓房」相似。

建築特色：住房有大小，大的三間，即主間、客間和外間。設有主火塘、客火塘和鬼火塘。小的兩間，即主間和客間，設有主火塘和鬼火塘。主火塘在房子的主間，整天火燃不止，是平時做飯的火塘。客火塘在客間，一般用於煮豬食。鬼火塘在外間，有較大的宗教活動時才用。房子刀：三個門，即鬼門（在房前壁處，一般還架有掌子（用竹木搭起的平臺），供平時休息和曬東西之用。有的村寨還有所謂「大房子」，只有大頭人或多次做過大鬼（即主祭過 「砍牛尾巴」等宗教活動）的人才能修建。

空間劃分：樓上住人，樓下關牲口。

神聖物品：房脊兩端安置有木刻的燕子和男性裸體像。燕子是佤族崇拜的飛禽之一，男性裸體像是他們信仰的祖神。在鬼火塘兩旁的房壁上掛一些小竹筒和獸頭獸骨。小竹筒內供奉神靈和祖先。獸頭獸骨是狩獵和做鬼剽牛殺豬的留念和標誌。靠火門的一方栽著做鬼的牛角叉、牛尾巴樁和老母豬石。富裕戶也是如此，不同的是房內多了一些豬頭骨、牛頭骨和房外多了一些牛角叉、牛尾巴樁和老母豬石，是做鬼多的表現和富裕的標誌。

49、維吾爾族

建築結構：多爲土結構平房，方形，矮小，向北開門，四壁無窗，但在屋頂開有天窗。

建築特色：屋頂平坦，可晾曬，堆放瓜果、糧食和雜物，亦可供人納涼。屋內砌土炕，三面靠牆，高一尺左右，實心，不燒火，供起居坐臥。室內牆上挖壁閣，放置食物用品。一般以壁毯做裝飾。多有庭院，栽花木果樹，十分潔淨。

50、烏孜別克族

建築結構：一般爲土木結構平頂長方形房屋。

建築特色：牆壁較厚，砌有圖案形的壁龕，可存放雜物。取暖多用壁爐，也有在室內挖坑，將火爐置於坑內，煙筒伸出戶外，坑上放木板，鋪毯子，可供坐臥。

51、錫伯族

空間劃分：一般有三間，也有多至五間，大門多向南開，鍋臺砌在中間的堂屋，通東、西兩側耳房火炕，可做飯，亦可取暖。

52、瑤族

建築結構：多爲竹木結構的草房。瑤族民居善於因地制宜，有「半邊樓」、「全樓」和「四合院」之分。

「半邊樓」一般爲五柱三間，兩頭附建偏廈，或一頭偏廈，或一頭偏廈前伸建廂房。大門多在屋頭上層屋場偏廈間。此種建築多爲紅瑤所建。

「全樓」相對「半邊樓」而稱；一般建於沿河一帶或半山較平坦的一層地基上。規模及附屬建築與「半邊樓」同。花瑤、盤瑤多居「全樓」。

「四合院」在較平坦的地面上連接修建四幢「全樓」合成的房屋，中間有一小塊方形空地庭院，故稱「四合院」。這種建築僅爲沿河一帶紅瑤富裕人家所居。

建築特色：一般是一樓一底。

空間劃分：樓下住人，多分成兩間或三間，進門左邊一間爲住房，右邊爲堂屋，煮飯在房屋正中。樓上一般用作屯糧或儲藏雜物，也可供男人居住。畜廄多在住房背後。樓下住人，多分成兩間或三間，進門左邊一間爲住房，右邊爲堂屋，煮飯在房屋正中。

53、彝族

建築結構：多爲土木結構的平房，俗稱土掌房。

建築特色：以塊石爲牆基，用土坯砌牆或以土築牆，有的大樑架在木柱上，擔上墊木，鋪上茅草或稻草，草上覆蓋一層稀泥，再放上細土捶實而成。有的大樑放置牆上，樑上鋪木板、木條、樹枝或竹子，上面再鋪一層土，經灑水抿捶，形成平臺屋面，滴水不漏。可作曬場。

空間劃分：分三間，正中一間開有大門，作廚房，左側爲主人內室，外人不得入內。右側爲牛欄及畜養豬、羊之所，或兼作馬房，存放雜物。一般搭一簡易樓臺，堆放糧食或供子女就寢。也有二三層樓建築。

54、裕固族

建築結構：多以土房爲主。

建築特色：裕固族牧民以帳篷爲家。過去是住圓錐形，由四、六、九根木柱支撐的帳篷。1958 年後改用藏式方形帳篷。帳篷是用犛牛毛和山羊毛織成毯子後縫製而成的，既遮風又擋雨，便於拆卸和搭蓋。

空間劃分：左邊是用木板拼接成的板炕，上面疊放著被褥、毛毯，來客也請到炕上就座，而且按不同的輩分分坐不同的位置。帳篷右邊放置奶桶、鍋碗等用具。中間是爐竈。燒火做飯就在這裡。帳篷頂端有天窗。在定居放牧和農業地區，裕固族的住房則多以土房爲主。

神聖物品：帳篷正上方過去是擺神位的地方，現在多用於放置傢具、收錄機、電視機等物。

55、藏族

建築結構：多爲土石結構，平頂狹窗。寺廟和貴族、領主的莊園，卻圍牆高聳，層樓屹立，異常森嚴。

建築特色：陋室：一般平民居住的一層建築。結構簡單、土石圍牆，架木（或樹枝）於上，覆以泥土。房頂用一種當地風化了的「堊嘎」土打實抹平。內室居人，外院圍圈牲口。

平房：一般兩層，牆基用石砌，上面用土坯壘，上層住人，下層做伙房、庫室和圈牲口之用。

碉房：過去貴族、領主、大商居住的房子，一般三層以上，最高到五層。用石做牆，木頭做柱，柱子密集，約四平方米便有一柱，上用方木鋪排作椽，樓層鋪木板，二三層向陽處均落地玻璃，採光面廣。人住其中，冬天不用生火取暖；樓頂有陽臺，可供曬物品和散步、觀光用。這種碉房，四周圍牆，中間庭院，牆厚尺餘至二尺，可當碉堡打仗、防禦用。窗戶多朝庭院開放，院外用小窗窄門，有擋風禦寒之利。這種房屋，二三層住人，底層當庫房。柱頭、房樑裝飾繪畫，十分華美。

56、壯族

建築結構：多爲竹木結構的「干欄」式建築（「欄」，壯語是屋的意思）。用木柱或竹柱做成離地面相當高的底架，再在底架上建造成住宅。

建築特色：明、清時期分爲全樓居、半樓居和地居的三開間合院式幾類。以全樓居式最有代表性。全樓居式分上層、下層及閣樓三部分，樓上一般有三開間、五開間和七開間，樓下用作牛欄、豬圈、雞舍、廁所和貯藏室。居住層另建有望樓、挑樓、抱廈、偏廈等。望樓是居層半戶外空間，可作乘涼、眺望等用。挑樓（挑廓）是利用出挑來爭取空間，以擴大使用面積。在建築四面皆可設挑，使用靈　　活。抱廈作爲望樓的擴大部分，突出於建築的前部。偏廈相當於半個開間，多設在一年之中風來得最多的方向，以增強建築物側向抗風能力。偏廈用作次要臥房和輔助房間。此外，樓上在火塘間的近處室外的向陽面，還設有曬排，以供洗滌晾曬等用。除正門外，居住層側後都開有便門，可通屋後山地。

空間劃分：樓上住人，樓下養牲畜和堆放雜物。

參考文獻*

建築類

1. 漢寶德：《建築筆記》，上海：上海人民出版社，2009 年。
2. 【日】隈研吾：《十宅論》，朱鍔譯。上海：上海人民出版社，2008 年。
3. 【日】隈研吾：《負建築》，計麗屏譯，濟南：山東人民出版社，2008 年。
4. 王仲奮編著：《東方住宅明珠・浙江東陽民居》，天津：天津大學出版社，2008 年。
5. 沈克寧：《建築現象學》，北京：中國建築工業出版社，2008 年。
6. 鄭岩、汪悦進：《庵上坊──口述、文字和圖像》，北京：生活讀書新知三聯書店，2008 年。
7. 王其鈞：《圖解中國民居》，北京：中國電力出版社，2008 年。
8. 宋國曉：《中國古建築吉祥裝飾》，北京：中國水利水電出版社，2008 年。
9. 梁思成著、林洙編：《大拙至美──梁思成最美的文字建築》，北京：中國青年出版社，2007 年。
10. 錢正坤編著：《中國建築藝術史》，長沙：湖南大學出版社，2007 年。
11. 趙新良：《詩意棲居：中國傳統民居的文化解讀》，北京：中國建築工業出版社，2007 年。
12. 王其鈞：《行走中國詩情畫境：中國園林》，上海：上海文藝出版社，2007 年。
13. 【日】中野美代子：《龍居景觀：中國人的空間藝術》，吳念聖譯，銀川：寧夏人民出版社，2007 年。

---

* 此書目是作者為文時徵引或參考之書目，由於成文倉促，對徵引或參考處的注釋恐有遺漏，若有，請務必告知，先表謝意！

14. 【美】拉普卜特：《宅形與文化》，常青、徐菁、李穎春、張昕譯，北京：中國建築工業出版社，2007 年。

15. 採編組：《中國古鎮遊》，西安：陝西師範大學出版社，2007 年。

16. 鄭炘、華曉寧：《山水風景與建築》，南京：東南大學出版社，2007 年。

17. （明）午榮彙編：《魯班經》，北京：華文出版社，2007 年。

18. 楊永生、王莉慧編：《建築百家談古論今——地域編》，北京：中國建築工業出版社，2007 年。

19. 荊其敏、張麗安編著：《中國傳統民居（新版）》，北京：中國電力出版社，2007 年。

20. 王其鈞：《金門》，北京：生活讀書新知三聯書店，2007 年。

21. 張道一、郭廉夫主編：《古代建築雕刻紋飾：戲文人物》，南京：江蘇美術出版社，2007 年。

22. 張道一、郭廉夫主編：《古代建築雕刻紋飾：草木花卉》，南京：江蘇美術出版社，2007 年。

23. 張道一、郭廉夫主編：《古代建築雕刻紋飾：寓意吉祥》，南京：江蘇美術出版社，2007 年。

24. 張道一、郭廉夫主編：《古代建築雕刻紋飾：龍鳳麒麟》，南京：江蘇美術出版社，2007 年。

25. 張道一、郭廉夫主編：《古代建築雕刻紋飾：山水景觀》，南京：江蘇美術出版社，2007 年。

26. 張道一、郭廉夫主編：《古代建築雕刻紋飾：珍禽瑞獸》，南京：江蘇美術出版社，2007 年。

27. 莊光裕、胡石主編：《中國古代建築裝飾：裝修》，南京：江蘇美術出版社，2007 年。

28. 莊光裕、胡石主編：《中國古代建築裝飾：彩畫》，南京：江蘇美術出版社，2007 年。

29. 梁思成：《凝動的音樂》，天津：百花文藝出版社，2006 年。

30. 劉華：《靈魂的居所》，天津：百花文藝出版社，2006 年。

31. 楊永生、王莉慧編：《建築史解碼人》，北京：中國建築工業出版社，2006 年。

32. 夏娃主編：《建築藝術簡史》，合肥：合肥工業大學出版社，2006 年。

33. 林徽因等：《建築之美》，北京：團結出版社，2006 年。

34. 劉森林：《中華陳設：傳統民居室內設計》，上海：上海大學出版社，2006 年。

35. 王其鈞：《行走中國結廬人境：中國民居》，上海：上海文藝出版社，2006年。

36. 貴州省建設廳：《圖像人類學視野中的貴州鄉土建築》，貴陽：貴州人民出版社，2006年。

37. 唐鳳鳴、張成城：《湖南民居研究》，合肥：安徽美術出版社，2006年。

38. 陳雨陽：《中國民間美術鑒賞：民間起居（民居篇）》，南昌：江西美術出版社，2006年。

39. 周維權：《園林‧風景‧建築》，天津：百花文藝出版社，2006年。

40. 登琨豔：《蜉蝣建築》，上海：華東師範大學出版社，2006年。

41. 王貴祥：《東西方的建築空間——傳統中國與中世紀西方建築的文化闡釋》，天津：百花文藝出版社，2006年。

42. 趙廣超：《不只中國木建築》，北京：生活讀書新知三聯書店，2006年。

43. 漢寶德：《中國建築文化講座》，北京：生活讀書新知三聯書店，2006年。

44. 樓慶西：《圖說中國文化——中國建築》，深圳：海天出版社，2006年。

45. 李欣主編：《中國古建築門飾藝術》，天津：天津大學出版社，2006年。

46. 樓慶西：《鄉土建築裝飾藝術》，北京：中國建築工業出版社，2006年。

47. 樓慶西主編：《鄉土魂寶系列：千門萬户》，北京：生活讀書新知三聯書店，2006年。

48. 于伸主編：《木樣年華——中國古代傢具》，天津：百花文藝出版社，2006年。

49. 殷智賢主編：《我們如何居住》，北京：中國人民大學出版社，2006年。

50. 李允鉌：《華夏意匠：中國古典建築設計原理分析》，天津：天津大學出版社，2005年。

51. 梁思成：《中國建築史》，天津：百花文藝出版社，2005年。

52. 王其鈞：《華夏營造——中國古代建築史》，北京：中國建築工業出版社，2005年。

53. 任軍：《文化視野下的中國傳統庭院》，天津：天津大學出版社，2005年。

54. 豐子愷：《豐子愷談建築》，上海：東方出版社，2005年。

55. 王其鈞編著：《中國民居三十講》，北京：中國建築工業出版社，2005年。

56. 李勁松：《園院宅釋——關於傳統文化與現代建築的可能》，天津：百花文藝出版社，2005年。

57. 李曉峰編著：《鄉土建築：跨學科研究理論與方法》，北京：中國建築工業出版社，2005年。

58. 董洪全：《明清民間木雕（梅花喜鵲卷）》，瀋陽：萬卷出版社，2005年。

59. 劉敦楨：：《中國住宅概說》，天津：百花文藝出版社，2004 年。

60. 孫大章：《中國民居研究》，北京：中國建築工業出版社，2004 年。

61. 王世仁：《中國古建探微》，天津：天津古籍出版社，2004 年。

62. 劉森林：《中華裝飾：傳統民居裝飾意境》，上海：上海大學出版社，2004年。

63. 楊昌鳴：《東南亞與中國西南少數民族建築文化探析》，天津：天津大學出版社，2004 年。

64. 漢寶德：《透視建築》，天津：百花文藝出版社，2004 年。

65. 樓慶西：《中國小品建築十講》，北京：生活讀書新知三聯書店，2004 年。

66. 樓慶西主編：《鄉土魂寶系列：雕樑畫棟》，北京：生活讀書新知三聯書店，2004 年。

67. 樓慶西主編：《鄉土魂寶系列：戶牖之美》，北京：生活讀書新知三聯書店，2004 年。

68. 李玉祥攝、王魯湘撰文：《故園：遠去的家園》，杭州：浙江攝影出版社，2004 年。

69. 張彤：《整體地區建築——地域‧建築‧文化叢書》，南京：東南大學出版社，2003 年。

70. 王其鈞：《中國民間住宅建築》，北京：機械工業出版社，2003 年。

71. 楊永生主編：《建築百家言續編——青年建築師的聲音》，北京：中國建築工業出版社，2003 年。

72. 李玉祥：《中國古鎮圖鑒》，西安：陝西師範大學出版社，2003 年。

73. 孫大章主編：《中國古代建築史》，北京：中國建築工業出版社，2002 年。

74. 陸元鼎主編、楊谷生副主編：《中國民居建築（上、中、下)》，廣州：華南理工大學出版社，2002 年。

75. 高介華主編：《建築與文化論集（第五、六卷)》，武漢：湖北科學技術出版社，2002 年。

76. 曹煒：《中日居住文化——中日傳統城市住宅的比較》，上海：同濟大學出版社，2002 年。

77. 李秋香：《中國村居》，天津：百花文藝出版社，2002 年。

78. 高潮等：《中國歷史文化城鎮保護與民居研究》，北京：研究出版社，2002年。

79. 阮儀三：《江南六鎮》，石家莊：河北教育出版社，2002 年。

80. 梁思成：《梁思成全集（1～9 卷)》，北京：中國建築工業出版社，2001 年。

81. 【美】史坦利‧亞伯克隆比著：《建築的藝術觀》，吳玉成譯，天津：天津大學出版社，2001 年。

82. 王振復:《中華意匠:中國建築基本門類》,上海:復旦大學出版社,2001年。

83. 【美】卡斯騰‧哈里斯:《建築的倫理功能》,申嘉、陳朝暉譯,北京:華夏出版社,2001年。

84. 樓慶西:《中國古建築二十講》,北京:生活讀書新知三聯書店,2001年。

85. 樓慶西:《中國建築的門文化》,鄭州:河南科學技術出版社,2001年。

86. 劉致平:《中國居住建築簡史——城市住宅園林》,北京:中國建築工業出版社,2000年第二版。

87. 楊永生:《建築百家軼事》,北京:中國建築工業出版社,2000年。

88. 閆瑛:《傳統民居藝術》,濟南:山東科學技術出版社,2000年。

89. 羅漢田:《庇蔭——中國少數民族居住文化》,北京:北京出版社,2000年。

90. 梁思成等攝、林洙編:《中國古建築圖典》,北京:北京出版社,1999年。

91. 中國藝術研究院:《中國建築藝術史(上、下)》,北京:文物出版社,1999年。

92. 荊其敏、張麗安:《世界傳統民居——生態家屋》,天津:天津科學技術出版社,1999年。

93. 荊其敏:《中國傳統民居》,天津:天津大學出版社,1999年。

94. 羅啓研:《古承今襲——中國民間生活方式》,香港雍明堂,1999年。

95. 李玉祥、王其鈞:《老房子——北京四合院》,南京:江蘇美術出版社,1999年。

96. 王其明:《北京四合院》,北京:中國書店,1999年。

97. 馬炳堅:《北京四合院建築》,天津:天津大學出版社,1999年。

98. 白鶴群:《老北京的居住》,北京:燕山出版社,1999年。

99. 舒陽、李海英:《建築——傳統與詩意的文本》,北京:中國紡織出版社,1999年。

100. 顏紀臣:《中國傳統民居與文化(第七輯)》,太原:山西科學技術出版社,1999年。

101. 劉沛林:《古村落:和諧的人居空間》,上海:上海三聯書店,1998年。

102. 編委會:《四合院——中國傳統居住建築的典範》,北京:中國奧林匹克出版社,1997年。

103. 李先逵:《中國傳統民居與文化(第五輯)》,北京:中國建築工業出版社,1997年。

104. 【日】茂木計一郎、稻次敏郎、片山和俊:《中國民居研究——中國東南地方居住空間探討》,江平、井上聰譯,臺北南天書局,1996年。

105. 王其鈞：《中國古建築大系——民間住宅建築》，北京：中國建築工業出版社，1996年。

106. 陸翔、王其明：《北京四合院》，北京：中國建築工業出版社，1996年。

107. 黃浩：《中國傳統民居與文化（第四輯）》，北京：中國建築工業出版社，1996年。

108. 陸元鼎：《民居史論與文化》，廣州：華南理工大學出版社，1995年。

109. 阮儀三：《中國江南水鄉》，上海：同濟大學出版社，1995年。

110. 彭一剛：《傳統村鎮聚落景觀分析》，北京：中國建築工業出版社，1994年。

111. 汪之力、張祖剛：《中國傳統民居建築》，濟南：山東科學技術出版社，1994年。

112. 李長傑：《中國傳統民居與文化（第三輯）》，北京：中國建築工業出版社，1994年。

113. 陳從周、潘洪萱、路秉傑：《中國民居》，上海：學林出版社，1993年。

114. 王其鈞：《民間住宅建築》，北京：中國建築工業出版社，1993年。

115. 北京美術攝影出版社：《北京四合院》，北京：北京美術攝影出版社，1993年。

116. 陸元鼎、陸琦：《中國民居裝飾裝修藝術》，上海：上海科學技術出版社，1992年。

117. 翁立：《北京的胡同》，北京：燕山出版社，1992年。

118. 阮長江：《中國歷代傢具圖錄大全》，南京：江蘇美術出版社，1992年。

119. 胡德生：《中國古代傢具》，上海：上海文化出版社，1992年。

120. 陸元鼎：《中國傳統民居與文化（第二輯）》，北京：中國建築工業出版社，1992年。

121. 陸元鼎：《中國傳統民居與文化》，北京：中國建築工業出版社，1991年。

122. 陳偉：《穴居文化》，上海：文匯出版社，1990年。

123. 【美】凱文・林奇：《城市的印象》，項秉仁譯，北京：中國建築工業出版社，1990年。

124. 陸元鼎、楊谷生：《中國美術全集——民居建築》，北京：中國建築工業出版社，1988年。

125. 荊其敏：《覆土建築》，北京：中國建築工業出版社，1988年。

126. 劉致平：：《中國建築類型與結構》，北京：中國建築工業出版社，1987年。

127. 荊其敏：《中國傳統民居百題》，天津：天津科學技術出版社，1985年。

128. 荊其敏、蘭劍、宋海亮：《中國生土建築》，天津：天津科學技術出版社，1985 年。

129. 劉敦楨：《中國古代建築史》，北京：中國建築工業出版社，1984 年第二版。

130. 清華大學建築系編：《建築史論文集》（第 6 輯），北京：清華大學出版社，1984 年。

131. 梁思成：《清式營造則例》，北京：中國建築工業出版社，1981 年。

132. 【法】勒・柯布西耶：《走向新建築》，吳景祥譯，北京：中國建築工業出版社，1981 年。

133. 吳振聲：《中國建築裝飾藝術》，臺灣：文史哲出版社，民國六十八年（1979 年）。

134. 姚承祖、張至剛：《營造法源》，北京：中國建築工業出版社，1959 年。

徽學類

1. 汪良發主編：《徽州文化十二講》，合肥：合肥工業大學出版社，2008 年。

2. 汪森強著、盧庭芳攝影：《徽州老房子》，南京：江蘇美術出版社，2008 年。

3. 方靜採編：《徽州民謠》，合肥：合肥工業大學出版社，2007 年。

4. 劉仁義主編：《感悟徽派建築》，合肥：合肥工業大學出版社，2007 年。

5. 金乃玲主編：《傳承徽派建築》，合肥：合肥工業大學出版社，2007 年。

6. 趙焰：《思想徽州》，北京：東方出版社，2006 年。

7. 吳浩、任羽中主編：《徽州人文讀本》，北京：中國社會科學出版社，2006 年。

8. 段進、龔愷等：《世界文化遺產西遞古村落空間解析》，南京：東南大學出版社，2006 年。

9. 長北、徐振歐：《江南建築雕飾藝術（徽州卷）》，南京：東南大學出版社，2005 年。

10. 朱永春：《徽州建築》，合肥：安徽人民出版社，2005 年。

11. 卞利：《徽州民俗》，合肥：安徽人民出版社，2005 年。

12. 鮑義來：《徽州工藝》，合肥：安徽人民出版社，2005 年。

13. 《徽州古村落文化叢書（10 本）》，合肥：合肥工業大學出版社，2005 年。

14. 董建：《自然與藝術的靈光輝映（西溪南）》

15. 何峰：《村落構建藝術的奇葩（石家村）》

16. 舒育玲、胡時濱：《天人合一的理想境地（宏村）》

17. 余治淮：《徽商的智慧與情懷（西遞）》
18. 倪國華：《聚落人文的典範（渚口）》
19. 吳兆民：《儒商互濟的家園（昌溪）》
20. 馬勇虎：《和諧有序的鄉村社區（呈坎）》
21. 汪昭義：《書院與園林的勝境（雄村）》
22. 洪少鋒：《望族的故鄉（龍川）》
23. 方光華：《宗族文化的標本（江村）》
24. 李俊：《徽州古民居探幽》，上海：上海科學技術出版社，2003 年。
25. 樊炎冰：《中國徽派建築》，北京：中國建築工業出版社，2002 年。
26. 王振忠：《徽州社會文化探微——新發現的 16～20 世紀民間檔案文書研究》，上海：上海社會科學院出版社，2002 年。
27. 王振忠 文、李玉祥 攝影：《鄉土中國・徽州》，北京：生活讀書新知三聯書店，2000 年。
28. 王明居、王木林：《徽派建築藝術》，合肥：安徽科技出版社，2000 年。
29. 程極悅：《徽派古建築》，合肥：黃山書社，2000 年。
30. 宋子龍：《徽州竹雕藝術》，合肥：安徽美術出版社，1994 年。
31. 宋子龍、馬世雲：《徽州磚雕藝術》，合肥：安徽美術出版社，1993 年。
32. 宋子龍、晉元靠：《徽州牌坊藝術》，合肥：安徽美術出版社，1993 年。
33. 俞宏理、李玉祥：《老房子——皖南徽派民居》，南京：江蘇美術出版社，1993 年。
34. 吳敏、黃永湘：《徽州石雕藝術》，合肥：安徽美術出版社，1988 年。
35. 張國標、黃永湘：《徽州木雕藝術》，合肥：安徽美術出版社，1988 年。
36. 張海鵬：《明清徽商資料選編》，合肥：黃山書社，1985 年。
37. 張仲一：《徽州明代住宅》，北京：中國建築工業出版社，1957 年。

美學、建築美學類

1. 【法】加斯東・巴什拉：《空間的詩學》，張逸婧譯，上海：上海譯文出版社，2009 年。
2. 楊成寅：《藝術美學》，上海：學林出版社，2008 年。
3. 楊泓、鄭岩：《中國美術考古學概論》，北京：中國社會科學出版，2008 年。
4. 李天道主編：《中國古代人生美學》，北京：中國社會科學出版社，2008 年。

5. 陳望衡：《中國古典美學史（上、中、下）》，武漢：武漢大學出版社，2007年。

6. 徐復觀：《中國藝術精神》，桂林：廣西師範大學出版社，2007年。

7. 何莊：《尚清審美情趣與傳統文化》，北京：中國人民大學出版社，2007年。

8. 陳望衡：《中國古典美學二十一講》，長沙：湖南教育出版社，2007年。

9. 【法】丹納著：《藝術哲學》，傅雷譯，天津：天津社會科學院出版社，2007年。

10. 袁鼎生：《生態藝術哲學》，北京：商務印書館，2007年。

11. 伍蠡甫、胡經之主編：《西方文藝理論名著選編（上、中、下）》，北京：北京大學出版社，2007年。

12. 田兆元：《神話學與美學論集》，上海：上海文藝出版社，2007年。

13. 呂勝中、鄔建安：《中國公眾家庭審美調查》，北京：北京大學出版社，2007年。

14. 陳望衡：《環境美學》，武漢：武漢大學出版社，2007年。

15. 【英】理查德·豪厄爾斯著：《視覺文化》，葛紅兵等譯，桂林：廣西師範大學出版社，2007年。

16. 【英】R.G.柯林伍德著：《精神鏡像》，趙志義、朱寧嘉譯，桂林：廣西師範大學出版社，2006年。

17. 朱良志：《中國美學十五講》，北京：北京大學出版社，2006年。

18. 胡經之：《文藝美學論》，武漢：華中師範大學出版社，2006年。

19. 張利群：《民族區域文化的審美人類學批評》，桂林：廣西師範大學出版社，2006年。

20. 周紀文：《中華審美文化通史（明清卷）》，合肥：安徽教育出版社，2006年。

21. 林徽因等：《建築之美》，北京：團結出版社，2006年。

22. 王振復：《中華建築的文化歷程：東方獨特的大地文化》，上海：上海人民出版社，2006年。

23. 【日】蘆原義信：《街道的美學》，尹培桐譯，天津：百花文藝出版社，2006年。

24. 朱光潛：《文藝心理學》，上海：復旦大學出版社，2005年。

25. 宗白華：《天光雲影》，北京：北京大學出版社，2005年。

26. 劉方：《中國美學的歷史演進及其現代轉型》，成都：巴蜀書社，2005年。

27. 杭間、何潔、靳埭強主編：《歲寒三友：中國傳統圖形與現代視覺設計》，濟南：山東畫報出版社，2005年。

28. 王振復：《建築美學筆記》，天津：百花文藝出版社，2005 年。

29. 王振復：《中國美學史教程》，上海：復旦大學出版社，2004 年。

30. 汪鳳炎、鄭紅：《中國文化心理學》，廣州：暨南大學出版社，2004 年。

31. 朱立元：《接受美學導論》，合肥：安徽教育出版社，2004 年。

32. 熊明：《建築美學綱要》，北京：清華大學出版社，2004 年。

33. 趙鑫珊：《人屋世界》，天津：百花文藝出版社，2004 年。

34. 王振復主編：《中國美學重要文本提要（上、下)》，成都：四川人民出版社，2003 年。

35. 淩繼堯：《美學十五講》，北京：北京大學出版社，2003 年。

36. 胡經之、王岳川主編：《文藝學美學方法論》，北京：北京大學出版社，2003 年。

37. 梁一儒、戶曉輝、宮承波：《中國人審美心理研究》，濟南：山東人民出版社，2002 年。

38. 森茂芳等：《美學傳播學》，昆明：雲南民族出版社，2001 年。

39. 王振復：《中國建築藝術論》，太原：山西教育出版社，2001 年。

40. 趙鑫珊：《建築：不可抗拒的藝術》，天津：百花文藝出版社，2001 年。

41. 劉伯山選編：《美學人學研究文集》，南昌：江西高校出版社，2000 年。

42. 王建：《原始審美文化的發展》，昆明：雲南教育出版社，2000 年。

43. 彭會資：《民族民間美學》，桂林：廣西師範大學出版社，2000 年。

44. 張文勳主編：《民族審美文化》，雲南：雲南大學出版社，1999 年。

45. 胡家祥：《心靈結構與文化解析》，北京：北京大學出版社，1998 年。

46. 【美】魯道夫‧阿恩海姆：《視覺思維——審美直覺心理學》，滕守堯譯，成都：四川人民出版社，1998 年。

47. 王振復：《華夏宮室》，上海：上海古籍出版社，1998 年。

48. 趙鑫珊：《建築是首哲理詩：對世界建築藝術的哲學思考》，天津：百花文藝出版社，1998 年。

49. 【德】黑格爾：《美學（1～3 卷)》，朱光潛譯，北京：商務印書館，1997 年。

50. 許祖華編著：《建築美學原理及應用》，南寧：廣西科學技術出版社，1997 年。

51. 王惕：《中華美術民俗》，北京：中國人民大學出版社，1996 年。

52. 汪國瑜：《建築——人類生息的環境藝術》，北京：北京大學出版社，1996 年。

53. 閻國忠：《朱光潛美學思想及其理論體系》，合肥：安徽教育出版社，1994年。

54. 余東升：《中西建築美學比較研究》，武漢：華中理工大學出版社，1992年。

55. 汪正章：《建築美學》，北京：人民出版社，1991年。

56. 王振復：《中國古代文化中的建築美》，上海：學林出版社，1989年。

57. 宗白華：《美學散步》，上海：上海文藝出版社，1981年第一版，2007年第20次印刷。

民俗學、地理學及其他：

1. 復旦大學文史研究院編：《「民間」何在 誰之「信仰」》，北京：中華書局，2009年。

2. 秦永洲：《中國社會風俗史》，濟南：山東人民出版社，2008年。

3. 張士閃：《中國藝術民俗學》，濟南：山東人民出版社，2008年。

4. 張道一：《張道一論民藝》，濟南：山東美術出版社，2008年。

5. 何曉道：《十里紅妝女兒夢》，北京：中華書局，2008年。

6. 朱建軍：《中國的人心與文化──對中國傳統文化的心理學分析》，太原：山西人民出版社，2008年。

7. 【愛爾蘭】基欽、【英】泰特：《人文地理學研究方法》，蔡建輝譯，北京：商務印書館，2007年。

8. 陳勤建：《中國民俗學》，上海：華東師範大學出版社，2007年。

9. 李長莉、左玉河主編：《近代中國社會與民間文化》，北京：社會科學文獻出版社，2007年。

10. 黃卓越、黨聖元主編：《中國人的閒情逸致》，桂林：廣西師範大學出版社，2007年。

11. 呂品田：《中國民間美術觀念》，長沙：湖南美術出版社，2007年。

12. 王平：《中國民間美術通論》，合肥：中國科學技術大學出版社，2007年。

13. 李斌：《共有的住房習俗》，北京：中國社會科學出版社，2007年。

14. 黃平主編：《鄉土中國與文化自覺》，北京：生活讀書新知三聯書店，2007年。

15. 李友梅：《快速城市化過程中的鄉土文化轉型》，上海：上海人民出版社，2007年。

16. 熊術新：《中國雲南兩個少數民族村落影像民俗志──民俗文化在傳播中的意義蛻變》，昆明：雲南大學出版社，2007年。

17. 陳靈強：《多維視野中的大眾文化》，杭州：浙江大學出版社，2007年。

18. 任美鍔主編：《中國自然地理綱要》（第三版），北京：商務印書館，2007年。

19. 武文主編：《中國民俗學古典文獻輯論》，北京：民族出版社，2006年。

20. 高致華編：《探尋民間諸神與信仰文化》，合肥：黃山書社，2006年。

21. 邱扶東：《民俗旅遊學》，上海：立信會計出版社，2006年。

22. 孫建君：《中國民間美術》，上海：上海畫報出版社，2006年。

23. 孫建君主編：《中國民間美術》，北京：高等教育出版社，2006年。

24. 唐家路：《民間藝術的文化生態論》，北京：清華大學出版社，2006年。

25. 張士閃：《鄉民藝術的文化解讀》，濟南：山東人民出版社，2006年。

26. 趙丙祥編著：《民居習俗》，北京：中國社會文獻出版社，2006年。

27. 【日】溝口雄三、小島毅主編：《中國的思維世界》，孫歌等譯，南京：江蘇人民出版社，2006年。

28. 【美】哈維蘭：《文化人類學（第十版)》，瞿鐵鵬、張鈺譯，上海：上海社會科學院出版社，2006年。

29. 【英】斯蒂芬·威廉：《旅遊地理學（引進版)》，張凌雲譯，天津：南開大學出版社，2006年。

30. 【英】斯蒂芬·加得納：《人類的居所——房屋的起源和演變》，汪瑞、黃秋萌、任慧譯，北京：北京大學出版社，2006年。

31. 【美】約瑟夫里克沃特：《亞當之家——建築史中關於原始棚屋的思考》（原著第二版），李保譯，北京：中國建築工業出版社，2006年。

32. 王海霞：《透視：中國民俗文化中的民間藝術》，西安：太白文藝出版社，2006年。

33. 周星主編：《民俗學的歷史、理論與方法》（上、下），北京：商務印書館，2006年。

34. 王其亨等：《風水理論研究》，天津：天津大學出版社，2005年第二版。

35. 孫景浩、孫德元著：《中國民居風水》，北京：生活讀書新知三聯書店，2005年。

36. 【美】於湧、於希賢：《中國古代風水的理論與實踐：對中國古代風水的再認識（上、下)》，北京：光明日報出版社，2005年。

37. 【英】邁克·克朗：《文化地理學》，楊淑華等譯，南京：南京大學出版社，2005年。

38. 洪修平：《中國佛教文化歷程》，南京：江蘇教育出版社，2005年。

39. 【美】阿蘭·鄧迪斯：《民俗解析》，户曉輝編譯，桂林：廣西師範大學出版社，2005年。

40. 陳平：《居所的匠心：中國居住文化》，濟南：濟南出版社，2004年。

41. 翟有龍、李傳永主編：《人文地理學新論》，成都：西南交通大學出版社，2004 年。

42. 陶立璠：《民俗學》，北京：學苑出版社，2003 年。

43. 董曉萍：《田野民俗志》，北京：北京師範大學出版社，2003 年。

44. 田自秉、吳淑生、田青：《中國紋樣史》，北京：高等教育出版社，2003 年。

45. 苑利、顧軍：《中國民俗學教程》，北京：光明日報出版社，2003 年。

46. 陳勤建：《中國鳥信仰：關於鳥化宇宙觀的思考》，北京：學苑出版社，2003。

47. 【德】米勒：《文明的共存：對亨廷頓「文明衝突論」的批判》，酈紅等譯，北京：新華出版社，2002 年。

48. 王娟：《民俗學概論》，北京：北京大學出版社，2002 年。

49. 蒯大申、祁紅：《中國民俗》，合肥：安徽教育出版社，2002 年。

50. 葉濤、吳存浩：《民俗學導論》，濟南：山東教育出版社，2002。

51. 烏丙安：《民俗學原理》，瀋陽：遼寧教育出版社，2001。

52. 展望之：《中國裝飾文化》，上海：上海古籍出版社，2001 年。

53. 鄧雲鄉：《中國養植文化》，上海：上海古籍出版社，2001 年。

54. 居閲時、瞿明安主編：《中國象徵文化》，上海：上海人民出版社，2001 年。

55. 王恩湧：《人文地理學》，北京：高等教育出版社，2000 年。

56. 馮驥才：《手下留情——現代都市文化的憂患》，上海：學林出版社，2000 年。

57. 鍾敬文主編：《民俗學概論》，上海：上海文藝出版社，1998 年。

58. 陳華文：《民俗文化學》，天津：天津人民出版社，1998 年。

59. 【美】亨廷頓：《文明的衝突與世界秩序的重建》，周琪等譯，北京：新華出版社，1998 年。

60. 王銘銘、潘忠黨：《象徵與社會——中國民間文化的探討》，天津：天津人民出版社，1997 年。

61. 高曾偉主編：《中國民俗地理》，蘇州：蘇州大學出版社，1996 年。

62. 【英】博爾尼（Burne. C.）：《民俗學手冊》，程德祺等譯，上海：上海文藝出版社，1995。

63. 高丙中：《民俗文化與民俗生活》，北京：中國社會科學出版社，1994。

64. 張紫晨：《張紫晨民間文藝學民俗學論文集》，北京：北京師範大學出版社，1993 年。

65. 林華東：《河姆渡文化初探》，杭州：浙江人民出版社，1992年版。

66. 李辛儒：《民俗美術與儒學文化》，北京：中央民族學院出版社，1992。

67. 陳勤建：《文藝民俗學導論》，上海：上海文藝出版社，1991年。

68. 【日】白川 靜：《中國古代民俗》，王巍譯，瀋陽：春風文藝出版社，1991年版。

69. 楊學芹、安琪：《民間美術概論》，北京：北京工藝美術出版社，1990年。

70. 【美】阿蘭‧鄧迪斯編：《世界民俗學》，陳建憲、、彭海斌譯，上海：上海文藝出版社，1990。

71. 鄧子琴：《中國風俗史》，成都：巴蜀書社，1987年。

72. 張紫晨編：《民俗學講演集》，北京：書目文獻出版社，1986年。

73. 張紫晨：《中國民俗與民俗學》，杭州：浙江人民出版社，1985年。

74. 烏丙安：《中國民俗學》，瀋陽：遼寧大學出版社，1985年。

75. 【日】後滕興善等：《民俗學入門》，王汝瀾譯，北京：中國民間文藝出版社，1984。

音像資料：

1. 《中國古建築》（8DVD），齊魯音像出版社。

2. 鳳凰衛視、天津電視臺，杜憲、李宗瑤主持：《尋找遠去的家園》，深圳音像出版社。

3. 《徽州古村落》（VCD），中國唱片廣州公司。

4. 《世界遺產之中國檔案：皖南古村落》（VCD），中國國際電視總公司。

5. 《徽州古代民居（上下集）》（DVD），文物出版社。

6. 《徽州：文化與自然遺產（10集）》（VCD），廣州音像出版社。

7. 《文化中國遊‧安徽》（DVD），中國人民大學出版社，2006。

8. 《中國行‧徽州古村落》（DVD），中國唱片廣州公司。

9. 《徽州（十集文化系列片）》（5DVD），廣州音像出版社出版。

10. 《回首家園（精華版）》（6VCD），深圳音像公司，2003。

11. 《皖風皖韻（電視詩歌散文）》（DVD），中國國際電視總公司，2005。

12. 《世界文化遺產：徽州》（2DVD），上海俏佳人音像製品有限公司。

13. 《中國人文雜誌：皖南徽州文化》（6VCD），貴州東方音像出版社。

14. 《中國風水文化‧徽州風水》（DVD），汕頭海洋音像出版社。

15. 《徽商：中國明清時期最傑出的商幫》（DVD），塞奇影視文化傳播公司。

16. 胡一虎主持：《大儒徽商：明清最大商幫的財富之道》（2DVD），九洲音像出版公司。

17. 《中華人文地理志：徽州文化》（DVD），北京科影音像出版社。

18. 《探索·發現：中國記憶——我們的精神家園》特別節目：《2008 中國記憶——文化的尋根》（DVD），中國國際電視總公司。

19. 《再說長江：大型電視紀錄片》（9DVD）：《第二十三集：無夢到徽州》，中國國際電視總公司。

20. 《江南》（DVD），貴州東方音像出版社。

　　第 2 集：水源木本：徽派建築三絕——民居、祠堂、牌坊

　　第 5 集：煙雨青山：黃山、九華山、黃梅戲、湖筆、宣紙、徽墨、歙硯、西遞

後　記

　　2015 年的某天，我正走在金華的某條小街上，接到恩師勤建先生的電話，問我博士論文出版了沒有，我說尚未出版，先生說有臺灣的一家出版社想出版你的論文，讓我推薦。我自然是喜出望外的答應和感謝。之後，亞欣師妹與我接洽，並負責牽線與花木蘭文化事業有限公司的楊嘉樂老師聯繫上。承蒙楊老師數次不厭其煩，此書終於要出版了。

　　2009 年的初夏，我淚別學習生活了十年的麗娃河畔來到了目前就職的浙江師範大學。八年以來，在學術研究和進益上，說起來愧對恩師教誨。雖然也持續跟蹤民居研究的學術動態，私下裏也寫一些算不得研究的小文，但並沒有正式發表什麼研究論文。因此，此書並不像很多學者出版博士論文時會連綴補充很多新作一樣，基本是博士論文略作修訂後的樣貌。主要是想著，儘管現在看來有頗多稚嫩到令自己難爲情之處，但既然是博士論文出版，那就保留它剛剛寫就時稚嫩的樣子吧。至於這近十年來學界的新研究、新動態和自己的一些研究心得體會，以後再以別的形式呈現出來吧。

　　更甚至，這篇後記，我仍想用八年前博士論文後記的部分內容，以醒示自己不忘初心。比如下面幾個段落：

　　「倘若論文能順利通過答辯，就意味著三年博士生活到了盡頭，也意味著我十年的師大生活和學生時代將徹底結束。十年，人生不長不短的一個跨段，二十到三十，人生最寶貴的十年，我全部在麗娃河畔度過了。曾有已工作的朋友質問我在校園裏虛擲十年有何意義，我也反問，你工作多年意義又何在？相對無語。我卻對師大十年心懷感激。

　　十年前，我從山東的一個小村莊獨自南下來到上海，開始了我的大學生活。四年後，由師大歷史系進入國際關係與地區發展研究院學習國際關係。

2006 年，無常的世事使我有幸成爲陳勤建教授門下弟子，爲我開啓了另一扇學術的大門，文藝民俗學使我欣喜備至。

學生時代結束了，我也將開始爲人師表，但是於此之前，有許多師長友朋是需要感激的。

首先要感謝的是博士階段給予我無盡關懷、愛護和教誨的我尊敬的導師——陳勤建教授。陳老師淵博通融的學識、溫柔敦厚的人格魅力都曾給過我無法忘懷的感動和刻骨銘心的教益。尤其是在本文的寫作過程中，陳老師悉心的指導、字斟句酌的修改對文章從開題立意到成型定稿都起了至爲關鍵的作用。感謝恩師三年前的『不拘一格』和三年來的寬厚仁愛，讓我得以將學業進行至今。

其次要感謝的是在師大十年中對我關懷和幫助極大的楊素華副教授、楊燁教授兩位恩師，還要感謝頗具文學氣質、善良雅致的萍姐和我睿智練達、仁厚恭勤的兄長嚴贇華及溫婉賢淑的嫂子呂靜，沒有他們的關愛有加，我無法完成這十年的學業。感謝對外漢語學院周水貞老師、薛偉紅老師在三年的學習中給予的大力幫助。感謝同門師姐戴嵐、華霄穎、尹笑非，師妹袁瑾、田素慶和大師兄鄭土有教授等同門令人感懷的幫助。

最後，我要把這篇尚顯幼稚的文字獻給我的父母。二老爲子女求學辛勞耕耘至今，以致積勞成疾。每每想起白髮蒼蒼的父母，都讓我深深自責和愧疚，但同時也給了我繼續前行的動力。母親的淡泊堅韌是我一生的楷模和追求。」

八年前，承蒙陳華文教授不棄，將我引進浙江師大，得以從事自己喜歡的教學工作。來到新的環境，以新的身份開始人生新的一段歷程，處處都得到過領導、同事、朋友的關懷和照拂，我時時銘感在心。這八年以來，雖無成就卻也安穩。

我上課時，經常問那些風華年紀的學生，是不是覺得人生還很漫長，還有大把的青春可以揮霍，每次問，得到的回應都是「是的」。然後，我總會告訴他們，我曾經也這麼以爲，但從本科入學到現在，十八年過去了，十八年前我大學入學第一天的往事每每想起總是歷歷在目。而我在浙江師範大學任教也馬上要八年了。

不知道未來還有多少個八年，希望能繼續做好一名教書匠，在北山腳下、初陽湖畔與學生分享新知。

衣曉龍
二零一七年春於浙江師大